全国高等医药院校药学类专业第六轮规划教材

U0746312

大学生健康体育教程

（供药学、中药学及相关专业用）

主　编　王大鹏

副主编　常大军　赵　娜　李　林

编　者　（以姓氏笔画为序）

王大鹏　宁文浩　刘子雲　闫　欣

安　莹　孙路琛　李　任　李　林

吴　彬　迟　猛　陈俊金　罗力佳

周志帅　周美迪　郑红波　赵　娜

赵文笛　赵亚新　俞丽杰　郭书含

常大军　商劲松　梁　欣　董　博

路深棋　裴艳明

中国健康传媒集团
中国医药科技出版社　·北京

内 容 提 要

本教材为"全国高等医药院校药学类专业第六轮规划教材"之一，围绕大学生体育健康教育核心目标，系统整合体育科学理论与实践，旨在提升学生体质健康水平与体育素养。本教材的主体内容分为基础知识篇和体育课程篇，其中基础知识篇涵盖大学生与健康教育、体育锻炼的原则与方法、体育文化与体育精神、《国家学生体质健康标准》，体育课程篇包括必修体育课程（足球、篮球、排球、网球、羽毛球、乒乓球、慢投垒球、健美操、瑜伽）和选修体育课程（拓展训练、健美运动、体育舞蹈、形体训练、田径、中长跑、二十四式太极拳、散打、速度滑冰、游泳运动）。附录为体育课程总体简介、学分、成绩组成部分。本教材内容科学、系统，强调理论与实践相结合，融入课程思政元素，注重药学、中药学及相关专业学生的体质健康需求，利用配套的视频与图解进一步强化技能掌握。本教材为书网融合教材，即纸质教材有机融合电子教材、教学配套资源（视频等）、数字化教学服务（在线教学、在线作业、在线考试）。

本教材主要供全国高等医药院校药学、中药学及相关专业师生教学使用，同样适用于需要系统提升健康素养与运动能力的其他专业学生。

图书在版编目（CIP）数据

大学生健康体育教程／王大鹏主编. -- 北京：中国医药科技出版社，2025. 7. -- ISBN 978-7-5214-5426-0

Ⅰ. G807.4；G647.9

中国国家版本馆 CIP 数据核字第 202556KA83 号

美术编辑 陈君杞

版式设计 友全图文

出版 **中国健康传媒集团** | 中国医药科技出版社

地址 北京市海淀区文慧园北路甲 22 号

邮编 100082

电话 发行：010 - 62227427 邮购：010 - 62236938

网址 www.cmstp.com

格 889mm×1194mm $\frac{1}{16}$

长 11 $\frac{1}{4}$

329 千字

2025 年 8 月第 1 版

2025 年 8 月第 1 次印刷

北京印刷集团有限责任公司

全国各地新华书店

ISBN 978-7-5214-5426-0

00 元

获取新书信息、投稿、为图书纠错，请扫码联系我们。

出版说明

"全国高等医药院校药学类规划教材"于20世纪90年代启动建设。教材坚持"紧密结合药学类专业培养目标以及行业对人才的需求，借鉴国内外药学教育、教学经验和成果"的编写思路，30余年来历经五轮修订编写，逐渐完善，形成一套行业特色鲜明、课程门类齐全、学科系统优化、内容衔接合理的高质量精品教材，深受广大师生的欢迎。其中多品种教材入选普通高等教育"十一五""十二五"国家级规划教材，为药学本科教育和药学人才培养作出了积极贡献。

为深入贯彻落实党的二十大精神和全国教育大会精神，进一步提升教材质量，紧跟学科发展，建设更好服务于院校教学的教材，在教育部、国家药品监督管理局的领导下，中国医药科技出版社组织中国药科大学、沈阳药科大学、北京大学药学院、复旦大学药学院、华中科技大学同济医学院、四川大学华西药学院等20余所院校和医疗单位的领导和权威专家共同规划，于2024年对第四轮和第五轮规划教材的品种进行整合修订，启动了"全国高等医药院校药学类专业第六轮规划教材"的修订编写工作。本套教材共72个品种，主要供全国高等院校药学类、中药学类专业教学使用。

本套教材定位清晰、特色鲜明，主要体现在以下方面。

1.融入课程思政，坚持立德树人　深度挖掘提炼专业知识体系中所蕴含的思想价值和精神内涵，把立德树人贯穿、落实到教材建设全过程的各方面、各环节。

2.契合人才需求，体现行业要求　契合新时代对创新型、应用型药学人才的需求，吸收行业发展的最新成果，及时体现2025年版《中国药典》等国家标准以及新版《国家执业药师职业资格考试考试大纲》等行业最新要求。

3.充实完善内容，打造精品教材　坚持"三基五性三特定"，进一步优化、精炼和充实教材内容，体现学科发展前沿，注重整套教材的系统科学性、学科的衔接性，强调理论与实际需求相结合，进一步提升教材质量。

4.优化编写模式，便于学生学习　设置"学习目标""知识拓展""重点小结""思考题"模块，以增强教材的可读性及学生学习的主动性，提升学习效率。

5.配套增值服务，丰富学习体验　本套教材为书网融合教材，即纸质教材有机融合数字教材，配套教学资源、题库系统、数字化教学服务等，使教学资源更加多样化、立体化，满足信息化教学需求，丰富学生学习体验。

"全国高等医药院校药学类专业第六轮规划教材"的修订出版得到了全国知名药学专家的精心指导，以及各有关院校领导和编者的大力支持，在此一并表示衷心感谢。希望本套教材的出版，能受到广大师生的欢迎，为促进我国药学类专业教育教学改革和人才培养作出积极贡献。希望广大师生在教学中积极使用本套教材，并提出宝贵意见，以便修订完善，共同打造精品教材。

中国医药科技出版社

2025 年 1 月

数字化教材编委会

主　编　王大鹏
副主编　常大军　赵　娜　李　林
编　者　（以姓氏笔画为序）
　　　　王大鹏　宁文浩　刘子雲　闫　欣
　　　　安　莹　孙路琛　李　任　李　林
　　　　吴　彬　迟　猛　陈俊金　罗力佳
　　　　周志帅　周美迪　郑红波　赵　娜
　　　　赵文笛　赵亚新　俞丽杰　郭书含
　　　　常大军　商劲松　梁　欣　董　博
　　　　路深棋　裴艳明

在当代社会，健康不仅是个体全面发展的基础，更是国家繁荣昌盛的重要保障。对于正处于身心关键成长期的大学生而言，健康的体魄和良好的心理素质是应对学业压力、适应社会生活的核心能力。本教材以"健康第一"为核心理念进行编写，具有深远的意义。

从大学生自身成长来看，该理念有助于他们系统地了解健康本质和身心发育规律，掌握科学的健康管理策略与锻炼方法，从而提升身体素质与心理韧性。从国家发展层面讲，大学生是未来社会的中坚力量，他们的健康状况关乎国家的长远发展。本教材融合医学、运动科学、心理学等多学科视角，深入挖掘体育在价值观塑造、社会进步中的深层意义，期望帮助大学生树立终身健康理念，以强健体魄与健全人格回应时代需求，为健康中国建设注入青春力量。

本教材系统解析健康本质，深入探究大学生身心发育规律，从多学科视角出发，融合医学、运动科学以及心理学等知识，旨在为大学生呈现一个完整的健康知识体系。与此同时，本教材根据《国家学生体质健康标准》，提供科学的健康管理策略及锻炼方法，旨在帮助大学生结合自身情况制定个性化的锻炼计划，提高健康水平，以更好地应对学业和生活所带来的挑战。体育课程篇系统梳理了足篮排等19个体育运动项目的核心知识体系，涵盖各个项目的历史发展、基础技术动作、竞赛规则等内容，以科学性、实用性和趣味性为导向，既注重基础技术的分解式教学，又强调战术思维的动态培养。

为保证教材质量，本教材编写严格遵循实用性和科学性原则，以医学、运动科学、心理学等多学科知识作为支撑，保障教材内容的准确性与严谨性。教材中提供的健康管理策略以及运动技术等都具有很强的操作性，能够帮助读者有效提高自身的健康水平及运动技能。在编写过程中，编写团队成员广泛参考国内外相关资料，并结合多年教学实践经验进行编写；初稿完成后，邀请众多一线教师、专家进行多次内部讨论与修改，再一次审核并完善，对内容的准确性、实用性和逻辑性进行严格把关，力求为读者提供一本优质教材。

本教材主要面向大学生群体，可帮助他们在身心成长的关键期树立良好的健康理念，提升身体素质与心理韧性，具有很强的实用性。在进行阅读时，建议先学习健康知识与管理部分，构建扎实的健康理论基础，然后依次深入学习体育课程；与此同时，要注重理论与实践相结合，将教材中的锻炼方法等应用到实际生活中，从而真正提升自身的健康水平和运动能力。此外，本教材第五章配有多项运动的动作视频，有助于学生更直观地进行学习。

本教材编写团队成员均来自沈阳药科大学，由王大鹏担任主编，负责整体框架的搭建、内容的统筹协调与最终的质量把控。教材主体内容分工如下。第一篇基础知识篇中，赵娜编写第一章、第二章，王大鹏编写第三章，宁文浩编写第四章。第二篇体育课程篇中，第五章必修体育课程特别邀请各专项领域的优秀教师共同打造，具体为宁文浩（足球）、周志帅（篮球）、董博（排球）、裴艳明（网球）、赵文笛（羽毛球）、李林（乒乓球）、闫欣（慢投垒球）、常大军（健美操）、吴彬（瑜伽）；第六章选修体育课程由王大鹏编写。附录由王大鹏编写。教材的手绘简图由周美迪负责，郭书含精心制作了配套的视频，全书内容的校对工作由路深棋负责。本教材的成书，还离不开编写组其他成员（刘子雲、安莹、孙路琛、李任、迟猛、陈俊金、罗力佳、郑红波、赵亚新、俞丽杰、商劲松、梁欣）的宝贵意见与指导。本教材凝聚了编写团队全体成员的智慧与心血，我们力求在科学性和实用性上达到最佳平衡，为大学生体育学习提供切实有效的指导。

在此，衷心感谢编写团队所有相关人员的辛勤付出，是他们的专业知识和敬业精神，为本教材的诞生贡献了智慧和力量。

由于编者能力所限，书中难免存在疏漏和不足之处，请读者不吝指正，以便修订时完善。

编　者
2025 年 4 月

目 录

第一篇　基础知识篇

第一篇 基础知识篇

第一章 大学生与健康教育

学习目标

1. 通过本章的学习，掌握健康的多维内涵；熟悉身心发展规律；了解生活方式、遗传、社会环境与行为风险对健康的综合作用机制。

2. 具有科学分析个体健康数据的能力，能应用膳食管理、运动干预及情绪调节等策略提升运动能力；结合校园资源与自身特点，设计个性化、可持续的运动计划与健康管理方案。

3. 树立终身健康意识，强化自我健康管理的责任感与执行力，践行健康行为对社会适应能力的促进作用，形成科学理性的健康价值观与可持续发展观。

第一节 健康的本质

一、健康的内容

1. 躯体健康（生理健康） 指人体结构完整、生理功能正常，具备基本生活自理能力。

2. 心理健康 指具备正常认知能力与情绪调节机制，能有效适应环境并建立和谐人际关系。

3. 社会适应良好 指具有符合社会规范的行为模式，能有效参与社会活动。

4. 道德健康 指遵循社会伦理准则，具有责任意识与利他行为倾向。

二、健康的内涵与标准

1. 健康的内涵 涵盖体力、技能、形态、卫生、保健、精神、人格、环境八维要素。

2. 健康的标志 ①精力充沛，从容应对日常事务；②积极乐观，主动承担责任；③睡眠质量良好，恢复效率高；④环境适应能力强；⑤基础免疫力正常；⑥体重指数（BMI）18.5 ~ 23.9，体脂率适中；⑦视觉功能正常，无眼部炎症；⑧牙列完整，牙龈健康；⑨头皮微环境平衡；⑩肌肉力量与皮肤弹性符合年龄标准。

三、健康的影响因素

世界卫生组织（WHO）健康决定因素模型：健康=60%生活方式+15%遗传+10%社会环境+8%医疗条件+7%自然环境，其中饮食、运动、情绪构成可干预核心要素。

$$兹马诺夫斯基健康公式：健康指数 = \frac{情绪稳定 + 科学运动 + 均衡饮食}{不良习惯 + 烟酒依赖}$$

1. 合理膳食 ①为体力活动与情绪调节提供能量基础；②构成细胞代谢物质；③具双向调节作用；

④维持基础代谢率的关键变量。

　　2. 科学运动　①提升心肺功能；②优化神经内分泌调节；③延缓衰老进程。

　　3. 情绪管理　①慢性压力致皮质醇水平异常；②积极情绪提升免疫功能；③抑郁情绪增加心血管风险。

第二节　影响大学生健康的因素

一、生活习惯

　　1. 饮食结构失衡　大学生普遍存在因食堂餐品选择有限、外卖便利性等因素，过度摄入高油高脂高糖食物的现象，同时忽视蔬菜、水果及全谷物的摄入。长期营养失衡将影响机体正常代谢功能，降低免疫力，易诱发肥胖、便秘等健康问题。

　　2. 运动量严重不足　除必修体育课程外，多数学生缺乏规律性体育锻炼。久坐教室与宿舍的静态生活方式，叠加电子设备过度使用，导致肌群退化、心肺功能下降及体脂超标，显著增加慢性疾病罹患风险。

　　3. 睡眠节律紊乱　昼夜节律失调已成校园常态，熬夜现象普遍存在于课业学习、游戏娱乐及影音追剧等场景。持续性睡眠剥夺不仅损害认知功能，而且会削弱免疫系统防御能力，提升各类疾病易感性。

二、心理压力源

　　1. 学业负荷超载　大学课程的专业深度与考核密度形成持续性压力源。长期高压状态易诱发焦虑障碍、抑郁倾向等心理问题，造成身心健康的双重损害。

　　2. 社交关系失调　同伴交往、室友共处及师生互动等社会关系的处理失当，可能引发人际冲突与心理应激。良性人际关系是心理健康的保护因子，而社交障碍则可能成为精神疾患的诱发因素。

　　3. 职业发展焦虑　临近毕业阶段，就业市场竞争加剧与职业规划的不确定性形成复合压力。求职焦虑与未来迷茫感相互作用，易导致情绪调节障碍及心理适应问题。

三、环境影响因素

　　1. 校园物理环境　校区卫生维护水平、空气污染物浓度及噪声分贝值等物理环境指标直接影响学生健康。脏乱环境可能成为病原体传播媒介，空气污染损害呼吸系统健康，持续性噪声污染则会导致神经性应激反应。

　　2. 居住空间质量　宿舍环境的通风效率、采光条件及卫生状况构成重要健康变量。密闭潮湿的居住空间易滋生致病微生物，光照不足可能影响生物节律，这些因素共同增加群体性疾病的传播风险。

　　3. 社会文化环境　主流价值观偏差与畸形竞争文化形成隐性压力。攀比心理、成功焦虑等社会文化因素通过心理中介作用，可能引发适应障碍等心理健康问题。

四、行为风险因素

　　1. 成瘾物质滥用　部分学生存在吸烟、酗酒等物质滥用行为。烟草中的尼古丁等有害物质显著提升肺癌与心血管疾病风险，乙醇过量摄入则会造成肝功能损伤及神经系统病变。

　　2. 数字媒介依赖　日均屏幕使用时间超标不仅导致视力损伤、颈椎病变等躯体症状，更可能发展为病理性网络依赖，进而影响现实社交能力并诱发焦虑、抑郁等心理障碍。

第三节　大学生的生理特点

一、大学生身体形态发育特点

1. 身高发育特征　大学生身高发育呈现生长趋缓定型与个体差异显著的双重特征。从整体趋势看，该群体身高线性生长已基本完成，男性平均年增高值低于1.2cm，女性增幅更趋微弱，95%～97%个体进入身高稳定期。但遗传与营养的交互作用仍使3%～5%学生存在阶段性增长潜力，持续钙质补充与运动干预可能激活骨骺延迟闭合者的生长余量。在个体分化层面，身高标准差系数达6.8%，北方学生因遗传优势及高蛋白饮食传统，平均身高较南方群体高出3～5cm。这种差异源于多因素协同作用：基因多态性决定生长潜力阈值，膳食结构差异影响生长激素分泌水平，而青春期启动时间通过骨龄进展速率调节最终身高。

2. 体重变化特征　BMI波动幅度显著高于社会同龄群体，自主膳食管理能力不足是核心诱因：32.7%的学生存在情绪性进食，41.2%每周运动时长不足150分钟，导致28.4%群体的年体重增幅高于3kg；同时在极端案例中，7.9%因过度运动或饮食紊乱出现BMI小于18.5的消瘦状态。在性别差异方面，男性平均体重较女性高12～15kg，而女性体脂率普遍较男性高8%～12%，这种分化源于性激素调控的代谢模式差异——睾酮促进男性肌肉合成，雌激素则增强女性脂肪储存倾向。

3. 体型发育特征　大学生体型发育呈现显著的成人化转型与多态性分布特征。骨龄检测显示，95%的大学生已完成骨骼成熟，进入体型稳定期。三维人体扫描数据显示，男性肩宽与臀宽比值达1.32±0.07，上肢肌肉横截面积年增长约1.8%，体现肌肉量持续积累的生理特征；女性腰臀比则下降至0.76±0.03，呈现典型的双曲线发育趋势，凸显脂肪分布向臀部集中的性别二态性。与此同时，依据WHO体型分类标准，该群体呈现纤瘦型、标准型、超重型及肥胖型的多元分布，其中男性超重比例显著高于女性。

4. 体成分演变特征　大学生体成分演变呈现脂肪代谢动态与肌肉发育模式的两种特征。双能X射线吸收法（DEXA）检测数据显示，久坐群体年体脂增幅达1.8kg，腹部脂肪沉积占比高达63%，而规律运动者体脂率可稳定在18%～22%；22.4%女性存在"隐性肥胖"现象——BMI正常但体脂率超标，内脏脂肪面积超过80cm^2。在肌肉发育方面，抗阻训练干预表明：男性经过12周的系统训练，瘦体重增长2.3kg±0.6kg，Ⅱ型肌纤维横截面积扩大19%～27%，最大卧推力量提升23kg±5kg；女性通过阻抗耐力复合训练，肌肉质量增加1.1kg±0.4kg，基础代谢率提升8%～12%，但受雄激素水平限制，其肌纤维增生速率仅为男性的47%～59%。

二、大学生身体功能发育特点

1. 心血管系统　大学生心血管系统在结构与功能上呈现多维度的发育特征。心肌组织学检测显示，左心室壁厚度达9.3mm±1.2mm，每搏输出量提升至70～100ml，心脏泵血效率达每分钟5～6L，男性最大摄氧量为45～50ml/（kg·min），女性为38～42ml/（kg·min），表明心功能代偿性增强。自主神经调控趋于成熟，静息心率随年龄下降至72bpm±8bpm，规律运动者静息心率可达55～65bpm，心率变异性较久坐群体高40%～60%，反映副交感神经优势增强。在血压稳态调控方面，尽管正常昼夜节律机制完善，但24小时动态监测显示23.6%学生存在非杓型血压，其发生率与日均咖啡因摄入量呈正相关；高盐饮食可使舒张压升高5～7mmHg，收缩压波动幅度增加15%～20%。

2. 呼吸系统　大学生呼吸系统在通气效率、神经调控及免疫防御层面均呈现发育完善的特征。肺通气功能达到性别特异性峰值：大学生男性肺活量 3900ml ± 450ml，女性 2800ml ± 350ml；体育专业学生因长期训练，最大通气量可达每分钟 120 ~ 150L，较普通学生高 30% ~ 45%。呼吸中枢调控方面，静息状态下呼吸模式由胸式向腹式过渡，膈肌参与度提升至 60% ~ 70%，呼吸频率相应下降至每分钟12 ~ 16 次；CO_2 敏感性实验中，通气反应斜率达每分钟 2.5L/mmHg ± 0.6L/mmHg，较青少年期提高 40%，表明中枢对血气变化的调节更为精准。免疫防御层面，唾液 sIgA 浓度达 2.1mg/ml ± 0.6mg/ml，但密闭空间暴露实验表明，教室环境中 PM2.5 浓度 > 75μg/m³ 时，上呼吸道感染风险增加 2.3 倍。

3. 神经系统　大学生神经系统在结构功能、传导效率及生理节律层面呈现典型发育特征。脑功能网络重构方面，弥散张量成像（DTI）显示胼胝体各向异性分数达 0.75 ± 0.03，白质纤维束髓鞘化程度接近成人水平；默认模式网络功能连接强度较青少年期下降 18% ~ 22%，前额叶皮质葡萄糖代谢率稳定在 6.2 ~ 6.8mg/（100g·min），反映高级认知功能的代谢稳态。神经传导效率显著提升：H 反射潜伏期缩短至28 ~ 32 毫秒，选择反应时达 190 毫秒 ± 25 毫秒，视觉诱发电位 P100 波潜伏期为 102 毫秒 ± 8 毫秒，体现感觉 – 运动通路的髓鞘优化。睡眠 – 觉醒调控方面，多导睡眠监测显示慢波睡眠占比降至 15% ~ 20%，快速眼动（REM）睡眠稳定在 20% ~ 25%，但 41.7% 学生存在睡眠时相延迟，导致睡眠效率 < 85% 者占 33.2%。

4. 消化系统　大学生消化系统在酶活性、代谢适应及菌群稳态层面呈现成熟特征。消化酶分泌方面，胃蛋白酶原 Ⅰ/Ⅱ 比值达 4.2 ± 1.1，脂肪酶活性稳定在 8000 ~ 12000IU/L，小肠绒毛高度与隐窝深度比维持 3∶1 的优化结构，乳糖耐受基因多态性分布完成。膳食代谢适应性分析显示，快餐高频消费群体功能性消化不良发生率较对照组高 2.3 倍，高 FODMAP 饮食通过增加肠道渗透压与发酵作用，使产气量提升 2.8 倍。肠道菌群 16S rRNA 测序表明，Shannon 多样性指数达 3.8 ± 0.5，厚壁菌门以及拟杆菌门比值稳定在 0.8 ~ 1.2，但抗生素使用可使菌群恢复周期延长至 42 ~ 56 天。

三、大学生身体素质发展特点

1. 力量素质　①男生：力量增长潜力显著，大学阶段男生肌肉力量仍处于发展敏感期。通过系统化的力量训练，可有效提升上肢、下肢及核心肌群力量水平，其中下肢爆发力与腰腹核心力量具有较大发展空间。②女生：力量素质相较于男生，基础力量值较低但具有可塑性。采用渐进式抗阻训练，结合瑜伽、普拉提等综合性课程，不仅能提升肌肉耐力，还可同步增强身体协调性与动态平衡能力。

2. 速度素质　①神经反应优势突出：大学生中枢神经系统发育完善，具备 0.2 ~ 0.3 秒的快速反应能力。在篮球抢断、羽毛球接杀等需快速决策的体育场景中，可通过专项训练将生理优势转化为运动表现。②动作速度维持策略：位移速度与动作频率可通过短距离间歇训练提升，建议每周进行 2 ~ 3 次包含步频优化、起跑技术等元素的系统训练。需注意速度峰值多出现在 22 ~ 25 岁，持续训练可延缓随年龄增长的速度衰减。

3. 耐力素质　①长跑、游泳等持续性有氧运动能显著增强心肺功能：建议采用渐进超负荷原则，每周递增 5% ~ 10% 的运动强度，使最大摄氧量每年提升 8% ~ 15%。②根据运动项目特征实施差异化训练：短跑、举重等磷酸原供能项目侧重 30 秒极限训练；足球、篮球等混氧项目宜采用 4×4 分钟高强度间歇训练，配合 1∶1 的动静恢复比。

4. 柔韧性素质　因久坐行为日均超 8 小时，大学生群体普遍存在腘绳肌紧张、肩关节活动受限等问题，导致运动损伤发生率较中学生群体高 27%。实施本体感觉（PNF）神经肌肉促进拉伸法，配合动态拉伸与静态拉伸组合策略，可使髋关节活动范围在 6 周内增加 15% ~ 20%。建议每周进行 3 次以上、每次不少于 20 分钟的针对性训练。

5. 灵敏素质　通过 T 型跑、六边形跳等多维变向训练，配合视觉 – 听觉双重刺激反应练习，能有效提升动态平衡能力。研究表明，8 周专项训练可使绕杆跑成绩提升 11.3%，反应时缩短 18%。在篮球运动中，灵敏素质直接关联防守滑步效率；在舞蹈领域，复合旋转动作完成度与踝关节本体感觉灵敏度呈显著正相关。

知识拓展

科学运动——解锁大学生健康的"活力密码"

科学运动是健康的核心因素，结合大学生身体机能特点，建议采用"有氧＋抗阻"复合训练：每周进行 3 次中等强度有氧运动提升心肺功能，配合 2 次抗阻训练增强肌肉力量；运动前后进行 PNF 拉伸，改善久坐所导致的柔韧性不足。这种运动方案既能针对性提升体能，又能避免运动损伤。

第四节　大学生运动能力特点

一、体能基础

1. 具备基础体能储备　通过中小学阶段的系统体育教育和日常活动积累，大学生普遍具备基础体能储备，涵盖耐力、力量、速度等维度。但受个体生活方式、运动习惯及遗传因素影响，体能水平呈现显著差异性特征。

2. 存在较大提升潜力　大学阶段正值人体发育后期，通过系统性体育锻炼配合科学饮食与作息，体能仍具可观提升空间。

二、运动技能发展

1. 技能类型多样化　基于中小学阶段接触的田径、球类等基础运动项目，大学生已建立初步技能基础。大学时期可通过拓展训练实现技能体系进阶。

2. 技能水平差异显著　受兴趣偏好、运动经历及教育质量影响，学生技能水平呈现梯度分化：①部分学生在特定项目上表现突出；②部分学生尚处于技能学习初级阶段；③性别维度上，男生通常在力量型项目上占优，女生则在柔韧性、协调性领域表现更佳。

三、心理影响因素

1. 兴趣导向驱动　大学生运动参与呈现显著兴趣导向特征，对偏好项目表现出更高投入度。因此，激发运动兴趣是提升其运动能力的关键路径。

2. 自我认知强化　伴随自我意识发展，大学生对身体形象、运动能力及健康状态的认知趋于理性。①积极层面：可能因自我提升需求产生运动内驱力。②消极层面：可能因运动损伤担忧、失败焦虑产生抵触情绪。

3. 竞争协作双重效应　大学生普遍具备较强竞争意识与团队协作能力，此类特质可有效激发运动潜能。但需注意：①过度竞争易引发心理压力；②团队协作失调可能降低运动表现。

四、运动环境与资源

1. 基础设施完善　高校多配备标准化体育场馆，为学生运动能力综合发展提供硬件支撑。

2. 课程活动多元化　①课程体系：开设多项目选修课程，满足个性化需求。②社团平台：通过体育社团促进技能交流与协作提升。

3. 时空限制客观存在　虽资源丰富，但受学业压力、场地供给等因素制约，建议：①采用碎片化时间管理策略；②优先利用校内资源进行运动规划。

思考题

本章小结

1. 请简述：健康的"四维内容"具体包括哪些方面？
2. 结合章节内容，列举大学生常见的三种不良生活习惯及其对健康的影响。
3. 大学生身高发育的主要特征是什么？

（赵　娜）

第二章　体育锻炼的原则与方法

📖 学习目标

1. 通过本章的学习，掌握自觉性、经常性、渐进性等六大核心原则的理论基础及实践策略；熟悉自然力锻炼、有氧运动、传统体育等方法的具体操作流程；了解体育锻炼方法的注意事项。

2. 具有根据个体体质特征制定个性化训练计划并科学调控运动负荷，依据环境与需求选择适配方案，系统提升速度、力量、耐力、灵敏及柔韧性五大素质，掌握周期化训练策略，并通过体成分分析、心率变异性等指标科学评估训练成效的能力。

3. 树立科学锻炼意识，养成坚持训练的良好习惯。

第一节　体育锻炼的原则

体育锻炼原则是指导运动实践的客观规律总结，体现人类追求最佳锻炼效果的经验结晶，具有动态演进特征，其内涵随运动科学进步与实践经验积累持续完善。当前主流体育锻炼原则包括自觉性原则、经常性原则、渐进性原则、全面性原则、个性化原则、适量性原则。

一、自觉性原则

自觉性原则指锻炼者基于明确目标导向产生的自主参与行为，其形成源于对体育锻炼价值的理性认知及由此衍生的内在需求。实施要点如下。①深化认知体系，持续强化"体育塑造健全人格"的价值观教育；系统学习运动生理学知识，理解"生命在于运动"的科学机制。②构建激励机制，设置阶梯式锻炼目标；建立体脂率监测、运动数据记录等。③优化参与体验，根据体质特征选择适配运动项目；通过团体活动、赛事参与等形式增强趣味性。

二、经常性原则

经常性原则强调锻炼行为的持续性与规律性，其生理学基础如下。①适应性累积效应：规律运动促使机体产生结构性代偿，并且运动间隔大于 72 小时将导致前次锻炼痕迹效应衰减 50% 以上。②技能巩固机制：运动神经通路需经反复强化方可形成稳固条件反射，若中断训练，将引发动作定型度下降。

实践指导方案如下。①周期化训练设计：制定季度或年度训练计划；采用 3 周渐进负荷加 1 周主动恢复的训练模式。②疲劳管理策略：运用主观用力等级（RPE）量表监控运动强度；建立"运动－营养－睡眠"三维恢复体系。③行为固化技巧：设置固定锻炼时段；采用"21 天习惯养成法"进行行为塑造。

贯彻经常性原则应注意：体育锻炼效果具有累积性特征，需制定个性化长期计划，并保持至少每周 3 次的运动频率。初期可能产生肌肉酸痛，需保持在目标心率区间持续 4~6 周，促使机体产生适应性改变。应结合体脂率、静息心率等指标，每 4 周进行运动方案评估，避免过度训练。

三、渐进性原则

1. 负荷进阶规范　见表 2 - 1。

表 2 - 1　负荷进阶规范

体质分级	初始强度	进阶幅度
优秀	$HR_{max}75\%$	每周 +5%
良好	$HR_{max}65\%$	每周 +3%
一般	$HR_{max}55\%$	每周 +2%

2. 疲劳度监控　可以采用 Borg 量表评估运动强度。

3. 运动阶段管理　准备活动时长应为 10 ~ 15 分钟，整理活动时长应为 5 ~ 10 分钟。

四、全面性原则

全面性原则作为科学训练的核心指导方针，强调通过三维发展体系实现机体功能的整体优化：在形态维度上要求 BMI 维持在 18.5 ~ 23.9，避免体脂异常；功能维度需通过系统性有氧训练使最大摄氧量提升 15% ~ 30%，显著增强心肺代谢能力；素质维度则注重柔韧性与力量素质的协同发展。训练周期应遵循渐进式安排：基础期（4 ~ 8 周）以持续性有氧运动为主，建立基础耐力；强化期（6 ~ 10 周）引入抗阻训练模块，重点提升肌肉力量与爆发力；调整期（2 ~ 4 周）则通过瑜伽、普拉提等训练侧重柔韧性与动态平衡能力的恢复，形成"刺激—适应—再生"的完整闭环。有实证研究显示，在此原则指导下，12 周周期化训练可使综合运动素质提升率达 21% ~ 35%。

五、个性化原则

1. 体质分类方案　见表 2 - 2。

表 2 - 2　体质分类

类型	运动处方特征
外胚型	抗阻训练为主
中胚型	混合训练
内胚型	有氧训练为主

2. 环境适应策略　环境适应策略作为科学训练的重要组成部分，强调根据不同环境参数动态调整训练方案：在温度适应方面，冬季因基础代谢率提升及肌肉黏滞性增加，需将标准热身时长延长 50%，通过渐进提升核心体温来降低运动损伤风险。季节专项训练则依据气候特征分化：在春、秋季优先安排户外耐力训练，以利用适宜气候条件；在夏季推荐采用室内游泳方案，通过水环境的热传导效应实现高效散热，同时维持心肺刺激强度；而在冬季训练时需着重核心保温策略，确保运动过程中躯干部位温度维持在 36.5℃以上，避免因热量过度散失导致的代谢效率下降。

六、适量性原则

适量性原则作为运动生理学的核心准则，强调通过精准调控运动负荷，使机体产生可逆性生理应激，其调控核心在于科学配比运动量与运动强度。依据负荷动力学模型，推荐采用"大运动量加低强度"（如长距离匀速跑）或"小运动量加高强度"（如短间歇冲刺）的互补模式，其中最佳刺激阈值设定为个体最大摄氧量的 60% ~ 80%，在此区间可最大化运动后超量恢复效应。实证研究表明，动态周期化负荷调节可使运动收益提升28% ~42%。

1. 青年阶段实施策略 采用渐进式负荷递增；定期监测晨脉；每4周进行体成分分析。

2. 个性化负荷制定 见表2-3。

表2-3 个性化负荷制定

参考维度	调整建议
基础体质	BMI >24 者优先控制运动时长
恢复状态	睡眠质量 <80 分时降低强度20%
环境适应	高温环境下减少负重50%

第二节 体育锻炼的方法

体育锻炼方法是指运用各类身体练习和自然因素增强体质的系统化途径，是落实锻炼原则、达成训练目标的实践手段，其形成基于人体发展规律与长期科学实践的总结。以下根据大学生年龄特征、生理心理特点及校园条件，推荐主要锻炼方法。

一、自然力锻炼法

1. 日光浴 是利用日光照射引发光化学反应，实现锻炼与慢性病防治的方法。其生理作用为：具有紫外线效应、促进维生素D合成，调节钙磷代谢、刺激造血功能、增强皮肤杀菌能力以及改善局部血液循环，调节情绪状态。在实施日光浴时应保持卧位或坐位姿势，并按下肢、背部、上肢、胸腹部的顺序进行。初始时长应控制在5分钟，每日逐渐递增5分钟，在夏季时应避开正午，冬季延长照射时间。在进行日光浴时应佩戴宽檐帽与防紫外线眼镜保护头眼部，尽量选择沙滩、草坪等开阔场地，避免沥青地面。

2. 空气浴 是通过空气温度、湿度、气流等要素刺激体表，提升生理适应能力的锻炼方法。该疗法的作用机制包括通过低温刺激增强体温调节功能、促进脂肪代谢与食欲，并提升病原体抵抗力。具体实施步骤如下：首先需从20~30℃的热空气浴开始，逐步过渡至4~15℃的冷空气浴环境；操作前应通过热身使体表微热但未出汗，并在单次治疗中严格控制时长以避免引发寒颤。注意事项：若遇恶劣天气需转为室内实施或暂停操作，同时，患有心肾疾病的人群应严格禁忌此项疗法。

3. 冷水浴 是利用水温、压力等物理特性刺激机体，改善生理功能的锻炼方法。该冷疗法的生理反应可分为三个阶段：寒冷期表现为外周血管收缩及内脏血流量增加，体感特征为皮肤苍白、寒冷；温暖期以代谢增强和体表血管舒张为特征，伴随皮肤红润、温暖舒适感；寒战期则因肌肉非自主收缩导致产热增加，出现鸡皮疙瘩和颤抖。具体操作方式包括擦洗法、冲淋法以及浸浴法。实施时需注意以下事项：操作前需进行关节活动和冷水预适应；女性经期、餐后及剧烈运动后禁止使用；若疗后出现精神焕发、食欲增进则为良性反应信号，表明操作强度适宜。

二、走步健身法

1. 常规散步 常规散步作为一种基础锻炼方式，通常建议以每小时3~4km的步速进行，每次持续时间控制在30~60分钟；其主要功能在于通过低强度持续性运动实现日常保健效果，同时有助于调节神经系统、缓解心理压力。

2. 健步快走 健步快走作为中等强度有氧运动，建议以每小时5~7km的步速进行，单次训练时长控制在 30～60 分钟；其核心功能在于通过持续性快速步频刺激心肺系统，增强心血管耐力与摄氧能力，同时有效激活全身代谢活动，促进能量消耗及脂肪分解，从而实现代谢效率的综合性提升。

三、跑步健身法

作为全球公认的"有氧运动之王"，慢跑的生理效益已被多项实验证实。研究显示，慢跑时机体的摄氧效率表现为运动时摄氧量达到静息状态的 8～12 倍，同时肺通气量可提升至静息水平的 10 倍。在运动强度控制方面，推荐大学生群体将心率维持在每分钟 120～140 次区间，并通过"谈话测试"判断强度适宜性。针对进阶训练需求，德国运动专家研发的间歇训练方案采用阶梯式强度调节：包含高强度阶段、恢复阶段的循环模式，每次训练执行 4～6 组，组间通过 2～3 分钟低强度活动实现生理代偿，该方法可显著提升有氧耐力阈值。

四、韵律操健身法

该训练体系深度融合运动科学原理与艺术表现元素，其标准化实施方案建议选择在晨间或傍晚时段实施。标准训练流程包含三个阶段：初始准备活动阶段采用全身关节动态拉伸技术激活肌肉神经系统；主体训练阶段依据生物力学原理逐步扩展动作幅度，实现运动表现与艺术张力的协同提升；最后的整理活动阶段通过靶向肌群的静态拉伸结合深度腹式呼吸调节，促进代谢产物清除及神经兴奋性恢复，形成完整的训练闭环。

五、课间操健身法

推荐采用广播体操或关节活动操作为核心训练内容，通过肩颈环绕、脊柱扭转等动作促进血液循环与神经疲劳缓解。在执行时要求运动强度需使心率达到静息状态的 1.2～1.5 倍区间，这样既能激活交感神经，又不至引发过度消耗。应选择空气流通良好的开放空间，以同步实现生物节律调节与视觉疲劳缓解，从而最大化短时运动对认知功能的重启效益。

六、传统体育健身法

传统体育健身法作为中华民族养生智慧的结晶，涵盖多种经典训练体系。太极拳作为代表性项目，包含陈式、杨式、孙式等六大主流流派，训练时需选择 4m×7m 的平整场地，并推荐在清晨 5：00—7：00 进行系统性练习。实证研究显示，五禽戏通过虎扑、鹿抵、熊晃、猿摘、鸟伸五式仿生动作，可增强本体感觉功能，使平衡能力提升达 23%。八段锦因其八节式上肢主导复合动作得名，规律训练可使肩关节活动度扩展 15°～25°，握力提高 10%～15%。此外，保健气功体系中的放松功、内养功、强壮功等功法通过姿势调控、呼吸控制、神经调节三位一体的训练模式，在疾病预防与健康促进方面成效显著，练习时需系统掌握三大核心要素以确保功效与安全性。

知识拓展

科学践行"经常性原则"与自然力锻炼技巧

本章强调，"经常性原则"是锻炼效果累积的关键。大学生可采用"碎片＋固定"的模式，早课前 10 分钟进行关节动态拉伸，晚课后 20 分钟进行快走，每周至少进行 3 次规律训练，并且配合"21 天习惯法"进行巩固。在秋季 16：00—17：00，进行空气浴以增强代谢；冬季晨练前先用冷水擦洗四肢，通过"皮肤苍白至红润"反应提升体温调节能力。

第三节　身体素质发展方法论

一、速度素质

速度素质作为运动能力的基础构成，指机体在神经肌肉协同作用下快速完成动作的能力，具体涵盖三个递进维度：反应速度，强调对外界刺激的应答效率，可通过多球变向训练、声光信号触发练习及实战情景模拟进行强化；动作速度，聚焦单次动作执行速率，采用轻负荷的快速推举、关节活动度递增 15%~25% 的幅度扩展训练等方法提升；位移速度则量化为单位时间移动距离，通过 30m 分段加速跑、坡度 ≤5° 的阻力或助力跑等专项训练优化。系统性训练需遵循三大原则：优先安排在训练课开始阶段，采用 1:3 工作休息比的高强度间歇模式，并通过血乳酸监测将强度控制在 4~8mmol/L 区间，既能有效刺激磷酸原系统供能，又可避免过度疲劳积累。经实证数据显示，8 周周期化速度训练可使反应时缩短 18%~22%，步频提升 12%~15%。

二、力量素质

力量素质作为体能训练的核心要素，包含动力性力量和静力性力量两大训练维度。动力性力量训练以等张收缩为生理基础，采用 85%~100% 1RM 的强度范围，执行 3~5 组、每组 3~5 次的训练模式，组间歇控制在 1~3 分钟以维持神经兴奋性，建议每周进行 3 次系统训练。静力性力量训练则基于等长收缩原理，包含对抗静力和负重静力两种模式，执行时需遵循周期性递增负荷原则，并配合发力阶段腹式呼吸以优化核心稳定性。训练后需对目标肌群实施 PNF 拉伸，每肌群保持 30 秒以加速代谢产物清除及筋膜弹性恢复。

三、耐力素质

耐力素质作为评价机体持续运动能力的关键指标，以最大摄氧量为核心生理基准，其科学化训练需遵循三大标准：首先通过靶心率控制将运动强度维持在最大心率的 65%~85% 区间；其次，单次有效训练时长需 ≥30 分钟以保证能量代谢系统充分激活；最后，采用匀速持续训练或法特莱克变速训练两种负荷模式。实证数据显示，12 周系统训练可使 VO_2max 提升 18%~25%，其中法特莱克变速模式对乳酸阈值的改善效果较匀速训练高 9%~13%，更适合需要应对强度波动的耐力型项目，比如足球或越野跑等。

四、灵敏素质

灵敏素质作为运动能力的重要组成部分，其核心评估指标为 T 型测试成绩。实验数据显示，每周 3 次、持续 8 周的系统训练可使 T 型测试成绩提升 18%~22%，动态平衡能力指数改善率达 27%，特别适用于篮球、足球等需要快速反应的运动项目。

五、柔韧性素质

柔韧性素质可以通过坐位体前屈和肩关节活动度来进行评估，在进行柔韧性素质训练时应遵循以下方法（表 2-4）。

表 2 - 4　柔韧性素质训练

类型	持续时间	频次
动态拉伸	每个肌群 30 秒	训练前
静态拉伸	每个肌群 60 秒	训练后

思考题

1. 本章提到的体育锻炼六大核心原则分别是什么？
2. 自然力锻炼法主要包括哪三种具体方法？
3. 身体素质发展方法论中明确提到的五大素质分别是什么？

本章小结

（赵　娜）

第三章　体育文化与体育精神

　　1. 通过本章的学习，掌握从古希腊竞技会到现代奥林匹克运动的发展脉络；熟悉奥林匹克精神的核心内涵；了解奥林匹克精神对个体与社会的意义。

　　2. 分析奥林匹克精神的全球意义与中国体育精神的独特性：探讨奥林匹克在推动文明互鉴、和平发展中的全球作用，对比中国体育精神中传统文化基因与现代实践的融合路径。

　　3. 应用体育精神推动社会进步与全球合作：结合"和而不同"理念与人类命运共同体意识设计具体方案，体现体育在促进社会包容、文化传播及可持续发展中的现实价值。

第一节　奥林匹克精神

一、奥林匹克精神的历史演变

　　古代奥林匹克精神起源于公元前776年的古希腊奥林匹亚竞技会，以祭祀宙斯为核心，通过"神圣休战"机制实现城邦间和平竞技，倡导体魄与精神的统一，胜利者被尊为"半神"，体现对完美肉体的追求。竞技会融合宗教仪式与体育竞赛，强化希腊各城邦的文化凝聚力，直到公元393年因罗马帝国基督教化被禁，但其崇尚和平、公平与荣誉的精神为后世奠定了基础。19世纪末，顾拜旦推动现代奥林匹克复兴，提出以体育"培养完整的人"的教育理念，强调"参与比取胜更重要"，1896年首届奥运会在雅典举办并确立五环旗、圣火仪式等标志，使竞技精神从宗教崇拜转向人文主义。进入21世纪，奥林匹克精神加速全球化与多元化发展：2016年里约奥运会增设难民代表团彰显人道关怀，2020年东京奥运会通过性别平等政策推动社会包容，2024年巴黎奥运会提出"减碳50%"目标，将可持续发展融入赛事规划，体现当代奥林匹克与生态保护、社会议题深度结合的转型特征，展现出从竞技荣誉到人类共同价值的时代演进。

📖 知识拓展

奥林匹克精神不仅是赛场的荣耀，更是生活的精神灯塔

　　它从古希腊"神圣休战"的和平竞技起源，历经顾拜旦"培养完整的人"的现代转型，到如今融入难民代表团、性别平等、绿色办赛的全球议题，奥林匹克精神始终围绕"卓越、友谊、尊重"的核心生长。对大学生而言，奥林匹克精神就藏在校园运动会的参与中：认真完成每一次冲刺是"卓越"，主动扶起摔倒的对手是"友谊"，遵守规则、不抱怨裁判是"尊重"。这些微小行动，正是奥林匹克精神从赛场到生活的生动延续。

二、奥林匹克精神的核心内涵

　　奥林匹克精神的核心内涵由《奥林匹克宪章》定义为追求卓越、友谊与尊重的三位一体：卓越体

现为个体潜能的最大化突破，友谊通过体育交流跨越国界，尊重则涵盖对规则、对手及文化的敬畏。在哲学层面，奥林匹克精神延伸出人类命运共同体意识与生命教育观，强调通过竞技突破自我、传递勇气。中华文化视角下，奥林匹克精神与"和而不同"理念相契合，赛场上的多元共存呼应文明对话，而运动员自强不息的拼搏姿态既展现民族精神内核，又与"更快、更高、更强——更团结"的奥林匹克格言形成深层共鸣。

三、奥林匹克精神的全球意义

奥林匹克精神的全球意义体现在促进人类文明交流互鉴、推动和平发展议题以及塑造全球公民价值观三大维度。作为跨文化对话的载体，奥林匹克精神通过体育赛事搭建国际交流平台，展现体育外交的"润滑剂"作用。同时，它聚焦时代发展需求，既是冲突地区的希望象征——战火中坚持训练的运动员借奥运舞台传递和平呼声，也是可持续发展的实践标杆——伦敦奥运会"低碳场馆"与北京冬奥会"100％绿电"引领全球绿色转型。此外，奥林匹克精神通过公平竞争原则与反兴奋剂规则强化青年规则意识，国际奥委会"青年奥林匹克运动会"更以创新、合作与社会责任为核心，培养青年领导力与道德自律，构建全球公民的价值共识。这种精神将竞技场转化为文明互鉴的课堂，既传承"更快、更高、更强——更团结"的格言，又呼应构建人类命运共同体的时代命题，在体育与人文的交织中持续释放全球影响力。

第二节　中国体育精神

中国体育精神植根于中华文明的悠久历史，融合了传统文化基因、近代救亡图存的民族觉醒以及当代社会主义建设的时代使命，形成独具特色的价值体系。从古代"射礼"中"射以观德"的道德教化，到儒家倡导的"修身齐家治国平天下"，体育始终与个人修养、社会责任紧密相连。蹴鞠、马球等传统体育活动不仅强健体魄，更承载着"文武兼备"的君子理想；道家"天人合一"的养生哲学通过五禽戏、太极拳等实践，将身体锻炼升华为对自然规律的体悟。近代中国面临民族危机时，体育被赋予特殊使命。严复在《原强》中提出"鼓民力"的主张，张伯苓通过奥林匹克教育探索救国道路，延安时期毛泽东同志倡导"文明其精神，野蛮其体魄"。这些实践体现了体育与国家发展的紧密联系，为当代体育强国建设提供了历史借鉴。

中华人民共和国成立后，"发展体育运动，增强人民体质"的方针让体育成为全民福祉的重要支柱。许海峰在洛杉矶奥运会上实现金牌"零的突破"，中国女排用"五连冠"铸就团结拼搏的传奇，刘翔身披国旗跃上领奖台的瞬间，这些标志性事件展现了体育精神与国家发展的紧密联系。残奥运动员何军权以头触壁的顽强、王军霞在跑道上突破极限的坚韧，诠释了自强不息的民族品格；中国乒乓球队的技术革新、谷爱凌挑战高难度动作的勇气，则展现出创新求变的时代精神。北京冬奥会"冰丝带"场馆的东方美学、武术入奥的文化传播、"乒乓外交"的和平桥梁作用，无不体现着传统与现代交融、民族与世界对话的开放胸襟。

在新时代，"健康中国"战略将全民健身嵌入百姓日常生活，社区健身圈与校园体育改革正培育着全面发展的一代新人。杨倩以"清华学霸"身份问鼎奥运冠军，徐梦桃四战冬奥终圆梦。赛场外姚基金用篮球点亮偏远山区孩子的眼睛，张伟丽用综合格斗打破性别偏见，电子竞技选手在亚运赛场升起国旗——体育精神的边界不断拓展，成为社会进步的显微镜。在贵州"村 BA"的火爆现场，在白发苍苍的广场舞队伍中，全民健身热潮印证着体育生活化的深刻变革，这些故事打破固有认知，重新定义奋斗的价值。中国体育精神在国际舞台上持续释放影响力：冬奥吉祥物的文化传播效应传递文化亲和力，北京冬奥会"碳中和"实践引领绿色奥运潮流，援建非洲体育馆促进民心相通，体育成为讲述中国故事、参与全球治理的重要载体。从"同一个世界，同一个梦想"到"一起向未来"，中国体育精神既坚守着"为国争光"的初心，也拓展着"人类命运共同体"的格局，在历史传承与时代创新的交织中，持续为民族复兴与世界进步注入精神动力。新时代的中国体育精神展现出前所未有的丰富维度：它是个人梦想与国家叙事的交响，是传统智慧与现代科技的融合，更是民族品格与人类价值的共鸣。正如顾拜旦在《体育颂》所说："体育是培养高尚公民的最好学校。"在这所没有围墙的学校里，中国正以独特的精神密码，书写着属于全人类的文明篇章。

本章小结

思考题

1. 奥林匹克精神的核心内涵包括哪三个关键词？请结合章节内容简要说明。
2. 中国体育精神的传统文化根源主要体现在哪些方面？
3. 请列举一个 21 世纪奥林匹克精神发展的具体案例（如某届奥运会的特色举措）。

（王大鹏）

第四章 《国家学生体质健康标准》

📖 **学习目标** ┄┄

1. 通过本章的学习，掌握《国家学生体质健康标准》的制定目的；熟悉《国家学生体质健康标准》涵盖的测试项目及其对学生体质健康的综合评估意义；了解《国家学生体质健康标准》与"三维健康"的关联。

2. 具有独立完成 BMI 计算、肺活量测试、50m 跑等项目的具体操作，理解测试关键注意事项以避免数据偏差，根据性别及年级评分表准确判定自身体质等级，结合测试结果设计针对性锻炼方案以提升体质健康水平的能力。

3. 树立科学评估体质健康、主动规划提升方案的健康管理意识。

第一节 《国家学生体质健康标准》的内容及锻炼方法

为建立健全国家学生体质健康监测评价机制，激励学生积极参加身体锻炼，教育部印发《国家学生体质健康标准（2014 年修订）》（以下简称《标准》），要求各学校每学年开展覆盖本校各年级学生的《标准》测试工作。

《标准》的内涵是测量学生体质健康状况和锻炼效果的评价标准，是国家对不同年龄段学生体质健康方面的基本要求，是学生体质健康的个体评价标准。健康的概念包括身体健康、心理健康和社会适应。《国家学生体质健康标准》涵盖的是与学校体育密切相关的学生身体健康范畴。为了界定它的内涵，且避免与三维的健康概念混淆，将"体质"作为"健康"的定语以示其内涵。新修订的《国家学生体质健康标准》适用于全日制普通小学、初中、普通高中、中等职业学校、普通高等学校的学生，将学生按照年级划分为不同组别，身体形态类中的身高、体重，身体功能类中的肺活量，以及身体素质类中的 50 米跑、坐位体前屈为各年级学生共性指标；大学各年级测试的共性指标为立定跳远，根据性别差异《国家学生体质健康标准》也设置了不同的指标，其中男生需要测试引体向上和 1000 米跑，女生需要测试仰卧起坐和 800 米跑。

第二节 《国家学生体质健康标准》测试项目的具体测试方法

一、BMI 指数的测试方法

首先测量身高和体重，随后将身高、体重数据套入公式，最终得出 BMI 指数。公式：BMI = 体重 ÷ 身高的平方(体重单位：kg；身高单位：m)。

二、肺活量的测试方法

肺活量测试前先深吸一口气，然后对准肺活量计测仪缓慢用力呼气，一直到不能呼气为止。进行肺活量检测时，吹气不可以中断。吹气时，吹嘴需要紧贴面部，不能让吹出的气体通过嘴巴和面部之间的空隙溢出。另外，吹气时不宜过快，需要均匀地将气体呼出。

三、50米跑的测试方法

测试为两人一组。站立起跑，受试者听到"跑"的口令后开始起跑。发令员在发出口令的同时摆动发令旗。计时员视旗动开表计时，受试者躯干部到达终点线的垂直面停表。以秒为单位记录测试成绩，精确到小数点后一位，小数点后第二位数按"非0进1"原则进位。

四、坐位体前屈的测试方法

两腿伸直，坐在测试仪器上，两脚赤足贴紧挡板，上体前屈，两臂伸直向前，用两手中指指尖逐渐向前匀速推动滑板，直到不能前推为止。测试过程中两腿不能弯曲，禁止加速向前推进或中途有停顿。

五、立定跳远的测试方法

两脚自然分开站立，站在起跳线后，脚尖不得踩线。两脚原地同时起跳，不得有垫步或连跳动作，落地后向前或从侧面离开仪器，成绩为距起跳点最近的接触点，因此不能后退。每人试跳两次，计最好成绩。

六、引体向上的测试方法

跳起双手正握杠，两手与肩同宽成直臂悬垂。静止后，两臂同时用力引体（身体不能有附加动作），上拉到下颌超过横杠上缘为完成一次。记录引体次数。

七、仰卧起坐的测试方法

仰卧于垫上，两腿稍分开，屈膝约呈90°，两手手指交叉贴于脑后。另一同伴压住其踝关节，以固定下肢。受试者坐起时两肘触及或超过双膝为完成一次。仰卧时两肩胛必须触垫。测试人员发出"开始"口令的同时开表计时，记录1分钟内完成次数。1分钟到时，受试者虽已坐起但肘关节未达到双膝者不计该次数，精确到个位。

八、1000米跑（男生）、800米跑（女生）的测试方法

分组测试，站立式起跑。当听到"跑"的口令后开始起跑。计时员看到旗动开表计时，当受试者的躯干部到达终点线垂直面时停表。以分、秒为单位记录测试成绩，不计小数。

第三节 《国家学生体质健康标准》测试成绩评价标准

一、BMI指数测试成绩评价标准

表4-1 体重指数（BMI）单项评分表 （单位：kg/m²）

等级	分值	大学男生	大学女生
正常	100	17.9 ~ 23.9	17.2 ~ 23.9
低体重	80	≤17.8	≤17.1
超重		24.0 ~ 27.9	24.0 ~ 27.9
肥胖	60	≥28.0	≥28.0

二、肺活量测试成绩评价标准

表 4 - 2　肺活量单项评分表　　　　　　　　　　　　（单位：ml）

等级	单项得分	男子		女子	
		大一大二	大三大四	大一大二	大三大四
优秀	100	5040	5140	3400	3450
	95	4920	5020	3350	3400
	90	4800	4900	3300	3350
良好	85	4550	4650	3150	3200
	80	4300	4400	3000	3050
及格	78	4180	4280	2900	2950
	76	4060	4160	2800	2850
	74	3940	4040	2700	2750
	72	3820	3920	2600	2650
	70	3700	3800	2500	2550
	68	3580	3680	2400	2450
	66	3460	3560	2300	2350
	64	3340	3440	2200	2250
	62	3220	3320	2100	2150
	60	3100	3200	2000	2050
不及格	50	2940	3030	1960	2010
	40	2780	2860	1920	1970
	30	2620	2690	1880	1930
	20	2460	2520	1840	1890
	10	2300	2350	1800	1850

三、50 米跑测试成绩评价标准

表 4 - 3　50 米跑单项评分表　　　　　　　　　　　　（单位：秒）

等级	单项得分	男子		女子	
		大一大二	大三大四	大一大二	大三大四
优秀	100	6.7	6.6	7.5	7.4
	95	6.8	6.7	7.6	7.5
	90	6.9	6.8	7.7	7.6
良好	85	7.0	6.9	8.0	7.9
	80	7.1	7.0	8.3	8.2
及格	78	7.3	7.2	8.5	8.4
	76	7.5	7.4	8.7	8.6
	74	7.7	7.6	8.9	8.8
	72	7.9	7.8	9.1	9.0

续表

等级	单项得分	男子		女子	
		大一大二	大三大四	大一大二	大三大四
及格	70	8.1	8.0	9.3	9.2
	68	8.3	8.2	9.5	9.4
	66	8.5	8.4	9.7	9.6
	64	8.7	8.6	9.9	9.8
	62	8.9	8.8	10.1	10.0
	60	9.1	9.0	10.3	10.2
不及格	50	9.3	9.2	10.5	10.4
	40	9.5	9.4	10.7	10.6
	30	9.7	9.6	10.9	10.8
	20	9.9	9.8	11.1	11.0
	10	10.1	10.0	11.3	11.2

四、坐位体前屈测试成绩评价标准

表4-4 坐位体前屈单项评分表 （单位：cm）

等级	单项得分	男子		女子	
		大一大二	大三大四	大一大二	大三大四
优秀	100	24.9	25.1	25.8	26.3
	95	23.1	23.3	24.0	24.4
	90	21.3	21.5	22.2	22.4
良好	85	19.5	19.9	20.6	21.0
	80	17.7	18.2	19.0	19.5
及格	78	16.3	16.8	17.7	18.2
	76	14.9	15.4	16.4	16.9
	74	13.5	14.0	15.1	15.6
	72	12.1	12.6	13.8	14.3
	70	10.7	11.2	12.5	13.0
	68	9.3	9.8	11.2	11.7
	66	7.9	8.4	9.9	10.4
	64	6.5	7.0	8.6	9.1
	62	5.1	5.6	7.3	7.8
	60	3.7	4.2	6.0	6.5
不及格	50	2.7	3.2	5.2	5.7
	40	1.7	2.2	4.4	4.9
	30	0.7	1.2	3.6	4.1
	20	-0.3	0.2	2.8	3.3
	10	-1.3	-0.8	2.0	2.5

五、立定跳远测试成绩评价标准

表 4-5　立定跳远单项评分表　　　　　　　　　　　　　　　（单位：cm）

等级	单项得分	男子		女子	
		大一大二	大三大四	大一大二	大三大四
优秀	100	273	275	207	208
	95	268	270	201	202
	90	263	265	195	196
良好	85	256	258	188	189
	80	248	250	181	182
及格	78	244	246	178	179
	76	240	242	175	176
	74	236	238	172	173
	72	232	234	169	170
	70	228	230	166	167
	68	224	226	163	164
	66	220	222	160	161
	64	216	218	157	158
	62	212	214	154	155
	60	208	210	151	152
不及格	50	203	205	146	147
	40	198	200	141	142
	30	193	195	136	137
	20	188	190	131	132
	10	183	185	126	127

六、引体向上测试成绩评价标准

表 4-6　引体向上单项评分表　　　　　　　　　　　　　　　（单位：次）

等级	单项得分	男子	
		大一大二	大三大四
优秀	100	19	20
	95	18	19
	90	17	18
良好	85	16	17
	80	15	16
及格	78	—	—
	76	14	15
	74	—	—
	72	13	14

续表

等级	单项得分	男子	
		大一大二	大三大四
及格	70	—	—
	68	12	13
	66	—	—
	64	11	12
	62	—	—
	60	10	11
不及格	50	9	10
	40	8	9
	30	7	8
	20	6	7
	10	5	6

七、仰卧起坐测试成绩评价标准

表4-7 仰卧起坐单项评分表　　　　　　　　（单位：次）

等级	单项得分	女子	
		大一大二	大三大四
优秀	100	56	57
	95	54	55
	90	52	53
良好	85	49	50
	80	46	47
及格	78	44	45
	76	42	43
	74	40	41
	72	38	39
	70	36	37
	68	34	35
	66	32	33
	64	30	31
	62	28	29
	60	26	27
不及格	50	24	25
	40	22	23
	30	20	21
	20	18	19
	10	16	17

八、1000 米跑（男生）、800 米跑（女生）测试成绩评价标准

表 4-8　1000 米跑（男生）、800 米跑（女生）单项评分表

等级	单项得分	男子 1000 米		女子 800 米	
		大一大二	大三大四	大一大二	大三大四
优秀	100	3′17″	3′15″	3′18″	3′16″
	95	3′22″	3′20″	3′24″	3′22″
	90	3′27″	3′25″	3′30″	3′28″
良好	85	3′34″	3′32″	3′37″	3′35″
	80	3′42″	3′40″	3′44″	3′42″
及格	78	3′47″	3′45″	3′49″	3′47″
	76	3′52″	3′50″	3′54″	3′52″
	74	3′57″	3′55″	3′59″	3′57″
	72	4′02″	4′00″	4′04″	4′02″
	70	4′07″	4′05″	4′09″	4′07″
	68	4′12″	4′10″	4′14″	4′12″
	66	4′17″	4′15″	4′19″	4′17″
	64	4′22″	4′20″	4′24″	4′22″
	62	4′27″	4′25″	4′29″	4′27″
	60	4′32″	4′30″	4′34″	4′32″
不及格	50	4′52″	4′50″	4′44″	4′42″
	40	5′12″	5′10″	4′54″	4′52″
	30	5′32″	5′30″	5′04″	5′02″
	20	5′52″	5′50″	5′14″	5′12″
	10	6′12″	6′10″	5′24″	5′22″

思考题

本章小结

1.《国家学生体质健康标准》中，大学生需要测试的共性指标（如各年级均需测试的项目）有哪些？

2. BMI 的计算公式是什么？测试时需要测量哪些基础数据？

3. 根据《国家学生体质健康标准》，大学生 BMI 的正常范围是多少？低于或高于该范围分别属于什么等级？

（宁文浩）

第五章　必修体育课程

📖 **学习目标**

　　1. 通过本章的学习，掌握各类项目的基础技术动作与战术要领以及标准化的动作模式；熟悉各项目的比赛规则、场地标准、违例判罚；了解裁判流程。

　　2. 具有确保身体各部位在运动中协调配合、发力流畅的能力以及分析实际比赛场景的能力，提升团队协作能力、临场应变能力及战术执行效率，实现技术向实战高效转化。

　　3. 树立实战应用与协作意识。

第一节　足　球

一、概述

　　足球运动的发展可按历史时期划分为两大阶段：古代足球与现代足球。古代足球发源于中国战国时期的山东淄博地区，当时称为"蹴鞠"，最初是民间流行的娱乐活动。至汉代，蹴鞠被纳入军事训练体系，用以增强士兵体质并提升团队协作能力，这一功能从汉唐延续至宋代。然而明太祖朱元璋建立政权后，颁布"蹴圆（踢球）卸脚"这一禁令，加之"重文轻武"社会风气的盛行，蹴鞠活动无论在宫廷还是民间都日渐式微，最终在清代彻底消亡。

　　现代足球的雏形可追溯至 14 世纪的英国。由于缺乏统一的场地、参赛人数和犯规规则限制，当时的足球比赛常演变为暴力冲突，不仅损毁沿街商铺和居民财产，球员也频遭恶意犯规致伤。为此，英王爱德华二世于 1314 年颁布了禁止足球运动的法令。至 19 世纪中叶，随着体育运动的复兴和足球规则的系统编订，这项运动在英国获得快速发展，逐步实现"市场化""专业化""社会化"转型。19 世纪后期，随着全球化的推进，足球运动也传播至世界各地，最终发展成为当今世界最具影响力的体育运动。

二、技战术内容上篇

　　1. 颠球　是用身体各个部位连续击球并控制球不落地的技术动作，是提升球性、球感常用的训练手段。

　　（1）颠球的动作要领　脚背正面颠球时，以膝关节为轴心，小腿前摆发力，以脚背正面击打球体底部。击球瞬间需保持踝关节固定，脚尖稍上翘，可采用双脚交替触球或单脚支撑连续触球模式，通过力量控制将球稳定在可控范围内。

颠球

　　（2）颠球的易犯错误　①踝关节未固定，导致击球瞬间足部晃动，力量传导不稳定；②脚尖未保持上翘姿态，造成球体前移失控；③躯干过度紧张，导致动作协调性不足。

（3）颠球的纠正方法　①进行无球动作练习，形成正确的技术动作，养成良好的发力习惯；②采用退阶练习，击球后等球触底反弹再次击球，降低动作难度。

2. 脚内侧踢球　又称脚弓踢球，是足球运动中最基础且应用最广泛的技术之一，涵盖定位球、地滚球、弧线球及空中球处理。该技术因接触面积大、稳定性强、准确性高的特点，成为短距离传接配合的核心技术，在比赛中具有极高使用频次。

脚内侧踢球

（1）脚内侧踢球的动作要领

1）脚内侧踢定位球　直线助跑，支撑腿落位在球侧15cm处，膝关节微屈，脚尖正对踢球方向，踢球腿膝关节微屈，以髋关节为轴由后向前摆动，膝、踝关节外展，脚尖翘起，脚内侧对准球中部。当膝关节摆至球上方时，小腿加速前摆，击球时脚型固定，用脚内侧击球后中部。

2）脚内侧踢地滚球　根据球滚动的轨迹、速度以及摆腿的时间，动态调整助跑角度及支撑脚落位，确保踢球腿能顺利地摆踢发力。

3）脚内侧踢弧线球　助跑偏斜线，踢球腿摆动呈弧线，用脚内侧接触踢球的侧面，使球旋转。

4）脚内侧踢空中球　踢球腿大腿要抬起，小腿预摆拖后，确认来球方向后，小腿加速前摆击球，抬腿的高度和摆动腿的时间应与来球高度和速度相匹配，并根据踢球方向来调整击球部位。

（2）脚内侧踢球的易犯错误　①助跑方向错误，摆腿方向、击球部位偏移；②支撑腿脚尖未指向踢球方向，传球偏离目标；③踢球腿摆腿时膝关节过直，发力不流畅；④踢球腿接触球瞬间，踝关节松动造成力量分散，击球部位不准，脚内侧未击中球的中心，传球不稳定；⑤击球后无随摆动作。

（3）脚内侧踢球的纠正方法　①明确不同踢球技术的助跑角度；②进行慢动作练习，强调支撑腿摆放位置及脚尖方向；③分解练习摆腿、击球、随摆动作，把握动作细节，建立肌肉记忆。

3. 脚内侧停球　又称脚弓停球，脚内侧停球因脚与球接触面积大、动作简单，便于衔接后续动作，是比赛中使用频率最高的停球技术。一个完整的停球动作包括判断选位、接球前的支撑、触球动作、接球后跟进四个环节。

脚内侧停球

（1）脚内侧停球的动作要领　根据来球的路线选择停球的位置，快速移动到位，支撑脚正对来球，膝关节微屈，停球腿稍抬起，膝关节外展并微屈，脚尖翘起，脚内侧对准来球的方向并前迎，触球瞬间脚迅速后撤，将球停在脚下。若要停在身体侧面，脚内侧对准停球方向。

（2）脚内侧停球的易犯错误　①停球时，停球腿抬起过高，球从脚下漏过；②触球时，脚内侧未后撤，球未卸力，未停到预定位置。

（3）脚内侧停球的纠正方法　①进行有球原地动作练习，强调抬腿高度和触球部位；②分解练习脚内侧触球后撤动作，形成肌肉记忆，养成良好的动作习惯。

4. 脚背内侧踢球　又称内脚背踢球，运用脚背内侧击球，使球到达预定位置。因踢球腿摆动顺畅、幅度大、脚与球接触面积大，出球平稳有力但路线缺乏变化，脚背内侧踢球多用于中远距离传球和射门。一个完整的脚背内侧踢球技术动作包括助跑、支撑腿落位、踢球腿摆动、脚击球、随摆动作五个环节。

（1）脚背内侧踢球的动作要领

1）脚背内侧踢定位球　斜线助跑，助跑方向与出球方向约成45°，最后一步步幅加大。支撑脚踏在球侧，脚尖指向出球方向，膝关节微屈，身体重心倾向支撑脚。在支撑脚踏地的同时，踢球腿以髋关节为轴，大腿带动小腿由外后向前摆动，当膝关节摆至接近球的上方时，小腿加速前摆。击球时，脚背绷直，脚尖指向斜下方，用脚背内侧击球的后中下部。击球后，踢球腿顺势前摆落地，身体随之移动。

脚背内侧踢球

2）脚背内侧踢过顶球　助跑、支撑腿落位、踢球腿摆动及随摆动作与踢定位球基本相同，踢球腿在击球时接触球的底部，使球向前上方移动，形成过顶球。

（2）脚背内侧踢球的易犯错误　①支撑腿落位与球的距离过远或过近，影响踢球腿的摆动；②踢球腿后摆不充分，前摆时未通过大腿带动小腿，出球绵软无力；③踢过顶球时，身体后仰击球，技术动作变形。

（3）脚背内侧踢球的纠正方法　①进行支撑腿落位摆腿练习，找到合适距离；②重复进行摆腿练习，强调大腿带动小腿发力，寻找小腿加速摆动击球的感觉；③在练习过程中，强调击球底部，要求踢出球后迅速向前跑动。

5. 脚背正面踢球　又称正脚背踢球，因踢球腿摆动幅度大、脚背正面与球的接触面积大，脚背正面踢球具有球速快、力量足、准确性高的特点，同时由于助跑、摆腿均是向前，球的移动路线也多是竖直向前。

（1）脚背正面踢球的动作要领　斜线助跑，最后一步加大，支撑脚踏在球侧，脚尖指向出球方向，膝关节微屈。在支撑脚前跨的同时，踢球腿大腿后摆，小腿后屈。前摆时，以髋关节为轴，大腿带动小腿发力，当膝关节摆至接近球体上方时，小腿加速前摆，脚背绷直且垂直于地面，以脚背正面击球的后中部。击球后，踢球腿顺势前摆落地。

（2）脚背正面踢球的易犯错误　①踢球腿向斜前方摆动，出球路线偏离目标；②触球时，脚背未绷直，踝关节未锁紧，接触球部位发生偏移。

（3）脚背正面踢球的纠正方法　①进行原地摆腿练习，建立正确的摆腿技术动作模式；②重复练习脚击球这一技术动作环节，强调击球时脚的部位及触球的位置。

6. 脚背正面运球　又称正脚背运球，是在跑动中运用脚背正面连续推拨球的技术，具有运球速度快、方向单一的特点，所以在足球比赛中多于纵深距离充足且无防守队员的情况。完整动作分三步：支撑腿踏地蹬送、运球脚前摆送球、运球脚踏地支撑。

（1）脚背正面运球的动作要领　运球时身体呈正常跑动姿势，躯干稍前倾，步幅缩小，双臂屈肘自然摆动。膝关节微屈，脚跟提起，脚背绷紧，脚尖向下，运球脚迈步前伸，落地前，用脚背正面推拨球后中部前行。

（2）脚背正面运球的易犯错误　①运球时脚踝触球松动，触球部位不稳定；②运球时推拨球变为踢球动作，力量过大使球脱离控制；③支撑脚离球过远，推球后重心滞后，人球分离。

（3）脚背正面运球的纠正方法　①进行原地固定球练习，着重关注关节及触球部位；②采用慢速运球练习，强化各环节技术动作稳定性。反复练习体会推拨球的感觉。

7. 脚背外侧踢球　又称外脚背踢球，因踢球腿幅度小、速度快，且踢球时踝关节灵活度高，能快速改变踢球方向，是最具隐蔽性的踢球动作。

（1）脚背外侧踢球的动作要领　该动作环节与其他踢球技术动作相似，摆踢时脚背绷直，脚趾向内扣紧指向斜下方，用脚背外侧击球后中部。击球后，踢球腿顺势前摆着地。

（2）脚背外侧踢球的易犯错误　①支撑腿落位不好，膝关节未内旋，影响踢球腿摆动；②触球时脚背未绷紧，影响力的传导，球速降低。

（3）脚背外侧踢球的纠正方法　①单独练习支撑腿落位，找到最佳位置并重复练习，形成动作记忆；②分解练习摆腿和触击球动作，降低难度，强调动作准确性。

8. 脚背外侧运球　又称外脚背运球，易于改变运球方向，速度较快，还可利用身体护球，深受运动员喜爱，可用于直线、曲线和变向运球。

（1）脚背外侧运球的动作要领　运球跑动时，身体自然放松，略微前倾。运球脚提起，膝关节微屈，脚跟提起，脚背绷直，脚尖稍内转。在迈步前伸着地前，用脚背外侧向前推拨球。

（2）脚背外侧运球的易犯错误　①运球脚直腿前摆，难以控制推拨力量；②膝、踝关节僵硬，影响控球效果；③身体重心偏高或后坐，重心跟进不畅。

（3）脚背外侧运球的纠正方法　①练习中，确定支撑脚的位置和脚的触球部位，进行走步式练习，体会动作要领；②练习中，变换运球方向，强调推拨动作顺序。

三、技战术内容下篇

1. 头顶球　是运动员运用前额将球顶向目标的专项技术。由于击球点位于身体最高位，该技术成为争夺制空权的关键技术。在现代足球比赛中，通过定位球战术的得分不断增多，精湛的头顶球能力往往能直接影响比赛胜负。完整的头顶球技术包含四个标准步骤：选位预判、展腹蓄力、头触击球、触球后身体姿态控制。

（1）头顶球的动作要领　身体正对来球，两脚前后或平行站立，膝关节微屈，两眼注视来球，身体稍后仰，双臂自然张开，挺胸展腹，下颌收紧。顶球时，蹬地、收腹、摆体、顶送发力，当头摆至身体垂直部位时，用前额正面顶击球的后中部，顶击球瞬间颈部肌肉保持紧张，顶球后继续前送，以便于控制出球的方向。

（2）头顶球的易犯错误　①球来时因害怕而闭眼；②发力顶球时机错误，触球部位偏移。

（3）头顶球的纠正方法　①进行退阶练习，托球后松手，用头顶球，克服心理恐惧；②进行自抛自顶练习，掌握发力感觉，体会顶球时机。

头顶球

2. 运控球　运控球是在足球比赛中，球员运用各种技巧和动作，有效地控制和处理球的一种技术。这项技术是足球运动中非常重要的一部分，因为它直接影响到球员在比赛中的技术表现。运控球技术包括以下几种技术动作：踩球、拉球、拨球和推球。

（1）运控球的动作要领　①踩球：首先把球置于身体正前方，用前脚掌轻触球体正上方。躯干保持直立。膝关节弯曲，重心降低。一脚踩完球后，快速切换支撑腿进行交替练习。②拉球：首先将球置于身体正前方，支撑腿踏在球的侧后方，另一条腿提膝用脚底踩球后，向侧向横拉。膝关节弯曲，重心向拉球方向降低。③拨球：首先将球置于身体一侧，支撑腿踏在球的侧后方，使用脚背外侧向侧向轻轻拨动足球。膝关节弯曲，重心向拨球方向降低。④推球：首先将球置于身前，支撑脚踏在球的侧方，用脚背正面轻轻向前推动足球，随后立即将球拉回。

运控球

（2）运控球的易犯错误　①支撑脚选位不当，影响运控球时脚的触球部位；②拨球、推球时力量掌握不好，变成踢球。

（3）运控球的纠正方法　①进行原地动作练习，确定支撑脚的位置，或结合固定球的练习注意体会触球点和脚的触球部位；②在练习中，体会缓慢发力的感觉。

3. 脚内侧运球　是运动员用脚内侧连续推拨足球的动作。脚内侧运球的特点是运球动作幅度大，控球稳定性高，虽推进速度受限，但是左右变相容易。该技术适用于掩护性运球或运球变向。

脚内侧运球

（1）脚内侧运球的动作要领　运球时，支撑脚稍向前跨，踏在球的前侧方，膝关节稍弯曲，躯干前倾向内转。随着身体向前移动，运球脚提起，用脚内侧推球的侧后中部。

（2）脚内侧运球的易犯错误　①支撑脚选位不佳，挡住球路或影响运球脚动作；②推拨球时，踝关节松动或脚尖外转不够，影响运球方向的控制。

（3）脚内侧运球的纠正方法　①在练习中，确定支撑脚的位置，进行走步式练习，体会动作要领；②在练习中，固定脚型，强调触球时脚尖外转。

4. 个人进攻战术——运球突破　是指在运球的基础上，根据战术需要以及对手的防守位置和重心变化情况，利用速度、方向或动作变化，获得时间和空间位置上的优势，从而突破防守的一种技术手段。运球突破是运动员控制球与进攻能力的重要表现形式，熟练掌握与合理运用运球及突破技术，对调控比赛节奏、丰富战术变化，突破密集防守，创造射门机会都具有实际意义。

运球突破

（1）运球突破的动作要领　足球运球摆脱在动作过程上可大体分为 3 个阶段。①逼近调动阶段：当运球逼近防守时，重心应下降，步幅要减小，触球要轻，球距要近。在运好球的同时，利用各种假动作诱骗对手，造成对手在心乱中出现防守的错误或漏洞。②运球超越阶段：在攻防对峙中，运球队员应通过有效的假动作迷惑对手，创造出有利于突破的时间差和位置差，并不失时机地采取迅猛和果断的突破行动，动作的发动应迅速且具有爆发性。③跟进保护阶段：突破时，身体重心应积极向球侧倾移，保证重心随球跟进，有利于加速拉大与对手的距离。这一阶段，为了防止对手的逼抢，要注意利用身体护球，以巩固和发展自己的优势。

（2）运球突破的易犯错误　①做假动作突破时，与防守队员距离过近，易被断球；②突破后未立即加速向前运球。

（3）运球突破的纠正方法　①防守队员前放置标志盘，运球到达标志盘后立即进行运球突破，通过重复练习，掌握合适的突破距离；②设置得分线，突破后要快速运球到达得分线，养成跟进保护的良好习惯。

5. 个人防守战术——抢截球　为防守球员一对一防守进攻球员的情况，是常见的一种防守策略。良好的一对一防守需具备正确的站位、合适的距离、良好的时机三个要素。

抢截球

（1）抢截球的动作要领　①进攻队员持球后，缓慢向前移动给予压力且站位要切断进攻队员的射门或传球路线，保持一步半到两步的距离为最佳，这样既能给对方施压，又留下充足的反应时间；②到达防守位置后，身体半侧身，重心降低，封堵进攻队员的一侧，双脚脚尖着地，随时准备启动；③抢截球的时机分为两种，一种是进攻队员运球失误的时机，另一种是进攻队员企图运球突破防守队员时的时机，抓住这两个时机，果断抢球。

（2）抢截球的易犯错误　①进攻队员持球后，向前扑抢，被对方突破；②与进攻队员的距离过远，既没有给对方施加压力，又没有封堵对方的进攻路线。

（3）抢截球的纠正方法　①重复练习压迫环节技术动作，形成正确的抢截球习惯；②进行一对一防守练习，模拟比赛场景，积累防守经验，增强防守意识。

6. 局部进攻战术——墙式配合　又称二过一配合，是指两名进攻队员通过两次连续传球配合越过一名防守队员的进攻战术。具体表现为：第一持球人在面对防守时，利用队友作"墙"分散对方的注意力，先传球给接球队员，然后无球跑动迅速摆脱防守，接球队员快速出球回传，形成局部的以多打少优势，突破对方防守球员。根据传跑路线的不同可分为：斜传直插二过一、直传斜插二过一、斜传斜插二过一和回传反切二过一。

墙式配合

（1）墙式配合的动作要领　①持球人要有随时运球突破的意识，吸引防守队员注意，给予防守队员压力，在防守队员上抢瞬间将球传给接球队员，并迅速向前跑动接应；②接球人要始终保持移动选位，从而保证接球路线不会被防守队员封堵，接球后要立即将球传到队员的跑动路线上，做到"人到球到"。

（2）墙式配合的易犯错误　①持球人没有向前运球吸引防守队员注意力便将球传给队友，防守队员立即压迫队友，导致墙式配合无法完成；②接球人站位在防守队员身后，无法接球；③接球人将球传到队友身后，影响配合流畅性。

（3）墙式配合的纠正方法 ①重复练习运球压迫环节，掌握传球时机，接球人配合练习，寻找接应位置；②通过传跑练习，增强默契，了解队友跑位习惯。

7. 局部进攻战术——后套配合 是常见的进攻战术之一。在足球比赛中，球队通常会使用各种战术和策略来突破对手的防线，而后套配合是一种非常有效的进攻方式。后套配合具体表现为：第一名球员将球传给第二名球员后，立即从第二名球员的身后绕过并向前跑动，第二名球员可以根据对手防守站位而选择将球传给第一名球员或运球向前推进。这种传球跑动的方式能够让球队快速地破坏对手的防线，创造出进攻的机会。

（1）后套配合的动作要领 ①第一名进攻队员将球传给队友后，快速从队友身后绕过，并随时做好接球的准备，在接到球后迅速向前完成后续进攻。②第二名进攻队员在接到球后，要根据防守队员的站位是否受到第一名进攻队员跑动的影响做出决定：如果防守队员被第一名进攻队员吸引防守注意，则运球向前；反之，便将球传给后套的队友。

（2）后套配合的易犯错误 ①第一名进攻队员后套跑动到防守队员身后或封堵角度，最终形成一对一局面，导致后套配合失误；②第二名进攻队员没有根据实际情况做出合理的传球或运球决策，导致丢失球权。

（3）后套配合的纠正方法 ①通过无防守队员练习，增强跑位意识，提高配合熟练度；②进行退阶练习，降低防守强度，着重培养球员的决策能力。

8. 局部进攻战术——交接配合 又称交叉掩护配合，是两名进攻队员借助运球与身体的掩护越过一名防守队员的配合方法。交接配合具体表现为：持球人将球传给接应人，接应人向斜前方运球的同时，持球人向接应人的身后跑动，并将球运走。

（1）交接配合的动作要领 ①持球人将球传到接应人脚下，随后迅速启动，从接球人的身后绕过，同时运走接应人脚下的足球；②接应人接到球后，用来球方向的同侧脚向斜前方运球，并用身体将球与防守队员隔开，将球交给队友后继续向前跑动。

（2）交接配合的易犯错误 ①接球人没有用远离防守队员的脚运球，球容易被抢断，并且难以完成交接；②交接过程中，持球人与接球人未及时沟通，同时触球，造成配合失误。

（3）交接配合的纠正方法 ①进行无防守练习，熟悉交接配合各环节的动作细节以及要点；②重复练习形成配合默契，并且在进行交接配合时，持球人与接球人及时沟通，避免失误。

四、足球竞赛规则

1. 比赛场地与设备

（1）比赛场地 比赛场地的长度（边线）在90～120m，宽度（球门线）在45～90m范围内均可，且边线要长于球门线。国际比赛的长宽范围为：长100～110m，宽64～75m。比赛场地的材质应为天然或人造草坪，场地各线宽度不超过12cm（球门线的宽度必须与球门柱宽度相等），边线与球门线应包括在场地面积之内，其他各线宽度也应包括在该区域面积之内。罚球区的长度为40.32m，宽度为16.5m。球门区的长度为18.32m，宽度为5.5m。中圈为半径9.15m的圆。角球区为半径1m的1/4圆。

（2）比赛用球 比赛用球必须符合《国际足联品质计划——足球》的要求，并印有相关标志。球的周长为68～70cm，重量为410～450g，气压为0.6～1.1个标准大气压。

（3）球门 两根球门柱内侧距为7.32m（长），从横梁下沿至地面的距离为2.44m（高）。球门颜色必须为白色，且门柱及横梁的宽度和厚度均一致，不得超过12cm。

2. 比赛时间 一场正式比赛时间为90分钟，分为两个45分钟的半场。中场休息时间不得超过15分钟。加时赛总时长30分钟，上、下半场各15分钟。裁判员对每半场因各种情况而损耗的比赛时间予以补足，且裁判员不得因上半场计时失误而改变下半场的比赛时长。

3. 犯规与不正当行为

（1）可判罚直接任意球的犯规　如果裁判员认为，一名场上队员草率、鲁莽地或用过分力量对对方队员实施如下犯规，则判罚直接任意球：冲撞；跳向；踢或企图踢；推搡；打或企图打（包括用头顶撞）；用脚或其他部位抢截；绊或企图绊；手球犯规（守门员在本方罚球区内除外）；拉扯对方队员；在身体接触的情况下阻碍对方队员移动；对在比赛名单上的人员或比赛官员实施咬人或吐口水；向球、对方队员或比赛官员扔掷物品，或用手中的物品触及球。

（2）可判罚间接任意球的犯规　如果一名场上队员犯有如下行为，则判罚间接任意球：以危险方式进行比赛；在没有身体接触的情况下阻碍对方行进；以语言表示不满，使用攻击性、侮辱性或辱骂性的语言或行为，或其他口头的违规行为；在守门员发球过程中，阻止守门员从手中发球、踢或准备踢球；故意发起施诡计用头、胸、膝等部位将球传递给守门员以逃避规则相关条款处罚的行为（包括在踢任意球或球门球时），无论守门员是否用手触球，如果该行为由守门员发起，则处罚守门员；犯有规则中没有提及的，又需裁判员停止比赛予以警告或罚令出场的任何其他犯规；守门员在本方罚球区内发出球前，用手或臂部控制球超过6秒，或者在发出球后、其他场上队员触球前，用手或臂部触球、用手接同队队员的回传球或掷来的界外球。

思考题

1. 足球脚内侧踢球共分为几个环节？每个环节分别是什么？
2. 一场标准的国际足球比赛，场地的尺寸是多少？
3. 简述足球运动的发展史。

（宁文浩）

第二节　篮　球

一、概述

篮球运动起源于1891年，由加拿大籍体育教师詹姆斯·奈史密斯在美国马萨诸塞州的斯普林菲尔德国际青年会训练学校发明。他使用桃篮作为最初的篮筐，并制定了13条基础规则，奠定了现代篮球雏形。篮球运动从美国迅速传至加拿大、欧洲及南美洲等地。随着运动的普及，规则逐步完善，如1936年柏林奥运会将男子篮球列为正式项目，同年引入三分线划分投篮区域；1946年美国职业篮球联赛（NBA）成立，后于1954年引入24秒进攻时限，大幅提升比赛节奏与观赏性。1904年圣路易斯奥运会上，篮球首次作为展示项目亮相。此后，全球范围内形成职业联赛、街头篮球等多形态发展局面。技术革新与巨星涌现不仅推动了战术演进，而且将篮球的商业价值与文化影响力推向高峰。如今，篮球已成为全球最受欢迎的体育运动之一，在竞技、教育、经济等领域产生了深远影响，其融合团队协作与个人技巧的特质持续吸引着广大爱好者。

二、技战术内容上篇

1. 移动技术　移动是队员在比赛中为了改变位置、方向、速度和争取高度所采用的各种脚步动作的通称。进攻时运用移动，是为了摆脱防守去接球、选择位置、牵制对手、掩护，或是为了合理而迅速地完成运球、传球、突破、投篮等各种进攻行动。防守时运用移动，是为了抢占有利位置，防止对手摆脱或及时、果断、准确地抢球、打球、断球和抢篮板球。

（1）滑步（图5-1） 是防守移动的主要方法。滑步时，身体易保持平衡，可向任意方向移动。滑步可分为侧滑步（横滑步）、前滑步和后滑步。以侧滑步为例，动作方法如下：两脚左右开立约肩宽，膝微屈，上体稍前倾，两臂侧伸，目平视，盯住对手。向左滑步时，右脚前脚掌内侧用力蹬地，左脚向左跨出，在左脚落地的同时，右脚迅速随同滑行。在滑步时，注意身体不要上下起伏，随时调整重心，保持身体平衡。

滑步

1   2   3   4

图5-1 滑步

（2）侧身跑 向前跑时，脚尖对准跑动方向，头和上体转向球的方向，以便观察场上情况。

（3）防守基本姿势 两脚前后或左右开立，与肩同宽，两腿弯曲，上体稍前倾，目平视，重心落在两脚之间，两臂自然下垂于体侧。

防守基本姿势

2. 投篮技术（图5-2） 投篮是进攻队员为将球投向球篮而采用的各种专门动作的总称。投篮是篮球运动的主要进攻技术，是唯一的得分手段。投篮技术动作较多，按照投篮手法分为单手投篮和双手投篮两种，还可以在原地、行进间和跳起空中时完成。

1   2   3   4   5

图5-2 投篮

（1）原地单、双手投篮 ①原地单手投篮：以右手投篮为例。两脚左右开立约与肩同宽，右脚稍向前迈出半步，两膝微屈，重心落在两脚之间。右手持球于肩上，左手扶球的左侧，右臂屈肘，大臂平行于地面，小臂垂直于地面。投篮时，下肢蹬地发力，右臂向前上方伸直，手腕前屈，食指、中指用力拨球，通过指端将球投出。球出手时，身体随投篮出手方

原地单手投篮

向自然伸展。②原地双手投篮：两脚左右开立与肩同宽，两膝微屈，重心落在两脚之间。双手持球于头上，肘关节自然弯曲。投篮时，两臂随下肢的蹬伸向前上方伸出，两手腕同时外翻，拇指、食指稍用力下压，用指端拨球，使球通过拇指、食指、中指指端飞出。球出手后，脚跟提起，身体随投篮出手方向自然伸展。

（2）行进间单手低手投篮（图5-3）　以右手投篮为例。右脚跨出一大步的同时接球，左脚接着跨出一小步并用力蹬地起跳，右腿提膝，双手向前方举球。当身体接近最高点时，左手离球。右手外旋，掌心向上，并充分向篮筐方向伸展，接着屈腕，食、中指用力拨球，通过指端将球投出。

图5-3　行进间单手低手投篮

3. 传、接球技术　传、接球是篮球比赛中进攻队员之间有目的地转移球的方法，是进攻队在场上相互联系和组织进攻的纽带，是实现战术配合的具体手段，是比赛中运用最多的基本技术。

（1）双手胸前传球（图5-4）　身体按基本姿势站立，双手持球于胸腹之间。传球时，双手持球先做由下而上向前的弧线转动，当球转动到胸前位置时，迅速向前伸臂，手腕翻转，拇指下压，最后通过食指、中指用力拨球将球传出。出球后，手心和拇指向下，其余四指指向传球方向。在传球的同时，脚蹬地，身体重心前移，上、下肢协调配合。

图5-4　双手胸前传球

（2）击地传球　动作方法与双手胸前传球方法相似。主要区别是改变传球出手时的位置和用力方向，并要选择好击地点。反弹传球时，伸臂方向是向前下方，手的用力点在球的后上方。击地点应为传向距接球人1/3距离的地方。

4. 运球技术　运球是持球队员用手拍按从地面反弹起来的球的动作。

（1）运球基本姿势　两脚稍前后开立，两膝微屈，上体稍前倾，头抬起，目平视，非运球手臂屈肘平抬，用以保护球。运球时，脚步动作幅度和下肢各关节的屈度随运球的速度和高度不同而有所变化。运球时，五指分开，扩大控制球面积，用手指及其根部和手掌的外缘接触球、控制球，手心空出。

运球基本姿势

（2）体前变向（图5-5）　运球队员从对手右侧突破时，先向对手左侧变向运球，然后向右侧变向。变向时，右手拍按球的右后上方，把球从自己的右侧拍按到左侧前方，同时右脚向左前方跨出，上体左转，用肩保护球，然后换手运球，加速前进。

运球转身

图5-5　体前变向

（3）运球突破

1）交叉步突破（图5-6）　以右脚作中枢脚，两脚左右开立，两膝微屈，身体重心降低，持球于胸腹之间。突破时，左脚向左前方跨出，假做向左侧突破，当对手重心向左偏移时，右脚前脚掌内侧迅速蹬地，上体向右转体探肩，左肩向前下压，重心向右前方移动，左脚迅速向右侧前方跨出，同时将球移至右侧，推放球于左脚脚尖外侧，右脚用力蹬地向前跨出，迅速超越对手。

交叉步突破

2）顺步突破（图5-7）　以左脚作中枢脚，准备姿势和突破前的动作要求与交叉步突破相同。突破时，假做投篮，当对手重心前移时，右脚迅速向左前方跨出一步，上体向右侧身探肩，重心向右前移的同时，用右手推放球，右脚外侧偏前方，左脚前脚掌迅速蹬地，向前方跨出运球突破防守。

顺步突破

图5-6　交叉步突破

5. 篮球战术

（1）进攻战术

1）传切配合　是篮球基础进攻战术之一，通过传球与切入制造空位机会。典型流程为：持球队员吸引防守后，迅速将球传给侧翼队友，随即加速向篮下空切；接球者观察防守阵型，精准回传或伺机突

图 5 - 7　顺步突破

破，形成攻筐威胁。该战术强调无球跑动时机、传球路线预判及防守牵制能力，要求队员通过眼神或手势沟通，利用假动作误导对手，在防守者换防间隙创造高效得分机会。执行时需保持进攻空间，避免切入路线重叠，常与掩护战术结合使用。

2）掩护配合　掩护队员采用合理的行动，用身体挡住同伴的防守者的移动路线，同伴借此摆脱防守，或利用同伴的身体摆脱防守，从而接球进攻的一种配合方法。掩护配合可以由无球队员给有球队员做掩护，也可以由有球队员给无球队员做掩护或由无球队员给无球队员做掩护。

（2）防守战术　人盯人防守战术：是每个防守队员防守一个进攻队员，在防守住自己对手的基础上相互协作的全队防守战术。人盯人防守战术分为半场人盯人防守和全场紧逼人盯人防守。

🌀 知识拓展 --

投篮的瞄准点

1. 直接命中的瞄准点　一般是篮圈离投篮队员最近的一点，通常是指篮圈前沿的正中点。

2. 打板投篮的瞄准点　打板投篮时，应根据投篮的位置、距离以及球飞行的弧度和球的旋转等因素选择适宜的瞄准点。若碰板角度小、距离远，则瞄准点应选择在篮圈上方较高且较远的位置；若碰板角度大、距离近，则瞄准点应选择在篮圈上方较低且较近的位置。一般来说，投篮队员在与篮板成 15°～45°的位置时采用打板投篮效果较好。

三、技战术内容下篇

1. 移动技术

（1）交叉步　由攻转守的过程中，若防守队员失去防守位置或寻找对手时，可以用交叉步迅速追随对方，再过渡到滑步继续防住对手。起动作要领是：向左侧交叉步时，右脚用力蹬地，迅速从左脚侧前方迈出，上体稍左转，右脚落地的同时左脚向左跨步，两脚依次交叉快跑。

（2）后退跑　是一种在篮球比赛中常用的技巧。后退跑时，运动员应背对前进方向，两脚的前脚掌交替蹬地提膝，重心后移。上体放松直立，两臂屈肘摆动。后退跑时要时刻注意观察场上的情况，以便及时作出反应。

（3）急停　是队员在运动中突然制动、停止的一种脚部动作。常用的有以下两种：①向前跨一大步，上体后仰，重心后移，用脚跟着地，然后过渡到全脚掌抵住地面，迅速屈膝，接着再上第二步；②脚着地时，脚尖稍向内转，用前脚掌内侧蹬地，两膝弯曲，上体稍向侧转并微前倾，重心落在两脚之间，两臂屈肘自然张开，保持身体平衡。

2. 投篮技术

（1）原地跳起单手肩上投篮　以右手投篮为例。双手持球于胸前，两脚前后或左右自然开立，两腿微屈，重心在两脚之间。起跳时两腿迅速屈膝，脚用力蹬地向上起跳，双手举球至肩上，右手持球，左手扶球的左侧方。当身体接近最高点时，左手离球，右臂向前上方伸直，手腕前屈，食指、中指拨球，通过指端将球投出。落地时，屈膝缓冲，准备下一个动作。

（2）行进间单手高手投篮　以右手投篮为例。运球或跑动中右脚跨出一大步的同时接球，右手五指自然分开持球的下部，左手扶球的左侧下方，双手持球于肩上位置。当起跳接近最高点时，右手臂伸展，肘关节上抬，手腕前屈，食指、中指拨球将球投出，落地后保持身体平衡。

3. 传接球技术（图5-8）　单手肩上传球：以右手传球为例。双手持球于胸前，呈基本站立姿势。传球时，左脚向传球方向迈出半步，转体，使左肩对着传球方向，同时右臂引球至右肩上方，手腕微后屈托住球，上臂与地面近似平行，前臂与地面垂直，重心落在右脚上。出球时，右脚蹬地，同时转体并迅速向前挥臂，手腕前屈。最后食指、中指拨球，将球传出。身体重心移至左脚，右脚随之向前跨步，并保持身体平衡。

图5-8　传接球技术

4. 运球技术

（1）运球急停急起　在快速运球中，突然急停时，手拍按球的前上方。运球疾起时，要迅速起动，拍按球的后上方，注意用身体保护球。要停得稳，起动快。人和球的速度要一致，手、脚和上体要协调配合。

（2）运球转身　转身时，头和背部保持正直，膝关节弯曲，一只脚作轴，重心落在支撑脚的前脚掌，另一脚的前脚掌蹬地，同时移动重心，以转头、转肩和转腰的力量带动身体进行弧形移动，使身体改变原来的朝向。

5. 篮球战术

（1）突分配合（图5-9）　是持球队员突破后，利用传球与同伴配合的方法。当进攻队员突破后，遇到对方迎上补防，立刻把球传给切入篮下的队员，切入篮下的队员接球后投篮或与其他同伴配合。

（2）长传快攻（图5-10）　　快攻是由防守转为进攻时，以最快的速度、最短的时间把球推进到前场，在对方尚未部署好防守之前形成人数、位置上的优势，果断而合理地进行攻击的一种进攻战术。长传快攻的方法：⑤抢到篮板球后，首先应观察全场情况，掌握发动快攻的时机，⑥和⑧及时快下，超越防守；⑤根据情况，长传球给⑥或⑧进行投篮；④、⑤、⑦应迅速插空跟进。

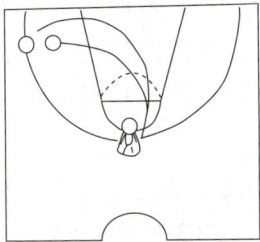

图5-9　突分配合

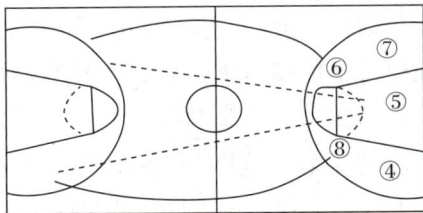

图5-10　长传快攻

四、篮球竞赛规则

1. 篮球比赛的定义　　每场篮球比赛由两队参加，每队出场5名队员。目的是将球投入对方球篮得分，并阻止对方获得球或得分。可将球向任何方向传、投、拍、滚或运，但受竞赛规则的限制。

2. 球场　　①球场是一个长方形的坚实平面，无障碍物；②国际篮联主办的正式比赛，球场尺寸为长28m、宽15m，球场的丈量要从界线的内沿量起。

3. 发生违犯时裁判员的职责　　违犯是指任何由队员或教练员构成的犯规或违例。

（1）发生违犯时　　①裁判员要鸣哨，同时作出适当的手势以停止比赛计时钟，使球成死球；②随后按"裁判员手册"上所确定的手势要求，依次完成手势；③然后遵照规则判给对方掷界外球。

（2）发生侵人犯规时　　①裁判员要鸣哨，同时作出适当的手势以停止比赛计时钟，使球成死球；②随后要指出造成犯规的队员，如果裁判员要求，则犯规队员需要按要求举起手来以示承认；③裁判员要按"裁判员手册"中确定的报告犯规的程序向记录台报告；④当记录员得到报告，将此犯规登在记录表上、举起犯规次数标志牌后，裁判员要按适当的条款重新开始比赛。

（3）其他类型犯规　　对违反体育道德的犯规、取消比赛资格的犯规、技术犯规或双方犯规，裁判员要立即作出该犯规类型的适当手势。注：①在罚球或投篮成功后，裁判员不要鸣哨；②每次宣判犯规或跳球后，裁判员要交换他们的场上位置。

4. 违例　　①违例是违反规则；②罚则是发生违例的队失去球；③将球判给对方队，在最靠近发生违例地点的位置掷界外球，直接位于篮板后面的地方除外。

5. 队员出界和球出界　　①当队员身体的任何部分与界线上、界线上方或界线外的地面，或除队员以外的任何物体接触时，即为队员出界。②当球触及下列物体时为球出界：界外的队员或任何其他人员；界线上、界线上方或界线外的地面或任何物体；篮板的支柱或背面。③球出界或球触及除队员以外的其他物体出界，最后去触球或被球触到的队员是使球出界的队员。

6. 带球走规则

（1）定义　　当持活球的队员用同一脚向任何方向踏出一次或数次，另一脚（称为中枢脚）不离开与地面的接触点时为旋转（合法移动）。带球走或持球行进（在场地内）是持球队员一脚或双脚向任何方向移动超出了本条规则所述的限制。

（2）确定中枢脚　　当队员双脚着地接到球时，任一脚均可作为中枢脚，抬脚瞬间另一脚自动成为中枢脚。若在移动或运球中接球停步，需根据动作判定中枢脚：若一脚接触地面，另一脚随后触地，则原触地脚为中枢脚，但可跳起该脚使双脚同时落地，此时无中枢脚；若接球时双脚离地，双脚同时落地，可任选中枢脚，分先后落地则先触地脚为中枢脚，亦可跳起先触地脚实现双脚同时落地，此时同样不固定中枢脚。所有动作需避免中枢脚非法移动，否则构成带球走违例。

（3）持球移动　当队员确定中枢脚后，在传球或投篮过程中可抬起中枢脚，但球离手前该脚不得落回地面；若开始运球，则必须确保球离手前中枢脚保持静止，不得抬起。若停步后未确定中枢脚（如双脚同时落地），传球或投篮时可抬起任意一脚或双脚，但需在球离手前保持悬空；开始运球时则需在球触地前保持支撑脚不动。违反上述情况均视为带球走违例。需注意的是，此规则仅在队员控制活球时生效，若未形成有效控球则不适用违例判罚。

7. 3秒钟规则　①某队控制球时，该队队员在对方的限制区内停留不得超过持续的3秒；②限制区的各线都属于限制区的一部分，队员触及任何一线都算位于限制区内；③3秒的限制在所有掷界外球情况下均有效，它的计算要从掷界外球队员在界外可处理球（球进入比赛状态）的一瞬间开始；④3秒的限制不适用于投篮的球正在空中、抢篮板球时、死球时；⑤队员在限制区内停留接近3秒，可默许他运球投篮。

8. 球回后场　①位于前场的控制球队的队员不得使球回后场。②当控制球队的队员出现下列情况，就认为球已进入后场：在球进入后场前最后触球；在发生下列情况之后，他的同队队员首先触及球：球已触及后场或该队员触及后场。该限制适用于在某队前场的所有情况，包括掷界外球。

9. 犯规　①犯规是违反规则的行为，包含与对方队员的身体接触或违反体育道德的举止；②对犯规队员要进行登记，随后按规则的有关条款进行处罚。

10. 侵人犯规　①侵人犯规是在活球、球进入比赛状态或死球时涉及与对方队员接触的队员犯规。②队员不准通过伸展臂、肩、髋、膝、脚或弯曲身体成不正常姿势以阻挡、拉、推、撞、绊等动作来阻碍对方行进，也不准使用任何粗野动作。③罚则：在所有情况下都要登记犯规队员一次侵人犯规。此外：A. 如果对没有做投篮动作的队员犯规，由非犯规队在距发生犯规地点最近的界外掷界外球，重新开始比赛。B. 如果对正在做投篮动作的队员犯规：如果投球中篮，要计得分并判给一次罚球；如果2分投篮没有成功，则判给两次罚球；如果3分投篮没有成功，则判给三次罚球。④如果控制球队的队员发生犯规，由非犯规队在距发生犯规地点最近的界外掷界外球，重新开始比赛。

11. 掩护——合法的和非法的

（1）掩护发生在队员试图延误或阻止非控制球的对手到达希望到达的场上位置时。

（2）正在掩护对手的队员处于下列情况时为合法掩护：①发生接触时静立不动；②发生接触时已经两脚着地。

（3）正在掩护对手的队员处于下列情况时为非法掩护：①发生接触时正在移动；②发生接触时是在静立对手的视野之外建立掩护，没有给出能让其正常避让的合理空间；③发生接触时对移动中的对方队员没有考虑时间和距离的因素。

（4）如果掩护建立在静立对手的视野之内（前面或侧面），则该队员可以按自己的愿望，在不发生接触的情况下尽量靠近对手。

（5）如果掩护建立在静立对手的视野之外，掩护队员必须允许对手向他迈出正常的一步而不发生接触。

（6）如果对方队员在移动，时间和距离的因素就要适用。掩护队员必须留出足够的空间，以便被掩护者能停步或改变方向来避开掩护。要求的距离不得小于正常的一步，但不必超过两步。

（7）对与已建立合法掩护的队员发生的任何接触，由被掩护的队员负责。

12. 阻挡　①如果试图去做掩护的队员在移动中与静立的或后退的对方队员发生接触，则构成阻挡犯规。②如果队员不顾球，面对着对方队员并随着对方队员的移动而移动，除非涉及其他因素，该队员应对随后发生的任何接触负主要责任。所谓"除非涉及其他因素"是指被掩护的队员故意推人、撞人或拉人。③队员在场上占据位置时伸展臂或肘是合法的，但是当对方队员试图从他身边通过时，臂、肘必须放下。如果队员不能将臂或肘放下，发生接触就是阻挡或拉人。

13. 双方犯规

（1）双方犯规是指两名对抗的队员大约同时互相犯规的情况。罚则：①登记每位犯规队员一次侵人犯规；②不判给罚球；③由双方犯规队员在最近的圆圈内跳球，重新开始比赛；④如果双方犯规的同时投球命中得分，要由得分队的对方队员在端线使球进入比赛状态。

（2）当一起双方犯规和另一起犯规大约同时发生时，在登记每一犯规并罚则处理后比赛重新开始，就好像没有发生双方犯规一样。

14. 违反体育道德的犯规

（1）裁判员认为队员蓄意地对持球或不持球的对方队员造成侵人犯规是违反体育道德的犯规。

（2）在贯穿整场的比赛中都必须用相同的尺度去判断违反体育道德的犯规，包括比赛开始时以及比赛接近终了时。

（3）裁判员只能判断动作。

（4）判断一起犯规是否是违反体育道德时，裁判员必须遵循下列原则：①如果队员通过合法的努力去抢球（正常的篮球动作）时构成犯规，不属于违反体育道德的犯规；②如果队员努力去抢球时发生过分接触（严重犯规），该接触被认为是违反体育道德的犯规；③拉、打或推不靠近球的队员通常是违反体育道德的犯规。

（5）对屡次发生违反体育道德的犯规的队员可取消其比赛资格。罚则如下。①要登记犯规队员一次违反体育道德的犯规。②要判给非犯规队罚球并再加一次球权。③判给罚球次数要按下列规定执行：如果被犯规的队员未做投篮动作，则判给两次罚球；如果被犯规的队员正在做投篮动作，如投中，要判得分并再判给一次罚球；如果被犯规的队员正在做投篮动作，投篮未得分，则根据投篮的地点判给两次或三次罚球。

（6）罚球过程中，所有其他队员要位于罚球线延长部分和3分投篮线的后面，直到罚球完毕。

（7）罚球后，无论最后一次罚球成功与否，均由罚球队的任一队员在记录台对面边线的中点处掷界外球。

（8）掷界外球队员要两脚分别站在中线延长线的两侧，有权将球传给场上任何地方的队员。

15. 取消比赛资格的犯规　任何十分恶劣的不道德的犯规是取消比赛资格的犯规。罚则如下。①要登记犯规队员一次取消比赛资格的犯规。②犯规队员被取消比赛资格，令其去该队的休息室并在比赛期间留在那里，犯规队员也可选择离开体育馆。③要判给非犯规队罚球和随后的球权。④判给的罚球次数要按下列规定执行：如果被犯规的队员未做投篮动作，则判给两次罚球；如果被犯规的队员正在做投篮动作，已经投中，要判得分并再判给一次罚球；如果被犯规的队员正在做投篮动作，投篮不得分，则根据投篮的地点判给两次或三次罚球。⑤罚球过程中，所有其他队员要位于罚球线的延长部分和3分投篮线的后面，直到罚球完毕。⑥罚球后，无论最后一次罚球成功与否，均由罚球队的任一队员在记录台对面边线的中点处掷界外球。⑦掷界外球队员要两脚分别站在中线延长线的两侧，有权将球传给场上任何地方的队员。

16. 技术犯规规则定义　任何故意或一再违反上述的合作或规则精神，要视为技术犯规并按相应的条款处罚。

（1）队员的技术犯规是指所有不包括与对方队员接触的队员犯规。

（2）队员不得漠视裁判员的劝告或作出不正当的行为，具体如下。①同裁判员、到场的技术代表、记录员、助理记录员、计时员、30秒计时员或对方队员讲话或没有礼貌。②使用很可能引起冒犯或煽动观众的语言或举动。③戏弄对方或在对方眼睛附近摇手妨碍其视觉。④妨碍迅速地掷界外球以延误比赛。⑤被判犯规后，在裁判员要求举手时不正当地举手。⑥没有报告记录员和主裁判员擅自更换比赛号码。⑦没有报告记录员以及没有得到裁判员招呼的替补队员进入场地。⑧离开场地去获得不正当的利益。⑨队员抓住篮圈，并把整个身体的重量悬挂在篮圈上；根据裁判的判断，如果某队员正试图防止自己或另一名队员受伤而抓住篮圈是可以的。

（3）显然是无意的或对比赛没有影响的，或属管理性质的技术性违犯不被看作技术犯规；除非在裁判员提出警告后又重犯。

（4）对有意的、不道德的或给违犯者带来不正当利益的技术性违犯，要立即判罚技术犯规。

罚则：①要登记违犯者一次技术犯规；②判给对方队员一次罚球和一次掷界外球；③队长指定罚球队员。

17. 教练员、替补队员或随队人员的技术犯规

（1）教练员、助理教练员、替补队员和随队人员必须留在他们的球队席区域内，下列情况除外。①得到裁判员的许可后，教练员、助理教练员或一位随队人员可以进入场地照料受伤队员。②如果根据医生的判断，受伤队员处于危险中并立即需要照料时，他可以不得到裁判员的许可进入场地。③替补队员可以到记录台请求替换。④教练员或助理教练员可以请求暂停。⑤只有在暂停期间，教练员或助理教练员可以进入场地与他的队员讲话，只要他留在球队席附近；然而在比赛中，教练员可以指挥他的队员，只要他留在球队席区域内。⑥教练员或助理教练员可在停止计时钟时有礼貌地并在不干扰比赛正常进行的情况下，向记录台询问有关比分、时间或犯规次数的问题。

（2）教练员、助理教练员、替补队员或随队人员在与裁判员、到场的技术代表、记录员、助理记录员、计时员、30秒计时员或对方人员交涉时不得无礼。

（3）只有被登记在记录表上的教练员在比赛过程中允许保持站立。罚则：①要登记教练员一次技术犯规；②判给对方队员两次罚球和随后的球权；③队长指定罚球队员；④罚球过程中，所有其他队员要位于罚球线的延长部分和3分投篮线的后面，直到罚球完毕；⑤罚球后，无论最后一次罚球成功与否，均由罚球队的任一队员在记录台对面边线的中点处掷界外球；⑥掷界外球队员要两脚分别站在中线延长线的两侧，有权将球传给场上任何地方的队员。

18. 队员5次或6次犯规

（1）在40分钟的比赛中，一名队员不论侵人犯规或技术犯规共达5次，在得到通知时必须自动退出比赛。

（2）在48分钟的比赛中，一名队员不论侵人犯规或技术犯规共达6次，在得到通知时必须自动退出比赛。

19. 全队犯规处罚规则

（1）40分钟的比赛　每一节（10分钟）中，一个队的队员侵人犯规或技术犯规已共达4次时：①对所有以后发生的队员侵人犯规要处以两次罚球，由受到侵犯的队员罚两次球；②如果涉及更为严重的罚则，则规则中的适当条款将适用；③控制球队犯规除外。

（2）在任一决胜期内发生的所有犯规要看作下半时或最后一节发生犯规的一部分。注：所有发生在比赛休息时间内的球员犯规被看作紧接着的半时或下一节中发生犯规的一部分。

思考题

1. 篮球场的尺寸是多少？
2. 简述原地单、双手投篮的技术动作要领。
3. 简述篮球运动发展史。

（周志帅）

第三节　排　球

一、概述

排球运动由美国马萨诸塞州霍利约克市基督教青年会干事威廉·G·摩根于 1895 年发明，次年，首部规则颁布并在斯普林菲尔德专科学校举办首次正式比赛，定名"volleyball"（空中飞球）。至 1918 年，规则逐步完善：1912 年确立轮转位置制度，1917 年采用五局三胜制，1918 年规定每队上场 6 人。规则完善期内，1922 年确立"三次击球过网"原则，1949 年捷克斯洛伐克布拉格举办首届世界男子排球锦标赛，1952 年苏联莫斯科举行首届世界女子排球锦标赛，1964 年排球正式进入奥运会。现代发展阶段，国际排联通过引入每球得分制、优化技战术体系及提升赛事观赏性推动市场化改革，使排球发展为覆盖全球的竞技项目，既保持了奥运会、世锦赛等顶级赛事的竞技性，又通过沙滩排球、气排球等形式拓展了大众娱乐功能，形成竞技与普及并重的全球影响力。

二、技战术内容上篇

1. 准备姿势　排球技战术中的准备姿势是为移动和击球创造最佳启动状态的关键基础，直接影响反应速度、移动效率及击球质量。其动作要领包括：两脚左右开立略宽于肩，前脚稍向前；双膝弯曲呈半蹲姿态，脚尖适度内收，重心前倾；双臂自然微屈置于体前，保持身体适度放松，同时根据实战需求动态调整重心高度。常见错误表现为臀部后坐导致重心不稳、双脚间距过窄且全脚掌着地、膝部过度伸直缺乏缓冲、重心过高影响平衡控制、预判来球失误、反应延迟致击球点偏移以及移动时重心波动明显。纠正训练需结合专项练习与意识培养，包括对镜或教练监督下的站姿定型、脚跟微抬保持动态平衡、半蹲与低蹲姿势转换、低重心控球稳定性训练，同时强化视觉追踪与轨迹预判能力，通过短距折返反应训练和横向滑步重心控制提升实战适应性。这些训练旨在帮助运动员建立稳定且灵活的准备姿势，为后续移动、击球及战术执行奠定基础。

准备姿势

2. 发球技术体系　排球发球技术作为比赛开局的核心技术，直接影响攻防节奏掌控，其技术分类包括飘球类与旋转类。标准动作流程要求运动员面朝球网分腿站立（左脚在前、右脚在后），左手持球于体前保持动态平衡，随后垂直抛球至右肩前上方，右臂屈肘抬至肩平并协同身体右转形成扭矩，最终在右肩前上方最高点击球中后部，通过手腕快速推压制造

发球

上旋。典型错误包括抛球轨迹不稳、击球点偏离最佳区域、手部控球能力不足等操作失误，以及肢体协调性差、心理紧张导致的动作变形。纠正方案需结合技术强化与综合提升：通过定点抛球稳定性训练、固定球击打感知练习及减力控球训练优化技术细节；徒手发力链模拟训练与心理调控训练可改善发力协调性并增强抗压能力。发球技术的掌握需要兼顾力学原理与心理稳定性，通过系统训练建立稳定动作定型，为战术执行奠定基础。

3. 垫球技术体系 排球垫球技术作为防守核心技能，承担着处理快速重扣、低位远距离来球及补救队友失误的重要战术功能，是攻防转换与防守反击的基础支撑。其核心技术包括翻滚垫球、背滚变式与鱼跃垫球三种形式：翻滚垫球要求运动员向来球方向跨步，双腿蹬伸双臂前伸迎球，击球后按大腿→臀部→背部→肩部顺序滚翻着地，低头团身完成动作；背滚变式，在击球后转体横向侧滚至俯卧姿势快速复位；鱼跃垫球则需低姿前冲跃出，通过单手或双手空中击球后以双手支撑缓冲，身体呈反弓形依次着地。常见技术失误涵盖姿势调节不当、击球点偏移、力量控制失衡、移动迟缓、屈肘击球及预备姿势错误等。矫正训练需针对性开展，如通过定点移动击球规范动作轨迹、通过双人互抛互垫强化协作精度、通过墙面对垫与自垫练习提升力量控制、通过折返跑结合低重心滑步提升移动效率，并通过直臂夹肘定型训练建立正确发力模式。训练中需重点协调肢体动作链，使蹬地、摆臂与重心转移形成动力连贯性，同时培养对复杂来球的预判与应急处理能力，确保防守环节的技术稳定性与战术执行力。

正面双手垫球

4. 传球技术精要 排球传球技术作为进攻组织的核心环节，承担着将防守起球精准输送至扣球位的重要战术功能。其核心技术涵盖正面、侧向与背向传球三大类型：正面传球要求双脚前后开立与肩同宽，双膝微屈呈半蹲姿势正对来球，双手举至额前上方约一球距离，拇指相对成"八"字形，其余手指自然张开呈半球状包球，利用蹬地伸膝配合手腕手指弹性缓冲，将球柔和推送至目标方向；侧向传球需双脚左右开立略宽于肩，身体侧对目标方向，双手抬至面部侧前方呈斜"一"字形，通过转腰送髋带动转体，前臂外侧与手腕内侧主动迎球，手指缓冲控制球速与弧度，完成侧后或斜前方向的精准推送；背向传球则要求双膝深屈背对目标，双手举至额前上方拇指朝下成倒"八"字形，通过蹬地展体与手腕后翻协调发力，以食指和中指末端拨球形成抛物线轨迹，头部后仰辅助观察落点，实现隐蔽性传球的力度与方向控制。常见技术问题包括手型变形、触球点偏移、发力脱节及关节僵硬。纠正训练需通过额前自传递增强化手型稳定性，通过实心球抛接感知正确触球点，通过对墙传控练习提升发力连贯性，以及通过变强度实战模拟增强动作适应性。技术掌握需重点协调下肢蹬伸、核心转体与上肢推送的动力链，通过反复练习形成肌肉记忆，确保在不同战术场景中实现快速、精准的进攻组织。

正面上手传球

5. 拦网技术体系 排球拦网技术在战术层面具有重要价值，作为攻防转换的核心环节，成功拦网不仅能直接得分，更能形成快速反击机会，其回球速度与战术威胁性常超越常规扣球，是遏制对手进攻的关键技术。该技术动作要求运动员面对球网双脚平行开立与肩同宽，双膝微屈降低重心，双臂屈肘上举至头侧，预判扣球路线后垂直蹬地起跳，身体充分伸展，双臂沿网口上方前伸，手掌张开、指关节绷紧，两手间距小于球体宽度，空中含胸收腹完成手腕下压的"盖帽"式封堵，通过腰腹核心发力控制平衡，同时观察对手扣球手型以调整封堵角度，触球瞬间手腕快速下压发力，落地时前脚掌缓冲并屈膝避免触网或越线，强调起跳时机精准与团队配合形成有效屏障。然而，实际操作中常出现起跳前倾、手臂下压不足、下落放松导致失衡，手网间距过大或起跳过早，集体拦网不同步、手型缺陷、起跳时机偏差或线路预判错误，以及心理急躁引发的早跳、迟跳等问题，甚至因双手间距失控、指腕放松导致挫伤风险。针对这些问题，专项矫正需结合技术强化、战术配合与意识培养，通过系统性训练建立从个体动作到集体配合的完整拦网体系，兼顾力学原理与实战需求，最终实现攻防转换的高效性与战术威胁的最大化。

拦网

三、技战术内容下篇

1. 边一二战术 边一二战术是指由前排 2 号位队员担任二传手，将球传给 3 号位或 4 号位队员进行扣球的进攻形式。若二传手在 4 号位组织进攻，则称为"反边一二进攻"。该战术作为排球进攻的基础形式，具有易组织战术、变化多的特点，适用于不同技术水平的球队。

（1）边一二战术的特点 ①通过多样化传球路线与扣球方式实现战术变化，增加对手防守难度；②接发球时，2 号位二传手可灵活移动辅助接一传，提升接发球成功率；③战术普适性强，既能稳定初级球队的基本攻防，也可帮助高级球队在比赛不利局面下扭转战局。

（2）边一二战术要点的实施 ①二传手能力要求：需具备精准传球技术、开阔视野及临场判断力，为攻手创造最佳进攻条件。②攻传配合要求：扣球队员应与二传手保持高度默契，根据传球位置与高度动态调整扣球方式。③接发球要求：全队需根据对手发球特点与战术部署合理站位，确保接发球稳定性和战术执行基础。

（3）边一二战术的训练方法 ①实战模拟训练：通过模拟比赛情境强化战术执行能力。②分组训练对抗：组织两队进行战术对抗，提升队员配合默契度。③影像分析训练：结合比赛录像解析战术成功和失败案例，总结实战经验。

2. 中一二战术 该战术因二传手通常位于 3 号位，两名进攻队员分列 2 号位与 4 号位，形成以二传手为核心的进攻体系而得名。

（1）中一二战术的进攻方式 ①强攻的战术核心为二传手高弧度传球，攻手凭借身高与力量优势实施强力扣杀。其战术价值是在对方防守未稳时，可通过简单直接的进攻方式快速得分。②快攻的战术特点为二传手快速平传，攻手迅捷起跳完成扣杀。其战术优势是利用进攻节奏变化缩短对方拦网反应时间。③两次攻的战术应用为当一传不到位时，由接应队员调整传球至二传手，重新组织进攻。其战术效果是增强进攻灵活性，提升战术不可预测性。

（2）中一二战术的战术变化 ①定位进攻的执行方式为攻手在固定位置等待二传手传球，实施扣杀。其战术局限是进攻路线易被预判，结合需其他战术配合使用。②跑动换位的执行要点为通过攻手交叉跑动制造进攻空当，其重点是通过训练提升队员移动速度与战术默契度。③立体攻的战术组合为结合前排快攻或强攻与后排进攻形成多层次打击，其战术优势是突破对方单一防守层次，增加拦防难度。

四、排球竞赛规则

1. 比赛场地与设备 排球比赛场地与设备需符合国际标准以确保竞赛公平与安全。比赛场地为对称长方形，场区 18m×9m，四周设有 ≥3m 宽的无障碍区，比赛区上空高度 ≥7m（国际赛事 ≥12.5m）。地面需平坦、水平且无隐患，室内采用浅色材质，国际赛事场区与无障碍区有颜色区分，室外场地允许 5mm/m 排水坡度。场地标线宽 5cm，颜色鲜明，核心标线包括中线、距中线 3m 的进攻线、端线后 20cm 处的发球区及换人区。国际赛事另设准备活动区与判罚区。比赛用球为柔软皮革或合成革外壳，内置橡皮球胆，圆周 65～67cm，重量 260～280g，单色或彩色，同一赛事需统一标准，国际赛事须使用国际排联认证球类，通常采用三球制并配备六名捡球员。球网高度为男子 2.43m±2cm、女子 2.24m±2cm，黑色网体宽 1m、长 9.5～10m，上沿为 7cm 双层白帆布带加钢丝加固，下沿 5cm 带子固定，两侧标志带为 5cm×1m 白色带垂直边线；标志杆为红白相间玻璃纤维材质，直径 10mm、长 1.8m，设于标志带外侧，顶端高出球网 80cm 界定过网区边界；网柱位于边线外 0.5～1m，高 2.55m 可调节，无尖锐部件。整套设备的设计兼顾功能性、安全性与标准化，为运动员发挥技战术提供可靠保障。

2. 参赛人数与队员位置 排球参赛人数与队员位置规则规定，每支队伍由 12 名注册队员组成，比赛时双方各派出 6 名队员在球网分隔的场地上对抗，其中可指定 1 名自由人专职负责后排防守，该角色从 12 人名单中选定，享有单局内不限次数替换且不计入换人配额的特殊权限。场上位置体系分为攻手、二传手与自由人三大核心角色：攻手包括主攻手与副攻手，主攻手侧重 4 号位或 2 号位的强力扣杀，需掌握长距离助跑衔接扣杀技术及一传能力以支撑攻防转换；副攻手专注于快攻配合与拦网防御，通常为队内身高最高者，需通过横向移动组织双人拦网封堵对手进攻；二传手作为战术核心，承担组织进攻体系的任务，要求具备精准传球、快速移动及清醒的战术决策能力；自由人则身着区别于队友的比赛服，专司一传接发球与后排防守，禁止参与网前进攻，需具备全队最佳反应速度。发球阶段，双方队员须在本场区按两排站位，位置判定以双脚着地区域为准，发球后队员可自由移动至本场区及无障碍区。技术能力要求中，主攻需融合力量与技巧完成扣杀，副攻需结合身高优势与拦网预判，二传需深度掌握攻手特点并灵活调配战术，自由人则通过敏捷性与稳定性保障防守衔接。站位规则强调发球瞬间的位置纪律与发球后的移动自由度，确保战术执行与规则合规性，为比赛攻防体系的高效运转奠定基础。

3. 比赛方法

（1）赛制规则　采用五局三胜制，率先赢得三局的队伍获胜，执行每球得分制，得分方同时获得发球权并需顺时针轮转换位。

（2）单局规则　见表 5 – 1。

表 5 – 1　排球比赛单局规则

局次	获胜条件	平分处理规则
常规局	先得 25 分且领先 ≥2 分	24：24 后需连赢 2 分（如 26：24）
决胜局	先得 15 分且领先 ≥2 分	14：14 后需连赢 2 分（如 16：14）

4. 比赛规则　排球比赛规则涵盖发球、击球、拦网、网下行为、换人、暂停及挑战机制等多方面内容。发球时需在第一裁判鸣哨后 5 秒内完成，允许一次失败后重试（再次鸣哨后 3 秒内），击球瞬间球员不得踩踏场区线或越出发球区；击球后球员可落入场内或区外。击球规则允许身体任意部位触球但禁止持球，每队最多触球 3 次，其中前排队员可在本方场区任意高度进攻击球，后排队员则须在进攻线后起跳完成进攻。拦网仅限前排队员单人或集体执行，触球计入球队击球次数，若拦网导致球触手出界则判对方得分。网下行为规范允许非妨碍性穿越及双脚部分接触中线，但击球过程中的触网视为犯规，无击球意图的偶然触网不判罚。每局可进行 6 人次换人，仅限死球状态由教练或队长申请。暂停规则中，常规局设 2 次技术暂停和 2 次普通暂停；决胜局取消技术暂停；保留 2 次普通暂停。鹰眼挑战机制允许球员对争议判罚提出视频回放，挑战成功可保留挑战权，失败则扣除该权利。所有规则旨在平衡竞技公平与观赏性，如发球时限保障比赛节奏，触球限制强化战术协作，位置权限区分优化攻防层次，技术暂停与挑战机制则提升赛事公正性与科技参与度，共同构建排球运动规范框架。

思考题

1. 排球基本技术有哪些？
2. 一场标准的国际排球比赛，场地的尺寸是多少？
3. 简述排球运动的发展史。

（董　博）

第四节　网　球

一、概述

网球运动起源于 12—13 世纪的法国，其雏形为法国民间流行的"海欧·德·巴乌麦"掌击球游戏。

14 世纪中叶这一游戏传入宫廷后演变为贵族消遣活动，使用布制球和绳网，法语称为"tennez"，成为现代"tennis"的词源。16 世纪球拍和球网完成改良，但因涉赌问题，网球在 18 世纪衰落。现代网球运动确立于 1873 年，英国温菲尔德少校系统改良规则并命名"草地网球"，出版首部规则手册。1877 年温布尔登锦标赛的创办标志着赛事体系的形成。1881 年，美国成立首个全国性网球协会。1900 年戴维斯杯创立，四大满贯赛事逐步成型，共同构建职业网球赛事体系。20 世纪后网球职业化发展加速：1973 年，国际女子网球协会成立；20 世纪 90 年代，国际网联成员达 156 个，器材革新推动技战术发展，赛事的商业化程度显著提升。

二、技战术内容上篇

1. 握拍方式　掌握正确的握拍方法是学习网球的第一步，对后续技术的掌握至关重要。以下是两种常见的握拍方法。

（1）东方式握拍法　①正手握拍（以右手持拍为例）：将手掌平贴拍柄，虎口形成的"V"字对准拍柄右上斜面，食指根部关节扣住拍柄右侧的第三棱面；拇指自然弯曲贴于拍柄左侧，与食指形成环抱式支撑，其余三指略微分开握紧拍柄，掌心与拍柄间保持可容纳一指的空隙，确保手腕灵活。握拍力度适中，避免过紧僵硬或过松滑动，拍面自然垂直于地面，击球时可通过小幅度翻腕调整拍面角度，适用于平击与中等旋转球，兼顾稳定性和击球力量传递。②反手握拍：将手掌向逆时针方向略微转动，虎口形成的"V"字对准拍柄左上斜面，食指根部关节扣住拍柄左侧的第二棱面；拇指伸直贴于拍柄后方中轴线，与其余四指形成稳固支撑，掌心与拍柄间保留适度空隙以保持灵活性。握拍时手腕稍内扣，拍面自然前倾，适用于单手反手平击或小幅度上旋击球，强调前臂与手腕的爆发力控制，击球瞬间可通过调整拇指压力及拍面角度精准控制线路，注意与大陆式握拍区分，兼顾稳定性和击球深度。

（2）大陆式握拍法　这种握拍法起源于欧洲大陆，与东方式握拍法类似，但虎口对准拍柄上棱面正中间，正反手击球时无须换握。食指前伸如扣扳机，拇指前伸顶靠拍柄，小鱼际稍离拍柄顶端，无名指和小指紧贴拍柄。大陆式握拍适合臂力和腕力较强的球员，因在底线正反手长抽时小臂旋转幅度较小，便于中场截击和网前球处理。

2. 正反手击球　正反手击球是网球基本技术的核心，是决定比赛胜负的关键因素。一名球员如果不掌握过硬的正、反手抽击基本功，很难取得比赛的胜利。

（1）准备姿势　正面对网，两脚自然开立约同肩宽，两膝微屈，重心放在两个前脚掌上，上体略前倾，两手持拍置腹前，左手扶住拍颈，拍头向上翘起，采取东方式反握法握拍、两脚不停地轻微跳动，使身体重心随时可以向任何方向启动，即呈现一个轻快而富有弹性的准备姿势。两眼密切注视对方，从对方的引拍、站位与球的位置关系以及眼神和表情中判断其击球意图，预测来球方向及力量。

（2）正拍抽击　正拍抽击是网球运动中使用率最高的击球方法，也是网球运动员们普遍掌握、较多应用的技术。当判断对方打来的球是自己的正手方向时，就要迅速转动双肩，重心后移，左脚前踏，左肩对网，同时将右手换握成正握，左脚与底线约成 45°，右脚平行于底线，左臂屈肘前伸协助转体与保持身体平衡。当右手引拍到同两肩在一条直线上的时候，拍头向上，拍面要保持开放，肘关节不要伸直，大小臂之间要有 90°～120°的夹角，拍头多指向后面挡网，从向后引拍到前挥击球，球拍运动轨迹的夹角不小于平角。后摆的球拍不要低下来等球，而要使球拍从后引时起球与向下划弧并顺势向前挥击成为一个完整的动作。击球点一般在左脚右前方 90～120cm 处。高度为身高的二分之一加 10cm，即腰的高度。随球上网者击球点要更靠前些。击球时以肩为轴，挥动上臂，手腕关闭，肘关节伸直，要尽量使拍和球有较长时间的接触，以控制球飞进的方向。从感觉上说，似乎是向前推送击球，但切记不要用弹击动作。球拍开始向前挥摆时，拍面略开放些，当球拍击中球的一刹那，拍面刚好与地面垂直，要击在球体水平轴的后部。实际上，由于球拍的挥动轨迹是由上而下再向上，击中球之后还有一个向球的水平轴上方滑动的随挥动作，于是使球产生上旋，因此，一般的正手抽击球都带有上旋成分。球离开网拍后的随挥动作是正手抽击的重要组成部分，是不可忽视的动作环节。随挥动作要充分，球拍的打势要结束在左肩的后上方，右大臂自然地挥及下颌处。需要注意的是：向后引拍时右膝微屈，挥击球时左膝弯曲并前弓，后脚由屈到伸，身体重心全部落在前脚上。右手向后引拍时左臂带动左肩向体前转，当右臂向前击球及随挥时，左肩臂仍要留在体前，左肩内扣与右肩形成一个对抗动作。注意不要左转，以免造成整个身体沿矢状轴自左转动，影响击球。

（3）正手抽球易犯的错误 ①击球时手腕先行，拍头落后：造成这个错误的主要原因，是向后引拍时，后摆动作过大，肘关节伸直，因此前挥动作缓慢，致使击球点落于体侧。为了能击正球，势必要把拍头拖后，造成手腕领先。②击球时身体重心过高，会导致拍头下垂：对于不同高度的正手击球，虽然还击方法和动作结构基本相同，但关键在于通过升降身体重心来调节击球。③到位不充分：只有充分到位才可能击出好球。造成到位不充分的主要原因是还击的准备动作不认真，没有做到随时能够向任何方向起动，对来球的方位预测不够，没有做到在来球过网前就开始转移身体重心，距离感差。④在体侧击球：通常是站位不佳或前挥太迟，导致击球点未处于右前方的正确位置。

三、技战术内容下篇

1. 发球 发球是网球运动中最重要的技术之一，是比赛中唯一完全由自己掌控的进攻机会。现代网球运动中，发球水平是衡量球员技术水平的重要标志，也是取得比赛胜利的关键得分手段。发球技术包括炮弹式、上削式、旋转式、劈式、侧旋发球、低手发球和跳发球等多种方式。

发球技术有三个要点：一是速度，通过快速发球压制对手，迫使其回球速度减慢，即使未能直接得分，也能使对手回球质量下降，为自己创造进攻机会；二是落点，将球发向对手的弱点区域，避开其优势，限制对手的攻击性回球，从而为自己创造得分机会；三是旋转球，通过旋转发球使球落地后弹跳低且短，迫使对手跑动并勉强回球，从而占据主动。在发球中能掌握好这三者之一，就可以大大提高取胜的概率。

（1）发球动作 发球时站在底线后 3~5cm 处，两脚自然开立约同肩宽，身体重心放在两脚中间，左手持球扶住拍头根部，承担网拍重量。右手轻松地扶握拍尾，全身充分放松，两肩下沉。表情平静，心理状态松弛，但此刻必须认真地考虑将球发向何处，用余光判断对方的接球位置，据此最后确定发球点，并毫不犹豫地将球发向预定地点。右区发球时站在靠近中点处，左脚与底线成45°角，右脚与底线平行，左肩侧对左边的网柱，以便从网中间最低处将球发向对方的反拍。左区发球时站在底线后中点左侧约3m处，左脚与底线平行。抛球是发球动作中最重要的环节，只有抛球稳、准，确定良好的击球点才可能发出理想的球。如果击球点不合适，无论偏前、偏后或偏左、偏右，都发不出好球。所以必须练好抛球的基本功。不论采用何种方式发球，其动作结构大体相同，不同之处是球抛起的位置。一般说来都是抛在头的上方或稍前些，越是大力发球，击球点越是向前移动。平击发球，往往抛在身体重心投影前约60cm处，个别优秀球员抛在体前超过1m处；削击发球和劈式发球抛在头部上方；旋转发球既向前又要偏左或偏右些，其偏离程度取决于旋转力的大小，旋转力越大，其偏离也越大。

抛球的高度应与击球点的高度一致。有些球员习惯将球抛得很高，待球下落到合适高度时再击打，

发球

这种做法并不可取。原因在于：球在自由下落过程中会产生加速度，抛得越高，下落速度越快，击球点越难控制，球员难以精准把握击球时机，容易导致击球点偏差，影响发球效果。如果将球抛至所需高度，就可以在球上升至最高点并即将下落的相对静止瞬间击球。此时球的速度较慢，更容易精准击打。做好发球准备之后，左手以拇指、食指和中指轻轻握住球在食指根部，然后两手同时动作，左手离开拍柄经体前下落，伸直手臂再向前向上徐徐将球抛出，注意手背后屈，手腕领先，将球抛放在预定位置上，右臂自然下落经体侧后引。

持拍手与握球手臂同时下落，拍头经右脚上面摆肘向身体后边，然后继续向上摆动，当球拍与肩同高时转肩屈腿，使拍头垂于背后呈搔背状，同时向右转体 40°~50°，身体重心由前脚移至后脚，双膝向前弓出，下颌抬起，此刻身体形成最大限度的背弓，仍然处于十分放松的状态。拍柄贴伏在虎口上，只有拇指和食指夹握拍柄，拍臂在背后自由下垂。这时抛起的球尚未升到击球点，左臂上举指向球体下方。

待身体呈满弓待发状之后，借搔背下沉之势反弹到最高点迅速地转体、转肩，身体重心移至前脚，肘部抬起带动臂膀上举球拍，大小臂连带动作，似乎欲将球拍挥向对方底线。强力扣腕，协调配合小臂的旋内动作。右脚离开地面，左脚尖踮起，两眼盯住球、网拍和手臂尽量向前上方伸展，用拍面从最高点击打球体的后上部。

当球拍击中球以后，两眼仍要注视球飞进的方向，头不要低下来。右肩转动 230°~240°，继续以随挥的力量将球拍经体前从左膝侧面挥向身后，上体前倾，右肩明显低于左肩，右脚上步维持身体平衡或向前跨步以利随上。球拍打势要结束在不低于肩的位置上。挥击球拍的整个过程没有加速阶段，在球拍接触球的一刹那，手臂自然紧张加力，并且是一个爆发式的加力。击球后的随挥动作切不可减速，恰恰相反，从网拍撞击球体后，挥击得更有力了，这是有力的鞭击动作从最高点开始向前下方挥击的缘故。球拍的运动轨迹从引拍到结束，打势刚好画了一个完整的圆。

以上介绍的发球动作和方法，是以炮弹式发球为模式的，其他种类的发球基本动作与此类似。

（2）发球易犯的错误

1）过于紧张　发球员为了主动进攻，希望发出一个强有力的球以控制对方，所以把重点放在用力上，从而忽视了放松。特别是右肩臂的过度紧张，造成整个发球动作僵硬，结果是发球无力乃至失误。排除紧张的方法是：当你准备发球的时候，不要一味地想着发出一个 ACE 球（发球直接得分），使对方无法还击，而要考虑对方的相对弱点是什么，用余光看一下对方的站位，以确定发球点，决定了就不再改变，要相信自己有百分之百的把握将球发向目标位置。发球前吐口气，松动一下肩膀，轻快地拍拍球，然后自信而从容地进行发球。这样就可能发出一个颇具攻击性的理想球。对这种默念放松方式要养成习惯。

2）抛球不稳　抛球时手臂僵直，限制了手腕的灵活性，也没有靠手指的力量将球抛起，而是将球弹出，造成球快速旋转并斜线向上，或者胳膊没有向上摆送，在较低处使球离手，球离手后向上飞行一段较长距离，容易偏离方向，造成抛球不稳，致使球不能在理想的击球点上。

3）击球点不准　是由于种种原因造成击球点不准。要做到如果抛球不妥就不去击发。没有背弓或者平击大力发球背弓不足，致使拍面击中球时撞击球体后面稍偏下些，则球的飞行轨迹将是平飞向前或飘飞出界。

4）击球动作不完整　凡是有随挥动作的发球方式，都要求动作完整，否则就会影响发球的效果。如大力平击发球，球拍击中球之后没有经身体左侧挥向身后，而是将打势结束在左前方，这样不但发球无力，发不出带有攻击性的球来，而且由于没有以肩为轴，单靠小臂向前挥击又突然停止下来而严重损伤肘关节，造成"网球肘"。同时因为球拍结束在身体左前方靠近身体处，重心势必留在两脚之间或后脚上，会贻误随上的良机。对于各种旋转球，如果动作不完整就会影响球的旋转，达不到预期目的。

5）下颌没有抬起，两眼没有盯住球   球抛向最高点时，应抬起下颌，两眼死死盯住球，直到球飞向对方场地为止。抬起下颌、盯住球同击球动作是一致的，否则就会破坏击球动作的协调性，使得上体不稳，击球不准。

（3）接发球   接发球在网球运动中是最难掌握的技术之一。这是因为发球方占据主动，而来球的速度、旋转情况和落点变化多端，且往往针对接发球方的弱点。从发球方击球到接发球方回击，仅有约500毫秒的反应时间，而大脑从接收刺激到指挥身体做出反应需要约200毫秒。因此，要完成理想的接发球动作，就必须在对方发球前，观察其站位、抛球高度和击球动作，预判发球方向（内角、外角或追身），同时保持身体重心前倾，双脚轻微跳动，随时准备向任何方向移动。在球过网之前便转移身体重心起动脚步，判断来球的方位、速度，及时到位适时还击，否则就可能造成对方 ACE 球或还击不利被动挨打。影响接发球的另一个重要因素是心理战术意识。若让对方连连发出 ACE 球，其会更加得心应手、步步紧逼，让你束手无策，最终败下阵来。若能顶住对方的强攻型发球，打乱其动作节奏，使其觉得你的接发球无懈可击，从而改变发球方法，这便是战术上的成功。因为你从心理上战胜了对方，已经取得了 50% 的胜利。对方的强攻型发球将会因此变得软弱，而你会愈战愈强，转被动局面为主动进攻。

1）接发球的握拍   不论是练习还是比赛，人们正拍击球的机会都远远多于反拍击球的机会，但在接发球中却是反拍击球多于正拍击球，除非你的反拍明显优于正拍。因此，采用东方式反握方式握拍为好。如果对方打来正拍方向的球，从反拍换正握也较容易。

握拍要松动，引拍和前挥也都要保持松动。但从球拍接触球前的一瞬间开始，要紧握网拍，特别是拇指、食指和无名指要用力抓拍，加之手腕固定保持拍面稳定，即使不能有力还击对方的凶猛来球，也可用牢固的拍面顶住来球，或者能以合适的拍面角度控制还击的方向。

2）接发球准备姿势与站位   接发球准备姿势要达到的效果应该是接球员能以最快的速度随时向任何方向起动。动作要领是：两手持拍置腹前，两脚自然开立，上体稍前倾，重心放在两前脚掌上，并要不停地跳动或轻轻地晃动，屈膝弯腰，抬起下颌，两眼注视来球。一般站位于有效发球最大角度的分角线上，或略偏于反拍位置。位置的前后，要根据对方发球方式和力量大小来确定。如面对良好的炮弹式发球要站在底线后 1~2m 处，接其他方式的发球一般站在底线前后。

3）截击球   所谓截击球，是指在来球落地前球员凌空还击的球。截击球按位置分为后场、中场和网前截击等几种打法，按挥拍分为正拍、反拍截击。截击球是一个短振的撞击，球拍后引动作要小，不要超过肩，注意大小臂之间夹角不大于 90°，后引时要使肘领先于小臂和球拍，击球点要处理在身前。击较低球时，必须屈膝，使来球基本在眼的高度。击高球

截击

时拍头竖起约 45°，拍头与前臂之间角度在 90°~120°，同时保持手腕的角度。击球时要向前跨动异侧方向脚，侧肩对网，向前挥击时，要使拍头和手腕带动肘似乎是手掌伏在拍头上，用手掌去击打来球，向击球方向推送出去，打势结束在高处。截击球爆发力的产生，主要靠前踏时的后蹬和转体，其次是挥臂与身体的协调配合。

以上是网球的几个常用基本技术动作，此外还包括挑高球、高压球、击反弹球、放短球等技术动作。

2. 网球基本战术

（1）发球上网及上网战术   在现代网球运动中，发球上网是一种重要的进攻策略，能够帮助球员迅速占据主动，创造得分机会。发球上网的先决条件是具备强攻型发球。发球上网是取得胜利的关键手段，而得分才是最终目的。但也有少数运动员不主张上网，以底线为主也能打出强劲的攻击性球。不过在双打比赛中一般都采取上网战术。

1）发球上网　并非发球就能上网，重要的是选择时机，在有条件的情况下上网。采用大力发球时，迫使对方还击不利，勉强还击打浅或打慢，这是上网的良好机会。采用急剧旋转发球，如果发得成功便可以大胆上网。这是因为球的速度较慢，落地后又弹跳较低，球的运动时间较长，有充裕的时间上到网前，而对方由于跑动还击，不能打出强的攻击性球。当对方退到底线后接发球时，要有策略地发劈式或削击的近网球，使对方因意外而措手不及，只好勉强还击，此时可以上网。总之，无论在什么情况下，只要对方还击无力就可上网。发球上网和随上的步骤如下，发球上网的首要任务是打好第一截击球，这就要求及时而又准确地到位。由于击球动作和随挥动作重心前移，为上网创造了向前跨步的条件。一般来说，跨三步后要有一个跳停。这是因为此时已经到达发球线的前方，对方的还击也已经明朗，可以决定应该如何回击对方的来球以及如何继续上到网前。但要注意步幅不能过大，跨大步将使身体前进速度变慢，而且前脚产生制动作，严重影响前进速度；当然步幅过小也不好，碎步跑不但速度慢，而且会破坏上网的协调性和击球动作的舒展程度。双上网在现代网球运动中已经成为网球运动员公认的双打战术。在双方实力接近的情况下，胜利常属于首先上网者。由于网前抢截技术的不断提高，破网已经十分困难。在双打比赛中，向对方反拍或弱点击球，使对方接球不利是双上网的关键。

2）接发球战术　接发球技术的不断提高，促使发球更加巧妙。在这种环境下，发球技术的适应性空前提高，不仅加大了球速，而且使各种旋转球落地后的弹跳更加多变，增大了接发球的难度。然而近年来接发球也由还击下旋球、平击球为主的打法发展成打上旋球以及上旋高吊球，从而把接发球由被动防守的局面转为带有上旋打法的积极进攻的主动局面。要使被动局面转为主动，运用接发球战术必须做到以下方面。①占据有利的位置：接发球员的站位必须从实际出发，要根据临场的具体情况决定。一般来说站位靠前一些较好，站位越靠前，其技术水平就应越高。大多数运动员站在底线前后的一尺处，但也有些优秀的运动员，经常站在底线和发球线之间接第二发球。左右站位应在对方可能发球区域的角线上，但又必须根据对方的发球来适当地调整向左或向右站位。如果接发球员的正拍有较强的进攻性，不妨把正拍的防守范围放大些，以便组织进攻，这同时是使对方产生"发球区域比例缩小感"的心理战术的运用。也有些优秀运动员站在底线后 2~3m 处，他们以闪电般的敏捷起动，准确到位，并能以打起点球还击对方。②准备动作充分：从准备接发球的那一刻起，接发球员就必须全神贯注地观察对手的动作，包括对方的站位、拉拍、击球，直至球最终被击回己方场地。只有做到这些，才能提前预判来球的方向，迅速起动并侧身对网，适时引拍迎击。接发球员应保持灵活的准备姿势和及时的站位，使发球员感到无懈可击，难以找到弱点，从而在心理上对其施加压力。在准备接发球时，双手持拍置于胸腹前，拍头略微上翘。采用东方式反手握拍法更为灵活，一旦来球是正手球，双手可以迅速转动换成正手握拍，非常方便。需要注意的是，引拍和前挥的动作幅度应较小，以便更快地还击，从而缩短对方的准备时间，迫使对方匆忙应对。准备动作的最后一个环节，正是击球动作的开始。

（2）落点及还击方法　接发球员必须认真考虑还击方法及落点的选择，良好的落点往往是化被动为主动的关键。首先，要准确判断来球，这需要仔细分析对手的具体情况和站位，并迅速确定还击方法和落点。根据对手的不同站位，通常有以下几种还击策略。①如果对手采用大力发球，球速较快，接发球员可以尝试"借力"还击，利用起点球以更快的球速压制对手。这种还击方式往往能因对手复位不及时而直接得分。②如果对手发球后已经上网，除了选择破网外，还可以采用上旋高球或挑高球的方式迫使对手退回底线还击。若还击效果不佳，则应果断采取决定性一击，争取直接得分。当对手后退救球或防守时，接发球员应迅速上网截击，占据有利位置，争取主动进攻。③当对手退到底线且无法从容还击时，可以采用带有旋转的底线长抽球，攻击对手的两个大角深区，迫使对手在底线处疲于奔命。几次长抽之后，可以改变战术，例如使用轻击旋转球，使球沿边线飞滚至发球线后不远处落地，并向场外弹跳；或者采用削击球，使球过网后落在距边线不远的网前区域，弹跳短而浅。这些战术都会迫使对手在底线后拼命追赶，最终可能在近网处挑起一个防守性的半高球，此时接发球员便可抓住机会进攻，一举得分。

（3）双打战术　双打比赛相较于单打，难度更大。由于场地的相对缩小，防守更加严密，进攻也更加激烈，球速也随之加快。因此，网球运动员在双打中需要掌握更高难度的技术和技巧，同时具备更高的战术意识和策略能力。在双打比赛中，与同伴的默契配合是战术成功的关键基础。①双打发球的配合：相较于单打，双打发球更强调攻击性。发球员同伴需提前占据网前制高点，随时准备截击接发球员的第一拍回球，这一击往往具有决定性，从而给对手造成巨大压力。接发球员因此被迫向发球员（甲）还击大角度球，但该回球不仅需精准控制角度，还需保证足够球速，否则易被网前同伴（乙）直接截击，技术难度显著提升。若发球员（甲）随发球同步上网，形成"双上网"阵型，威胁性将进一步提升，一旦对手回球过浅，便能直接抢攻得分；即便未能即时得分，也能创造绝对进攻优势。此外，同伴（乙）必须全力掌控接发球员（丙）还击的反手直线球，否则将给对方留下破发机会。②双打比赛发球员的技术要点：要根据接发球员的技术特点，选择大力发球或其他形式的发球，并将落点作为首要考虑因素。尽量将球发向对方的较弱侧，争取发出 ACE 球，或至少迫使对方被动还击。通常情况下，可以将球发向接发球员的反手位置；如果对方正反手技术均衡，则可选择攻击其中路，或采用削击发球，使接发球员陷入被动，难以发挥其优势。这样一来，发球员的同伴就能获得更好的机会和更充裕的时间，在网前进行截击。双上网是现代网球的基本战术之一，但需要注意的是，炮弹式发球通常不适合随球上网，因为发球速度较快，接发球员的还击速度也会相应加快，因此发球方最多只能上到发球线附近。为了更有效地实施双上网战术，发球方可以采用旋转发球或第二次发球上网的策略。这种发球方式不仅可延长球在空中的飞行时间，而且落地后反弹方向会发生变化，增加了接发球员的还击难度，同时延长了还击时间，为发球方上网创造了有利条件。

3. 网球竞赛裁判法与规则简介

（1）裁判法　比赛前裁判的准备工作：①检查场地各区的尺寸、规格、线段及宽度是否符合规定；②检查球网长度、高度、中心带、网眼、单打支柱及量网标尺是否符合规定；③检查球场上空及场外障碍物距边线、端线距离是否合乎要求；④检查比赛用球的质量和数量；⑤检查记分表、记录表、团体赛有关用表、裁判员和运动场椅凳及饮水设备是否齐备；⑥检查室内比赛场地的照明度；⑦检查运动员服装，确认运动员；⑧挑边，由裁判员抛硬币或转拍，确定某方首先开球或选择场地；⑨裁判员、运动员入场，主、副裁判员在前，运动员随后，由端线沿边线走到裁判椅前，运动员分立球网两侧。裁判员及运动员互相握手后，裁判员、司线员就座。运动员各就各位，练习球 5 分钟，比赛开始。

（2）规则

1）发球　比赛开始，由获得发球权的一方在右区端线外中点线及单（双）打线假定延长线之间发球，将球发向对方的右发球区。每分球有两次发球机会，第一次失误可再发第二次，两次都失误称双误，失掉该分。如发球擦网仍落在欲发区内，该次重发；如擦网后落在欲发区外，按一次发球失误论。第二分球改在左区发，第三分仍回右区，余类推，直到本局结束，换由对方运动员发球。场上各线段均属场内。

2）各盘、局的记分　某方先获 4 分为胜 1 局，但对方得分不得超过 2 分，如双方打成 3：3 平分，某方必须超过对方 2 分才算胜了该局，首先获胜 6 局者为胜一盘。对方不得超过 4 局，双方打成 6：4、7：5 才能结束；如双方打成 6：6 平局，执行平分决胜制，不再计算超过的局数多少。

3）平分决胜制　在双方打成 6：6 平局时，用打最后 1 局决定胜负的方法称平局决胜制，该局分为 13 分及 9 分两种决胜制；在决胜局中，某方先胜 7 分为胜了该盘；如双方打成 6：6，一方必须超过对方 2 分才为胜。9 分决胜制，以先得 5 分者为胜方。决胜局发球由该轮及的发球员在右区发第 1 分，然后由对方该轮及的运动员在左区发第 2 分，再在右区发第 3 分，以后每人都发 2 分，直到该局结束。如采用 9 分决胜制，第一、二、三人都各发 2 分，第四人发最后 3 分，即全盘结束，5∶4，双方得分也不再超过 2 分了；如双方得分之和为 6 分，交换场地；决胜局中首先轮及的发球方，在下一盘第 1 局比赛中为接发球方；交换场地，换发球。每单数局结束后双方都要交换场地，每局结束换发球，如一盘结束时为双数局，不交换场地继续打下一盘的第 1 局，打完第 1 局照例交换场地。一盘结束后，下一盘的发球可以重新排定，不受上一盘轮及某人的限制。平局决胜制的第 13 局，以发该局第 1 分的为本局发球员；开球后第 9 局结束时换一对新球，以后每 11 局换一次新球。

4）发球违例　发球员每次都必须在裁判员宣布发球或报分后，并且对方已经做好了接发球准备时才可以发球。发球时不得踏线、进入场内或越出中点线、边线或其假定延长线以外的地方。一旦违例，按失误论。抛向空中的球因故没有击发，可任其自由落地或用手接住，都不算违例，用拍子接触球时按击发一次论。

5）得分　发球双误，对方得分。还击球落网、出界或触及场外固定物时，击球员失分。在“活球期”，运动员身体任何部分触及球、球网及对方场地时，对方得分。抛拍击球或拍子两次击球，对方得分。对方击来的球，在本方场地跳动两次才还击或无力还击，对方得分。双打发球站位及次序错误，如甲、乙对丙、丁比赛，甲发第 1 局，乙必须发第 3 局，丙发第 2 局，丁必须发第 4 局，这个顺序一经确定，在这盘中不得改动。一旦发球次序错误，要立即纠正，得分均有效。如发现时已全局终了，以后发球次序就以该局为准。接发球次序错误，发现后不予纠正，待到下一个接发球后再行纠正。

6）重发球和重赛　发球后裁判员宣布该发球无效时，应重发球；“活球期”遇球破裂，该分重赛；“活球期”时，裁判员认为发球方（甲方）的举动对接发球方（乙方）击球有阻碍时，可判乙方得分或重赛。

7）脚误　发球时网拍与球接触瞬间，脚踏端线或接触场内地面；发球时任何一只脚接触中点及边线假定延长线及其以外的地面；发球员选定站位后，在球与球拍接触前，前脚向前移动超过一脚的长度，继而另一脚上步或超过前脚时为脚误。

8）活球期　自发出球到该分决定胜负为止的时间称“活球期”。该期间的球即使飞到场外尚未落地前，裁判员也不得报出界，如运动员接触该球，即使站在场外也按场内好球论判。

9）裁判员报分　不论几个裁判员，都由主裁判报分，报分要清楚、洪亮、及时、准确。前面的分数应该是发球方的分数，如 30∶15 即发球方得 2 分，对方得 1 分。当比分为 40∶40 时，要报“平分”；当 60∶40 时报发球方占先，40∶60 时报接球方占先，以后不管几次平局都报“平分”，直到某方超过对方 2 分时结束该局。一般来说，主裁判根据司网、司线的裁判的判定来报分，对于他们明显的错判、误判，裁判长和主裁判都有权予以纠正，并作为最后的判定。

思考题

1. 简述网球运动的发展概况。
2. 简述网球运动在中国的发展概况。
3. 结合实际谈谈网球运动的意义。

（裴艳明）

第五节　羽毛球

一、概述

羽毛球运动起源于 14—15 世纪的日本，最初使用樱桃核插羽毛制成球体，用木制球拍在木板间击球，但因球体笨重、易损且成本高昂而未能普及。19 世纪中叶，印度普那城改良球体工艺，采用硬纸板钻孔或绒线编织插羽毛，耐用性显著提升，木拍击球活动在英军中盛行。19 世纪 60 年代，驻印英军将这项运动带回英国，1873 年伯明顿镇的鲍费特公爵在庄园聚会中引入改良版游戏，用牵绳作网，形成现代羽毛球雏形，并以"伯明顿"（Badminton）命名。1893 年英国成立首个羽毛球协会，1899 年举办首届全英锦标赛，标志着竞技化开端。20 世纪前叶羽毛球盛行于欧美，1977 年世界羽毛球锦标赛诞生，初期欧美选手垄断冠军。20 世纪 40 年代末，马来西亚选手首夺国际赛事冠军，打破地域垄断，推动了该运动的全球化。现代羽毛球历经百年发展，从贵族娱乐演变为全球性竞技项目，器材与规则持续革新，赛事体系涵盖奥运会、世锦赛及苏迪曼杯等顶级赛事，成为兼具竞技性与大众参与度的体育运动。

二、技战术内容上篇

1. 准备动作

（1）准备姿势　在接球前，基本准备姿势为两脚与肩同宽，右脚比左脚前移半步自然开立，双脚后跟自然提起，前脚掌触地，两膝弯曲，身体重心微降。持拍手肘稍曲展腕，拍头上仰置于胸前。持拍手距身体上、中和下位置的左右六个点的距离最近，无论对方将球击向这六点中的任何一点，都能以最短的距离、最快的速度挥拍击球。

（2）站位　①单打基本站位：回击高远球后，要回至中央点略后半步，兼顾对方劈吊或者继续回击后场高远球；杀球或切放小球后应迅速将重心调整至朝向自己场区中央点且向前，落至前脚，准备连续向前，接对方回放网前球或扑球；网前回放小球后，收前脚后退两小步保持重心，不要急于后退。②双打基本站位：平行站位法（防守站位）时，当队友或自己打高远球或挑高远球时，要快速平行分站两边，做好接杀或接吊球的准备；前后站位法（进攻站位）时，当对方回打高远球或挑高远球时，根据球飞往哪一边由接近者后退准备接球，另一队友要先上前到距离中线前端处一步距离位置准备。

（3）握拍方法（正手、反手握拍法）　①正手握拍技术动作要领：拍框与地面垂直，张开右手，使虎口对准拍柄斜棱上的第二条棱线，此时眼睛从左至右可同时看见四条棱线，然后用近似握手的方法握住拍柄，拇指和食指贴在拍柄两侧的宽面上，其余的三指自然握住拍柄；拍柄与掌心不要握紧，应留有空隙；握拍的位置可视个人情况而定，以球拍柄端靠近手掌的小鱼际为宜；握拍力度要适宜（图 5 - 11）。②反手握拍技术动作要领：在正手握拍的基础上，将球拍柄稍向外旋，拇指顶贴在拍柄第一斜棱旁的宽面上，也可将大拇指放在第一、二斜棱之间的小窄面上，食指稍向下靠；击球时，靠食指以后的三指紧握拍柄，同时，拇指前顶发力击球；为了便于发力，掌心与拍柄间要留有充足的空隙（图 5 - 12）。

2. 基本步法

跨步、垫步、蹬步是羽毛球中常用的三种步法，它们各自的动作要领如下。①跨步：一脚蹬地，另一个脚向移动方向跨出一大步。跨步多用于进攻型选手左右移动击球。为了防止跨步后失去重心，蹬地脚应随后跟上半步或一小步。②垫步：当右脚或左脚向前或向后迈出一步后，后脚跟进，紧接着以同一脚向同一方向再迈一步称为垫步。它的特点是步子小，变换灵活，还能保持移动中重心的稳定，有利于击球动作的完成。垫步一般用于步法间的衔接以及调整步距、重心和运动方向。③蹬步：在步法移动的最后一步，左脚用力向后蹬地的同时，右脚向来球方向往前跨出一大步称为蹬步。蹬步脚落地时脚跟先着地，膝盖不要超过脚尖，多用于上网击球和后场底线两角移动抽球。在羽毛球技术中，所有的技术都是用球拍带动身体，蹬步也要先伸拍子，这个很重要。

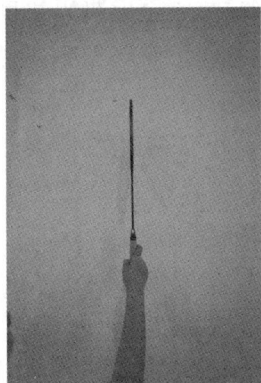

图 5 – 11　正手握拍

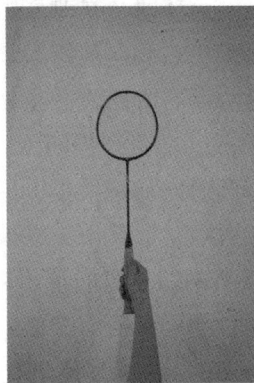

图 5 – 12　反手握拍

3. 反手发网前小球技术（图 5 – 13）　反手发球技术是在身体的左前方用反拍面击球的一种发球方式。同正手发球技术一样，用反手同样能发出各种不同弧度的球。与正手发球所不同的是，反手发球时动作的力臂距离相对要小，发球时对球的控制力更强，加之反手发球动作更具一致性、隐蔽性和突然性，在比赛中，尤其是在双打比赛中被广泛采用。在实战中，发球方根据双打战术的特点和需要，常以发反手后场平高球、后场平射球和网前小球为主。①发球站位：站在靠中线且距前发球线较近的位置上。②发球准备动作：面向球网，右脚在前，左脚在后并提起脚跟，重心放在右脚上，上体稍微前倾。右手反手握拍，左手拇指和食指捏住羽毛球，球头约45°指向膝盖即可，发球时尽量将肘部抬起与肩同高，拍头自然下垂，右手松弛握拍。③击球动作：球拍稍微向后摆，并不停顿地接着向前挥动。前臂向斜前上方推送。

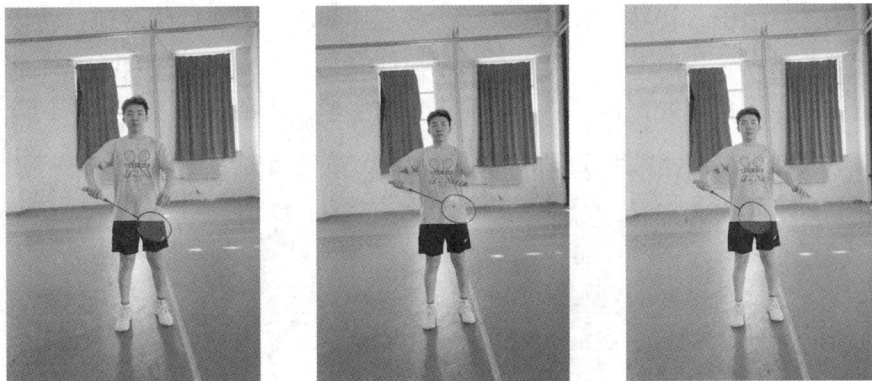

图 5 – 13　反手发网前小球

4. 上网步法　羽毛球运动的基本步法有蹬步、跨步、垫步、并步、交叉步等。根据运动员在球场上的位置和来球的远近，可用一步、两步或三步移动到位击球。右手持拍者，到位击球时的最后一步一般都是右脚在前，左脚在后，靠近中心位置。羽毛球运动基本步法的结构分为起动、移动、到位击球和回位四个部分。羽毛球运动员的站位和准备姿势与步法有密切的关系，在不同的情况下有不同的站位和准备姿势。在一般情况下，接发球时的站位以左脚在前、右脚在后为宜，这样的站法有利于运用正手回击。除接发球外，多半采用右脚稍前、左脚稍后的站法，这样便于上网与后退。在防守接杀球时，采用双脚左右开立，以利于向两侧移动，同时，重心要降低些，以利于起蹬。根据上网时脚步移动方法的区别，上网步法可分为跨步上网、垫步上网、交叉步上网和蹬跨步上网。不论正手还是反手，根据来球远近，上网步法可采用一步、两步或三步上网击球。

（1）跨步上网　站位于球场中心稍靠后，两脚左右开立。右脚略前，上身稍前倾，两眼注视对方击球。当对方吊网前球时，在对方击球瞬间，脚跟提起蹬地并迅速调整重心至后脚以协助快速起动。用左脚脚掌内侧起蹬，右脚向前跨大步，以脚跟和脚掌外侧着地，脚尖外斜，右脚屈膝成弓箭步，左脚随即向前移动，以协助右脚回蹬。击球后用并步或交叉步退回中心位置。

（2）垫步上网　准备姿势同上。右脚先迈一小步，左脚随即垫一小步接近右脚跟，并用脚掌内侧起蹬，接着右脚迅速向前跨大步上网（着地后要求同跨步上网）。击球后用并步或交叉步退回中心位置。垫步上网蹬力强、速度快，在被动时有利于迅速调整重心，快速接应来球。

（3）交叉步上网　右脚先迈出一小步，左脚立即向右脚前（后）交叉迈出一小步，左脚着地后脚内侧用力蹬地，右脚再向网前跨出一大步，形成弓箭步。击球结束后，右脚蹬地，回到原来的位置。

（4）蹬跨步上网　蹬跨步上网是在预先判断来球线路的基础上，脚用力蹬地跃起迅速扑向网前，以争取球越过网带之后在最高点击球，双打时网前的队员常用这一方法上网扑球，往往起到一拍制胜的作用。击球之前要站位稍靠前，一旦判断出对方有回网前球的意图，就要提前做准备，对方将球击出之后，右脚向来球方向跨出一小步后，就要发力起跳，跃起击球。击球之后，对身体要有控制，要防止因前冲力过大而触网或者过中线犯规。起动步后，侧身，持球拍一侧的脚向球的落点方向跨出一大步击球。

5. 正手击高远球技术（图5-14）　判断来球路线和高度，迅速移位使球下落于右肩稍前上空，侧身对网，左脚在前，右脚在后，重心在右脚；右手举拍在右肩上，拍面对网，左手屈肘自然举起，准备击球；当球下落至接近击球点高度时，胸部舒展，握拍手前臂向后移动，肘部自然抬起使球拍后引至头后，自然伸腕。击球时，右腿蹬地，转体收腹，协调用力，上臂带前臂送肘上举，前臂带有内旋地向前"甩"出，击球瞬间手臂几乎伸直，"闪"动手腕，用手臂、手腕、手指力量将球击出。若拍面向前上方则击出高远球，若拍面稍低则击出平高球。击球后，手臂顺惯性向前下方挥摆，收拍于上身前，重心由右脚移至左脚。动作要领为向后侧身成右侧立，两臂侧屈举；挥拍时，右上臂后引，将球拍后引至头后，自然伸腕，然后在后脚蹬地、转体收腹的协调作用下，以肩为轴，上臂带动前臂快速向前上方甩腕，顺惯性向左前下方挥动并收拍至体前，身体重心由后脚移至前脚；找好击球点，使球处在自己的右肩前上方的位置，挥拍击球。

图5-14　正手击高远球

6. 正手发高远球技术（图5-15）　正手发球是在身体的右侧采用正拍面击球的一种发球方式，在实战中被广泛采用。正手发球可根据不同的战术需要发出不同的球，例如后场高远球、后场平高球、后场平射球和网前小球等不同弧度的球。

（1）准备姿势动作要领　发球站位视个人的习惯选择场地中场附近。两脚自然分开，左脚在前，脚尖对网，右脚在后，脚尖稍向右侧，呈"丁"字步，重心放在右脚上；用左手拇指、食指和中指夹持住羽毛球中部，自然抬举至胸部右侧区；右手正手握拍，自然屈肘抬臂至身体的右后侧，呈发球前的准备姿势。

（2）引拍姿势动作要领　持球手松开，使球自然下落，此时左手随引拍自然收至身体左侧，同时右上臂随转体外旋，并运用前臂自下而上沿半弧形做回环引拍动作，充分伸腕，身体重心随转体和引拍行动渐渐转向前。当拍挥至身体右侧前下方、身体转至近于面向球网时，准备击球。

（3）击球动作要领　球自然下落时，持拍臂自下而上沿半弧形做回环引拍动作，同时开始转体，在拍挥至身体右侧前方击球点上的瞬间，前臂迅速内旋带动手腕闪动展腕发力，用正拍面将球击出，向前向上方"鞭打"发力，身体重心随转体动作逐渐由右脚移至左脚。

（4）击球后的动作要领　身体重心完全移至左脚，持拍手随击球动作完成后的自然惯性向左上方挥动。在发球的过程中，双脚均不能离开地面或移动。

图 5-15　正手发高远球

7. **网前正手挑球技术**　将网前区域低手位的球由下而上地击至对方后场端线上空的球称作挑球。它是在处境被动的情况下运用的一种过渡球，其战术目的是：在不利的情形下通过挑球将球击得又高又远，以限制对方的快速进攻，争取回位时间。双打中也常运用挑弧度不太高的后场端线两角的球来调动对方。

网前正手挑球

（1）准备动作　正手握拍自然置于胸前，两臂自然张开，右脚在前，左脚在后，两脚间距略宽于肩，膝微屈，前脚脚掌着地，身体微微前倾并收腹。

（2）引拍动作　运用正手上网步法向来球方向移动，最后一步时右脚向来球方向跨出成弓箭步，持拍手前伸，击球前前臂充分外旋，手腕伸展下放，将球拍引向右侧下方。

（3）击球动作　在拍面击球的瞬间，前臂迅速内旋带动手腕向前上方展腕发力击球。由下至上，从后向前挥拍击球，球拍拍型后仰触及球托，用正拍面向正前上方挥动。

（4）随挥动作　持拍臂随惯性向前上方挥拍减速，然后收拍并回动复位，还原成放松的正手握拍形式。

8. **后场两边后退步法**　向右后场区后退，一般是正手击球的后退步法；向左后场区后退，为交叉步后退头顶击球步法和反手击球后退步法等。后退步法移动前的准备动作和站位与上网步法相同。

（1）正手击球后退步法　正手击球后退步法有侧身并步后退和交叉步后退两种。①侧身并步后退步法：在对方击球前刹那间，脚跟提起轻跳，迅速调整重心至右脚。接着左脚蹬地，快速向右后撤一小步，上身右转侧身对网，左脚并步靠近右脚，右脚再向后移至来球位置。在移动中做好架拍准备。待来球在右肩上方下落时，做正手击球或起跳击球。击球后，并步或小步跑回中心位置。②交叉步后退步法：站位与准备姿势同后退步法。右脚撤后一小步后，左脚从体后交叉后退一步，右脚再后移至来球位置。

（2）交叉步后退头顶击球步法　与正手击球后退步法大致相同，只是右脚蹬地后撤向左后方，上身转动幅度较正手后退大，且稍有后仰并倒向左后场区。左脚从体后交叉后退一步，右脚移至来球位置，做头顶原地击球或起跳击球。

（3）反手击球后退步法　调整重心后，右脚后撤一步，接着上身左转，左脚随即向左后退一步，右脚再跨出一步，背对网，做底线反手击球。反手击球后退步法应根据来球距离的远近调整。如离来球较近，可采用两步后退步法，上身向左后转，左脚同时后撤一步，右脚再向左后跨一步，做底线反手击球；如距来球较远，则采用三步步法。但无论几步，最后一步和重心应在右脚上。

9. 结合步法击高远球技术

（1）正手击高远球（图5－16）　判断来球路线和高度，迅速移位使球下落于右肩稍前上空，侧身对网，左脚在前，右脚在后，重心在右脚；右手举拍在右肩上，拍面对网，左手屈肘自然举起，准备击球；击球后，手臂顺惯性向前下方挥摆，收拍于上身前，重心由右脚移至左脚。

（2）反手击高远球（图5－17）　判断来球路线和高度，迅速移位，最后一步右脚前交叉向左侧底线跨出，背部向网，重心在右脚，举拍于左胸前，双膝微屈准备击球。以肩为轴，通过上臂带动前臂，最后用手臂、手腕、手指力量击球；击球瞬间要用爆发力，以"抽鞭"式的动作把球"弹"出。后撤一大步成右侧立，两臂侧屈举。挥拍时，右上臂后引，将球拍后引至头后，自然伸腕，然后在后脚蹬地、转体收腹的协调作用下，以肩为轴，上臂带动前臂快速向前上方甩腕，顺惯性向左前下方挥动并收拍至体前，身体重心由后脚移至前脚。找好击球点，使球处在自己的右肩稍前上方的位置，挥拍击球。

反手击高远球

图5－16　正手击高远球

图5－17　反手击高远球

10. 正手发网前小球技术（图5－18）　正手发球是在身体的右侧采用正拍面击球的一种发球方式，在实战中被广泛采用。该动作的准备姿势、引拍动作和发球后的动作与正手发后场高远球相似。击球时握拍保持放松，靠手指控制力量，手腕收腕发力，用斜拍面向前推送击球，使球轻轻擦网而过，落入对方前发球区。

图 5–18 正手发网前小球

11. 反手挑球技术（图 5–19） 挑球是指把对方击来的吊球或网前球自下而上地挑高回击到对方后场底线上空的击球方法。在运用该技术时，判断来球，快速上网，左脚蹬地，右脚快步向前成弓箭步，重心在右脚，左臂自然后伸；反手握拍，同时右肩对网，手臂向左前方伸出，屈肘引拍至左肩；击球时，以肘关节为轴，用拇指第一指节压住拍柄的宽面，前臂带动手腕、手指快速由左下方向前上方成半圆形挥拍击球，用力将球击出。在进行挑球时需要注意：①挑球时注意落点；②挑球属于被动回球，所以挑球要尽量做到又高又远；③挑球后，务必要迅速回位。

反手挑球

图 5–19 反手挑球

12. 正手吊球技术（图 5–20） 吊球是指把对方击来的高球从后场区还击到对方的网前区。根据来球路线的不同，吊球可采用正手或反手。引拍动作及击球后的动作均与后场正手击高远球相同。击球动作：击球点选择在右肩的前上方，较击高远球稍前一点的位置。主要靠手腕、手指控制力量，击球时手腕由伸腕到屈收带动手指捻动发力，用斜拍面"切击"球托后部的右侧位置。后场正手吊直线球击球时，拍面的"包切"动作要小一些，击球瞬间以斜拍面击球托后部右侧偏中的位置，并向前下方切压击球。后场正手吊斜线球击球时，拍面的"包切"动作要大一些，几乎是向前下方侧击球托的右侧部位。击吊球的准备动作、引拍动作必须同击高远球一致。

正手吊球

在实施该技术过程中，挥动球拍时，拍面应成半弧形，击球瞬间前臂突然减速，快速"闪"动手腕击球托的偏右侧（头顶吊球及反手吊球是击球托的偏左侧）。打对角吊球时，当对方来球较高时，手腕切削的角度要大些，力量也要稍大些；当对方来球较平时，手腕向前推的动作要大些，向下切削的力量要小些。吊直线球时，拍面正对前方，向前下压。不论劈吊还是轻吊，都要注意手腕灵活"闪"动，注意爆发力的运用，同时，还要注意掌握好击球点和控制好击球力量，将球吊准。击球要点为灵活

"闪"动手腕，掌握好击球点和控制好切削动作的击球力量。

图 5 - 20　正手吊球

13. 前后场跑动步法　①从中场起动，先迈右脚转体向后方侧身，根据来球距离调整步幅，选择并步或滑步向后移动。②移动到后场完成击球后，转体向前，重心在右脚上向前迈步，准备回动至中场区。右脚回动中场时先并步向前完成第一步，第二步时自然迈左脚跑动，向网前移动，第三步迈右脚蹬步上网，只需三步，从后向前的步法就可以完成。③上网击球后，右脚在前跨步，左脚在后，左脚回拉右脚随着左脚并步回到中场。再向后移动时仍采用同上转体后右脚后侧滑步完成前后移动。

前后场跑动
步法

14. 正手杀球技术（图 5 - 21）　杀球能给对方造成极大的威胁性，在比赛中往往起决定性作用，它不仅是得分的主要手段，也是组织战术配合的有效技术。该技术的准备姿势、击球动作与正手击高球大致相同，不同的是在击球瞬间需用全力，充分运用右腿的蹬力、腰腹力、手臂腕力及重心的转移，快速将球向前下方击出。球拍触球时拍面前倾，向前下方用力，手要握紧球拍，击球点在右肩稍前上方。击球后球拍随惯性向左下方摆动，身体重心由右脚移至左脚。

正手杀球

动作要领：①准备杀球之前先侧身，左脚在前，重心在右脚上，并且用快速的后退步法后退，使击球点在右肩前上方，若击球点靠后则无法进行下压。杀球前身体后仰，基本成弓形，使击球者用上全身的力量。②杀球前握拍一定要放松，手心和拍柄之间留有缝隙，如果握拍一直很紧的话手腕的力量就发不出来，需要在杀球的瞬间握紧拍子全力下压杀球。③杀球的瞬间靠的是手腕和手指的爆发力，就像抽鞭子一样，这也是羽毛球所有后场技术都注重的，与网球不一样，绝对不要靠甩大臂发力，否则球过去后既没有速度又会受伤。④起跳时双腿要先保持微屈的姿势，靠脚蹬地的力量起跳杀球，杀球后立即转身向前，左脚在后且先着地，右脚落地后即回到场地中心位置。

图 5 – 21　正手杀球

15. 全场四点跑动步法　①在实施上网步法时，如果站位靠前，可用两步交叉步上网；若站位靠后场，则采用三步交叉跨步的移动方法。②在实施后退步法时，正手后退右后场。一般采用并步后退。后退左后场步法基本同正手后退右后场步法。

16. 杀球练习——杀上网步法　步法同前后场跑动步法一致。准备杀球之前先侧身，左脚在前，重心在右脚上，并且用快速的后退步法后退，使击球点在右肩前上方。击球点靠后的话就无法进行下压。球开始下落的时候，双腿要先保持微屈的姿势，靠脚尖蹬地的力量起跳杀球，杀球后立即转身，左脚在后且先着地，右脚落地后即回到场地中心位置。

全场四点
跑动步法

三、技战术内容下篇

1. 网前扑球技术　网前扑球有正手、反手扑球两种，扑球路线有直线、斜线和扑追身球三种。

（1）正手扑球（图 5 – 22）　需准确判断来球路线和高度，快速蹬步上网，身体右侧扑向网，球拍随手臂向右前伸斜上举，正拍向前。准备击球时，前臂外旋，手腕关节后伸，小指、无名指稍松开，使拍柄离开鱼际肌。击球时，手腕后伸，屈腕闪动，利用前臂、手腕和手指的力量向前下方"闪动"击球，球拍触球后立即收回。或靠手腕由右前向左前"滑动"式挥拍扑球，以免球拍触网违例。扑球后，球拍随手臂向右侧前下方回收。

（2）反手扑球（图 5 – 23）　反手握拍于左侧前，当身体向左侧前方跃起时，持拍手臂前伸上举，手腕外展，拍面正对来球。击球时，手臂伸直，手腕由外展到内收闪动，手握紧拍柄，拇指顶压，加速挥拍扑击球。击球后，即刻屈肘，回收球拍，以免球拍触网违例。

扑球的关键在于能否抓住时机，准确判断来球路线和高度。一旦作出判断，上网要快，出手要快。击球时挥拍距离要短，动作要小，发力强，扑球后应急速落地。网前扑球技术动作要领：①动作要快、准、狠；②要抢到高点，抢得太低容易扑下网；③动作不宜太狠，压拍过于用力会导致下网；④动作幅度不宜过大，否则容易触网违例。

图 5 - 22　正手扑球

图 5 - 23　反手扑球

2. 单打技战术——杀球上网技术　杀球上网是羽毛球的一种实战技术，先在后场以轻杀、点杀、劈杀配合吊球把球下压，落点要选择在场地两边，使对方被动回球。对方还击网前球时，迅速上网贴网的搓球，或勾对角，或快速平推创造半场扣杀机会；若对方在网前挑高球，可在其向后退的过程中把球直接杀向对方身上。此战术是把球准确地打到对场区的四个角上，使对方每次击球都要在场上来回奔跑。使用这种战术时，对不同特点的对手要采用不同的拉、吊方法。对后退步法慢的可以多打前、后场；对盲目跑动满场飞的可使用重复球和假动作；对灵活性差的应多打对角线，尽量使对方多转身；对后场反手差的，仍通过拉开后场后攻其反手；对体力不好的可用多拍拉、吊来消耗其体力，然后战胜之。

3. 网前勾对角球技术

（1）上网步法　只有步法到位，步法稳，才能抢到最佳击球点。上网步法多采用交叉步，网前后退步法多采用并步。

（2）正手勾对角　①击球尽量抢高点；②手腕立腕外展，食指轻微发力，外展引拍变为内收。

（3）反手勾对角　①手腕从内收引拍变为外展；②反手握拍、立腕，大拇指外顶的同时无名指和小拇指发力，手腕从内收引拍变为外展。

4. 单打技战术——吊球上网技术　吊球是指把对方击来的高球从后场区还击到对方的网前区。根据来球路线和高度的不同，吊球可采用正手或反手、高手或低手来打。按来球的飞行弧线和击球动作的不同，吊球又可分为劈吊、轻吊和拦截吊三种。吊球技术（图5-24）的准备姿势与击高球相似，只是击球时用力不同。在后场吊球，把球吊到对方前场，使对方跑到网前回球，然后自己迅速从底线上到网前，从而利用网前小球技术（搓、推、勾、扑、挑等）进攻对方，这样的组合技术称吊球上网，也就是由后场吊球和网前小球两大技术组成。

图5-24　吊球技术

四、羽毛球竞赛规则与裁判组人员

1. 羽毛球竞赛规则　羽毛球单打比赛通常在标准的羽毛球场地进行，场地长13.4m，宽6.1m，由中线将场地分成两个相等的区域。场地四周设有高1.55m的围网，以防止羽毛球飞出场地。比赛时，球员需使用标准的羽毛球拍和羽毛球，以确保比赛的公平性和安全性。

（1）发球规则　①发球方需站在己方场地的前发球线后，两脚不能触及或越过前发球线。发球时球拍需先击中球托，同时，发球时球拍击中球的瞬间，整个球必须低于1.15m。②发球时，球需从网上方飞过，落入对方场地的发球区内（即对方场地的对角线区域）。若球未落入发球区或触及网顶、网柱等障碍物，则判为发球失误，对方得分。③在一局比赛中，当一方得分为零或偶数时，需在右发球区发球；当得分为奇数时，需在左发球区发球。若发球方发球失误，则换由对方发球，且发球方需交换发球区。

（2）比赛进行规则　①比赛采用21分制，先得21分的一方获胜。若双方比分达到20平，则需领先2分方为胜。若双方比分达到29平，则先得30分的一方获胜。②在比赛过程中，球员需保持连续击球，即球在己方场地内只能被击中一次。若球员在击球过程中连击或触网，则判为违例，对方得分。③当球落在场地界线外或触及网顶、网柱等障碍物时，判为出界，对方得分；若球触及场地界线，则判为界内球，比赛继续。④球员在击球过程中不得越过中线进入对方场地，否则判为违例，对方得分。同时，球员在击球过程中不得干扰对方视线或做出其他影响对方击球的行为。

（3）换发球与换边规则　①第一局比赛结束后的换边规则：第一局比赛结束后，双方需要换边。这是为了确保双方运动员在比赛中拥有均等的场地使用机会，避免因场地条件（如阳光照射角度、风向等）对比赛产生不公平的影响。②第三局领先一方达到11分时的换边规则：在第三局比赛中，当一方领先达到11分时，双方需要换边。③当一方发球失误或违例时，换由对方发球。发球方在发球前需先站在正确的发球区，等待裁判示意后方可发球。

（4）裁判与申诉规则　①比赛由一名主裁判和一名副裁判共同执法。主裁判负责判定比赛中的违例和得分情况，副裁判负责协助主裁判进行比赛管理。②若球员对裁判的判定有异议，可在比赛结束后向裁判委员会提出申诉。申诉需以书面形式提交，并附上相关证据。裁判委员会将根据申诉内容和证据进行审查，并作出最终裁决。

（5）其他注意事项　①球员在比赛过程中需保持良好的体育道德风尚，尊重对手、裁判和观众。不得使用任何不正当手段干扰比赛进程或影响比赛结果。②球员在比赛前需进行充分的热身运动，防止因身体疲劳或受伤导致比赛失误或中断。③观众在观看比赛时需保持安静、文明，不得干扰比赛进程或影响球员发挥。同时，观众应尊重裁判的判定和比赛结果，不得对裁判或球员进行人身攻击或侮辱。

2. 比赛裁判组人员　①裁判长（referee）：对整个竞赛负全责。②主裁判员（umpire）：负责主持一场比赛。③发球裁判员（service judge）：专门负责宣判发球违例。④司线裁判员（line judge）：负责宣判球在他所负责线附近的落点是界内或界外。

思考题

1. 概述我国羽毛球运动发展情况。
2. 羽毛球运动基本握拍方法有哪两种？
3. 羽毛球正手发球有哪几种？
4. 羽毛球上网步法有哪几种？

（赵文笛）

第六节　乒乓球

一、概述

乒乓球是一项风靡全球的球类运动，19世纪末起源于英国，属隔网对抗型技能类运动项目。比赛双方通过持拍击球，使球在对方球台有效反弹，迫使对方无法有效回击而得分。这项运动因球速迅捷、旋转多变且充满战术趣味性，现已遍及五大洲，深受全球体育爱好者青睐。

作为中国的"国球"，乒乓球运动自20世纪50年代起便蓬勃发展。中国运动员在该项目上屡创佳绩，奠定了深厚的群众基础。自1988年乒乓球正式成为奥运会比赛项目以来，中国乒乓球队始终保持着绝对统治地位，被公认为奥运"梦之队"，长期雄踞世界乒坛首位。

二、技战术内容上篇

1. 挥拍技术　乒乓球挥拍技术是击球环节的核心，其关键在于以腰部为发力起点，通过转腰带动大臂运动，随后小臂主动发力并传导至手腕，形成"腰→臂→腕"的链式发力机制，确保全身动能集中于击球瞬间。击球时机应选择来球上升期，保持由后向前的线性轨迹，以提升击球精准度与稳定性。然而，实践中常见正手攻球挥拍幅度不足导致力量薄弱、弧线控制不佳，以及预判偏差引发站位滞后、击球失位等问题。针对这些错误，需通过徒手挥拍模拟练习强化动作幅度，刻意延长腰部至手腕的发力路径，结合重复训练形成肌肉记忆；同时借助平击发球与连续推挡组合训练，系统提升来球落点预判能力及引拍协调性。例如，正手攻球练习中可加大挥拍幅度至肩高，体会蹬转腰腹带动前臂加速的完整动力链；预判训练则需结合多球定点与随机落点交替练习，逐步建立对旋转、速度的快速反应机制，最终实现技术动作的规范性与实战稳定性。

2. 推挡技术　乒乓球推挡技术作为我国传统特色打法，在对攻中通过快速推压结合力量、落点及旋转变化有效牵制对手，既能创造正手或侧身进攻机会，又能在被动防御中稳定局势。其动作要领强调球拍横向垂直，手臂前伸主动迎球，在来球上升期击打中后部，借助反弹力完成回击。然而，实践中常见正手挡球时手腕下垂导致球拍与前臂形成90°夹角而破坏动作协调性，以及推挡时拍面前倾角度过大、击球时机过早引发回球下网等问题。针对这些技术缺陷，需优化站位与击球时机：采用平行站位或左脚稍前置，双膝微屈提升动作转换的连贯性；准确捕捉来球弹起瞬间或上升中期进行击打，例如正手推挡时需保持手腕与前臂平直，击球瞬间前臂向前下方推送，通过调整拍面倾斜角度控制弧线与落点。技术修正训练可结合多球定点练习，强化手腕稳定性与击球时机预判，逐步建立"迎前击球"的肌肉记忆，确保推挡技术在快节奏对抗中发挥兼具速度、旋转与精准度的战术价值。

3. 正手挥拍技术　乒乓球正手挥拍技术强调以腰部为发力起点，通过转腰带动持拍侧大臂运动，小臂主动发力后传导至手腕，将全身动能集中于击球瞬间。动作要领要求双脚间距与肩同宽，距球台30~40cm站位，击球时机选择来球上升中后期，确保身前击球且站位严禁后退，以维持稳定节奏与击球位置。然而，实践中常见因平行站位或前后站位不当导致拍面角度失控，引发攻球出边线失误，或拍面前倾过度或后仰造成击球下网或出界。针对这些问题，需采用近台中偏右站位，左脚稍前，身体斜对球台，持拍手自然放松置于腹前，保持拍面半横状，通过调整拍面角度精准控制球的运动轨迹与力量传导。例如，正手攻球时可通过蹬转腰腹带动前臂加速，击球瞬间手腕微调拍面倾斜度，结合多球训练强化击球点预判与动作连贯性，逐步形成"腰部驱动、小臂主导、手腕微调"的动力链，实现力量传递与弧线控制的精准平衡。

4. 对推技术　乒乓球对推技术通过正手攻球与反手推挡的速度、力量配合，结合落点与节奏变化压制对手，既可调动其站位创造主动攻势，也能直接得分。动作要领要求两脚与肩同宽站位，后脚跟微抬形成居高临下姿态以增强身体控制力，拍面端平且适度前倾，采用直握拍法时拇指自然伸展，食指与虎口协同调节拍面角度，确保击球瞬间前臂与手腕的爆发力传导。然而，实践中常见抬肘导致拍面过度下压，引发击球部位偏移导致球下网，或夹肘与拖肘造成击球幅度不足、发力困难等问题。针对这些错误，需通过手腕外展调整握法，优化击球拍形，并结合预判训练强化来球轨迹判断能力。例如，多球练习中可分解动作：先固定大臂与躯干间距，通过转腰带动前臂前推，击球后顺势还原至预备姿势，逐步提升手腕灵活性与动作连贯性，确保推挡技术兼具速度压制与线路变化的战术效果。

5. 正手发球（抛发平和球）　乒乓球正手发球（抛发平和球）是依靠腰部发力制造旋转的常用技术，其落点变化相对单一，通常选择对手反手位施压。动作要领强调规范站位与抛球控制：双脚开立略宽于肩，右脚稍后、脚跟微抬，重心分布于前脚掌，双膝微屈内扣保持躯干收紧；左手托球时手掌须置于台面端线外，垂直抛球高度不低于16cm，击球时以转腰带动前臂向前下方挥动，在球体下降初期摩擦中下部，通过手腕瞬间制动增强旋转。然而，实践中常见违反"人–球–拍"三角定位理论导致击球点偏移，或抬肘引发拍面过度下压造成击球下网。针对这些问题，需通过三点定位训练优化击球位置，同时调整手臂轨迹避免抬肘，具体如下：击球时大臂贴近躯干，前臂由外展转为内收，拍面保持70°~80°前倾，确保力量沿球体切线传导。例如，可通过多球练习强化抛球稳定性，配合慢动作分解体会腰、臂、腕的协同发力，逐步建立动力定型，使发球兼具旋转强度与落点精准度。

正手发球

6. 直、横板反手发平和球　乒乓球直、横板反手发平和球采用类似握菜刀的直拍握法，虎口贴于拍背，食指扣住拍面，其余四指自然弯曲握柄。动作要领强调左手将球垂直抛高至少16cm，右手腕与手臂向外侧翻转使球拍反手胶皮面向对手，拍面稍前倾以压住球体，击球时通过前臂带动手腕完成摩擦与击打的结合，控制小臂挥动速度与方向。该技术作为反手打法的基础，需重点练习来球起点与高点预判，强化球感。然而，实践中常见新手因肩膀紧张上耸导致手臂僵硬，或正手攻球时肘部位置不当引发力量分散、击球质量下降等问题。针对这些错误，需放松肩部肌肉保持自然挥动，同时调整肘部位置，具体如下：引拍后，球拍从身体侧面挥至左眉附近，肘部与身体保持20°~30°夹角，确保挥拍轨迹的流畅性。例如，反手拨球练习可分解为抛球、转腕、挥拍三阶段，通过多球定点训练逐步建立小臂内外旋与手腕弹击的协调性，最终实现旋转、落点与节奏的有效控制。

直、横板反手发和平球

7. 步法

（1）单步

1）动作要领　以一脚为轴心，另一脚向前后左右各移动一步，同时身体重心也随之落到移动脚上，随之挥臂击球。移动过程中应保持重心移动平稳，尽可能缩小移动范围。该步法适用于来球离身体较近的情况。

步法

2）易犯错误　上半身的倒伏现象、伸缩手长度把握不当以及脚上动作不完整往往导致身体动作不连贯。出现这些问题时会错失最佳击球时机：膝盖没有弯曲，导致重心过高，在进行跳步时上半身稳定性不足。以上这些错误不仅影响移动速度，还会使球员在击球时难以发力，降低击球质量。

3）纠正方法　运动员在训练中寻找与自己身体最适合的移动点，保持上身稳定，避免在移动中身体过度倾斜或伸展不足。此类问题多源于技术动作结构的问题，在单点移动时，球员需关注技术细节，从脚步动作到身体重心转移，再到手臂的配合，都要确保在移动过程中始终保持正确的姿势和节奏，通过不断练习强化肌肉记忆，提升单步步法的运用水平。

（2）滑步

1）动作要领　两脚几乎同时向来球方向蹬地，随之几乎同时离地，来球异方向的脚先落地，同方向的脚紧随着地，挥臂击球（图5–25）。

2）易犯错误　包括上半身的倒伏和手脚不同步，导致在移动中身体不稳定；节奏混乱会导致无法有效地蓄势进而影响击球效果。这通常与动作不熟练有关，为缺乏充足的练习所导致。

3）纠正方法　需要在训练中寻找最适合自己的移动点，保持上身稳定，避免在移动中身体过度倾斜或扭曲。应注意将移动、蓄势和击球分解开来，避免边跑边打，确保每个动作发挥其作用。

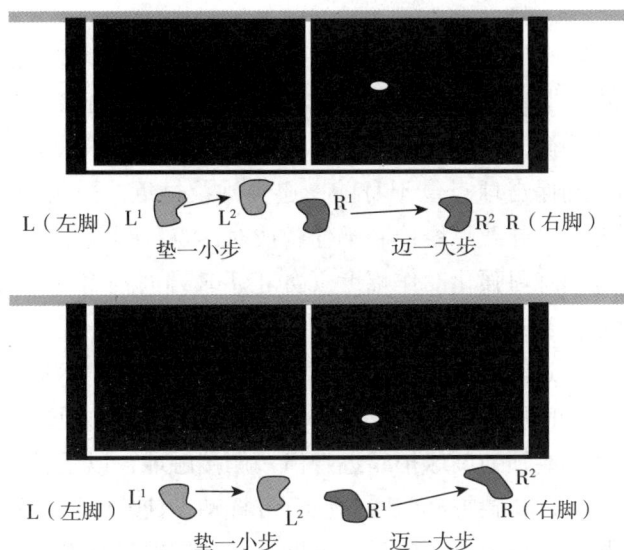

图 5-25　滑步

（3）跨步

1）动作要领　来球异方向脚用力蹬地，同方向的脚向来球方向跨出一大步，身体重心随即移至该脚，另一脚迅速跟上。

2）易犯错误　跨步时步幅过大导致身体失去平衡，步幅过小则无法到达最佳位置而错过最佳击球时机。在跨步过程中，正确的重心转移是非常关键的。如果重心转移不及时或不到位，会导致身体不稳，严重影响击球的质量。

3）纠正方法　根据来球的距离和速度，灵活调整步伐的大小，以保持身体的平衡和稳定性；在跨步的同时，将身体重心迅速转移到跨出的脚上，以保持身体的平衡和稳定。

（4）交叉步

1）动作要领　来球同方向的脚蹬地，异方向的脚向来球方向跨出一大步。此时双脚在身前形成交叉状，完成上述动作后，蹬地脚迅速跟上解除交叉。

2）易犯错误　业余球友常出现脚下未能到达合适击球位置的情况。这会导致击球时距离感把握不准，要么击球点过远难以发力，要么距离过近无法充分施展击球动作；迈完右脚后，没有根据来球的实际位置进行调整。球离身体太远且盲目走动，或不看来球，只是心理上要求自己跑起来，导致击球位置不准确。

3）纠正方法　降低横向速度、缩小移动范围，着重练习对击球距离的感知。当距离感把握较好后，再逐步提高移动速度和扩大移动范围；在持拍手一侧的脚交换重心比较自如的前提下，进行小范围垫步而后再交叉步移动，整个过程中节奏要掌握好。

8. 正手攻球　乒乓球正手攻球技术涵盖站位、迎球判断、击球及还原四个环节，其核心在于站位合理与动作协调。动作要领要求双脚与肩同宽，距球台 30～40cm 站立，过近易导致身后击球，过远则难以充分发力；击球时机需在来球上升中后期，确保击球点位于身前且站位严禁后退，以维持稳定节奏。然而，初学者常因平行站位或前后站位不当导致击球出边线或因握拍错误引发问题，如横拍手腕内旋使拍面前倾、拍头朝上，直拍手腕内收致拍面右斜，均易造成漏球或轨迹失控。针对这些问题，需调整站位为左脚稍前、身体略向右侧倾斜，通过转腰带动前臂发力，同时规范拍面角度。例如，正手攻球时保持拍面端平，击球瞬间前臂加速内收，手腕微调方向，通过多球定点练习强化击球点预判与动作定型，逐步建立"转腰→收臂→控拍"的动力链，实现力量

正手攻球

传导与落点控制的精准结合。

9. 一推一攻技术　乒乓球一推一攻技术通过正手攻球与反手推挡的速度、力量配合，结合落点与节奏变化压制对手，既可调动其站位创造进攻机会，也能直接得分。推挡时站位应位于中后场，双脚略分保持平衡，身体放松，于来球接近落点时击球以提升精准度；攻球则需在来球上升期果断挥拍，确保击球点位于身前，避免站位过近或过远影响发力。然而，实践中常见正手攻球挥拍幅度不足导致弧线控制不佳，或对落点预判偏差造成引拍不到位等问题。针对这些错误，需通过徒手模仿挥拍练习强化动作幅度（如正手攻球时前臂充分外展至肩高），并结合接平击发球与连续推挡训练优化落点判断能力（如通过多球定点练习提升反应速度），逐步建立"推挡稳守、攻球突击"的战术节奏，通过蹬转腰腹带动前臂协调发力，确保技术运用的连贯性与实效性。

一推一攻

10. 正手发下旋球　乒乓球正手发下旋球是通过球拍摩擦球体下部制造向下旋转，增加对手接球难度并控制落点。动作要领强调球拍靠近身体一侧接触球，以延长摩擦距离增强旋转，同时身体前倾压低重心，通过转腰带动前臂向前下方挥动，使球贴网而过，提升发球隐蔽性。然而，实践中常见引拍不充分导致击球无力下网，或仅依赖手臂发力忽略腰腿协同造成旋转强度不足。针对这些问题，需调整手位至球体下降初期，保持拍面后仰50°~60°，通过蹬地转腰带动大臂前送，前臂加速内收摩擦球体中下部，例如多球练习时可先分解动作：固定转腰幅度与挥拍轨迹，逐步衔接形成动力链，同步强化手腕瞬间制动以增强旋转，最终实现力量传导、摩擦时长与拍面角度的精准控制，确保发球兼具旋转强度与战术欺骗性。

正手发下旋球

三、技战术内容下篇

1. 反手发下旋球　乒乓球反手发下旋球是运动员利用反手面通过摩擦球体中下部制造向下旋转的技术，其核心在于协调的全身发力与精准的摩擦控制。动作要领要求采用中性或微调握拍，击球时前臂带动手腕从上至下切击球体中下部，结合蹬地转腰的合力增加摩擦距离，通过控制击球力度确保球体旋转充分且过网低平。然而，实践中常见仅依赖手臂发力忽略腰腿协同以及手腕僵硬、过度上翘或下吊导致摩擦失效，以及架肘引发的击球点偏移等问题。针对这些问题，需通过徒手挥拍练习强化转腰与重心交换，调整站位为右脚稍后、身体略右倾以扩大引拍空间，引拍时前臂横向摆动，同时结合多球训练体会手腕放松状态下的摩擦控制，逐步形成"蹬转腰腹→前臂横摆→手腕制动"的动力链，最终实现旋转强度与落点精准的双重提升。

横握球拍反手
发下旋球

2. 直板快推球　乒乓球直板快推球是中国传统直板打法的核心技术之一，主要用于快速回击对手来球，通过紧凑动作与精准控制实现战术压制。其动作要领强调直板握法的灵活调整，站位需近台并保持右脚稍前，通过蹬地转腰带动前臂快速前挥，击球时拍面微前倾，在身体前方一拳距离、腰部高度触球，结合手腕弹性与重心前移增强推球力量与稳定性。然而，实践中常见动作幅度过大或过慢丧失速度优势、拍面角度失控、击球点过远或过近削弱控制力、手腕僵硬导致力量传导失调、重心起伏引发动作变形，以及预判不足造成的反应迟滞等问题。针对这些错误，需：通过缩短挥拍路径与多球定点练习强化动作紧凑性；调整拍面角度；固定击球点于身前25~30cm处，结合并步、跨步训练优化站位；通过徒手手腕弹性练习提升灵活性；保持低姿态站位与重心前压同步发力；根据录像分析对手习惯线路，结合实战模拟提升预判能力。例如，多球训练可分解为引拍、蹬转、击球三个阶段，逐步衔接形成"转腰→摆臂→抖腕"的动力链，最终实现快推技术速度、旋转与落点的精准平衡。

直、横板
快推球

3. 横板快拨球　乒乓球横板快拨球是针对半高球或长球的快速回击技术，在球下降初期利用手腕与前臂的爆发力加速击球，迫使对手难以应对。动作要领要求双脚与肩同宽、膝盖微屈、重心前倾，持拍手自然放松，非持拍手辅助平衡；引拍时向后下方拉开球拍，避免因动作过大影响击球速度，在球第一跳上升期或下降初期击打中上部，拍面前倾40°~50°以制造上旋增强穿透力。然而，实践中常见拍面上翘导致摩擦不足，或反手立握阻碍正反手转换流畅性。针对这些问题，需调整握拍方式：将虎口对准拍肩，肘关节微抬，拍面下压至30°~40°，通过蹬地转腰带动前臂横向摆动，击球瞬间手腕快速内旋提升旋转强度。例如，多球训练可分解为"预判→引拍→蹬转→击球"四个阶段，逐步强化击球点把控与拍面控制，结合步法调整优化站位稳定性，最终形成紧凑高效的快拨技术体系，实现速度、旋转与落点的战术压制。

4. 直线对推　乒乓球直线对推是双方在连续对攻中通过正手或反手将球直接推向对手正手位区域的技术，强调击球方向与力量的精准控制。动作要领要求站位保持双脚与肩同宽、双膝微屈，重心前倾以维持身体平衡；击球时通过蹬地转腰带动前臂横向挥动，手腕与前臂协同发力，在来球上升期或高点期击打中上部，确保球体沿直线轨迹过网。然而，实践中常见手腕僵硬或过于松弛，以及过度依赖手臂发力、击球点选择不当等问题。针对这些错误，需通过多球定点练习强化技术细节：例如，手腕灵活性训练可采用空拍快速抖动结合击球瞬间制动，步法练习结合并步与滑步调整击球位置，同时注重蹬地转腰的发力顺序，通过分解动作逐步建立"蹬转→摆臂→控腕"的动力链，确保推挡过程中力量传导效率与线路稳定性的统一，最终实现在快节奏对抗中兼具速度压制与精准控制的战术目标。

直线、斜线对推

5. 斜线对推　乒乓球斜线对推是通过将球推向对手对角线区域实现战术牵制的技术，强调步法、拍面控制与力量协调。动作要领要求运用并步或交叉步快速调整站位，确保击球点位于身体右前方或左前方，击球时拍面根据来球旋转调整倾斜角度，通过蹬地转腰带动前臂横向推送，力量集中于球体中上部，控制出球弧线避免出界。然而，实践中常见方向感偏差、过度依赖手腕甩动及力量分配失衡等问题。针对这些问题，需通过多球定点练习强化线路精准度，通过分解动作训练提升腰腿协同发力效率，并在模拟实战中调整拍面角度与击球力度，逐步形成"预判→移动→控拍→发力"的完整技术链，确保斜线推挡在快节奏对抗中兼具落点精准性与战术压迫性。

6. 反手搓球　乒乓球反手搓球是利用球拍反手面通过手腕与前臂协同摩擦球体中下部制造旋转的技术，常用于回击下旋球或制造进攻机会。动作要领要求采用中等偏宽站位，反手握拍时拇指压拍边、食指扣住拍背，其他手指自然握柄；引拍阶段需在球体下降时向后下方引拍，身体重心下沉预判来球；触球时前臂带动手腕向前下方摩擦球体中下部，通过手腕

反手搓球

捻动结合前臂推送制造下旋，击球后，球拍继续向前下方随挥10~15cm完成动作。然而，实践中常见力量控制失衡、摩擦位置偏移、过度依赖手臂挥动及身体重心不稳等问题。针对这些错误，需通过多球定点练习强化摩擦精度，结合手腕灵活性训练提升旋转控制能力；从慢速对搓开始逐步增加强度，模仿高水平运动员技术细节，通过重复练习建立"预判→重心下沉→转腕摩擦"的肌肉记忆，最终实现稳定、精准的搓球质量，为后续进攻创造机会。

四、乒乓球竞赛规则

1. 定义　①球处于比赛状态的时段，称为一个"回合"；②不予记分的回合称为"重发球"；③记分的回合称为"得分"；④正握着球拍的手称为"持拍手"；⑤未握着球拍的手称为"非持拍手"；⑥用持拍手中的球拍或持拍手手腕以下部位触球称为"击球"；⑦一方击球后，处于比赛状态的球尚未触及另一方台区即被还击称为"拦击"；⑧对方击来的球尚未触及本方台面，在越出端线或边线上空之前即触及本方运动员或其任何穿戴物（不包括拦击）称为"阻挡"；⑨在一个回合中，首先击球的运动员称为"发球员"；⑩在一个回合中，第二次击球的运动员称为"接球员"；⑪被指定宣判每一个回合的人，

称为"裁判员"；⑫运动员"穿或戴"的任何东西，包含比赛回合开始时穿和戴的任何东西；⑬如果球在球网和网柱的台外突出部分底下穿过，应被看作"越过或绕过"球网装置。

2. 合法发球　①发球时球应放在非持拍手的掌上，手掌应静止、张开、伸平，四指并拢，拇指自然分开；②发球时，非持拍手接触球时应始终在比赛台面的水平面以上；③发球员须用手将球几乎垂直地向上抛起，不得使球旋转，且球离开非持拍手的手掌后上升不少于16cm；④当球从抛起的最高点降落时，发球方可击球，并使球先触及自己的台区，然后直接越过网或绕过球网再触及接球员的台区；⑤在双打中，球发出后应先接触发球员的右半区，再触及接球员的右半区；⑥运动员发球时，没有击中处于比赛状态的球即失一分；⑦在发球中，击球时球必须在发球员台区的端线或其假设延长线之后；⑧运动员发球时，有义务让裁判员或副裁判员看清楚其发球动作；⑨裁判员在比赛中对运动员发球的正确性存疑时，可中断比赛，出示黄牌，警告发球员，不判失分；⑩在同一场比赛中，裁判员出于同样或其他原因对运动员的发球是否正确再次产生怀疑时，则该运动员不得从裁判员的怀疑中得益，应判其失一分；⑪当发球员明显地未按照合法发球规定发球时，不应给予警告而应判失分；⑫因身体残缺而不能严格遵守上述发球规定者，若赛前已同裁判员声明，可免予执行。

3. 合法还击　①在合法发球或合法还击后，运动员必须击球，使球直接越过或绕过球网，然后触及对方台区；②如果球在越过或绕过球网时触网或网柱，视为直接越网；③如果发出或还击的球越过球网返回，可对其进行还击，使其直接触及对方台区，此情况也视为越过或绕过球网。

4. 击球次序　①在单打中，首先由发球员发合法球，再由接球员合法还击，然后两者交替合法还击；②在双打中，首先由发球员发合法球，再由接球员合法还击，然后由发球员的同伴合法还击，又由接球员的同伴合法还击。此后运动员按此次序交替合法还击。

5. 球处于比赛状态　发球时，从球在发球员非持拍手中抛起前静止状态的最后一瞬间起即处于比赛状态。但发生下列情况除外：①除发球外，球未经拍击而连续两次触及台区；②球触及比赛台面、球网或网柱、持拍手手腕以下部位或持拍手中的球拍以外的任何人或物体；③该回合被判定为重发球或得一分。

6. 重发球　出现下列情况应重发球：①发球员发出的合法球越过或绕过球网时触网或触网柱，或触网、网柱后被接球员或其同伴拦击或阻挡；②球已发出，而裁判员认为接球员或其同伴尚未准备好（但是接球员或其同伴企图击球，则视为准备好）；③裁判员认为由于发生无法控制的事故，致使运动员未能合法发球、合法还击或不符合规则；④因纠正发、接球顺序或方位错误而中断比赛；⑤因开始采用轮换发球法而中断比赛；⑥因怀疑发球是否正确，警告运动员而中断比赛；⑦裁判员认为比赛受到意外干扰，可能影响该回合的结果而中断比赛。

7. 一分　除非一个回合被判重发球，下列情况判失一分：①未能发出合法球；②未能合法还击；③拦击或阻挡；④对方连击；⑤用不合乎规定的拍面击球；⑥球处于比赛状态时，运动员及其任何穿戴物使台面移动；⑦球处于比赛状态时，非持拍手触及台面；⑧球处于比赛状态时，运动员及其穿戴物触及网或网柱；⑨在双打中，运动员未按发球员和接发球员确定的顺序击球；⑩实行轮换发球法时，发球员及其同伴在发球后已连续十三次合法还击，而每次都已被对方合法还击。

8. 一局比赛　在一局比赛中，先得11分且对方比分不到10分的一方为胜方；打到10分平局后，先多得2分者为胜方。

9. 一场比赛　一场比赛由奇数局组成。

10. 选择方位和发球权　①每场比赛通过抽签决定方位与发球、接发球顺序。中签方可以选择先发球或先接发球，另一方则选择方位。若胜方选择方位，另一方则选择先发球或先接发球。②双打比赛中，得到首先发球权的一方可以决定由谁首先发球；首局比赛，接发球方决定谁先接发球，后续各局，首先发球一方可以指定任意一人先发球。

11. 交换发球次序　①比分到 2 分之后，接发球一方变为发球一方，依此类推，直到一局结束；或直到双方的比分都到 10 分；或开始采用轮换发球法。②在双打中，取得发球权一方指定同伴发球，对方指定同伴接发球；第二个发球员为第一个接球员，而第二个接球员为第一个发球员的同伴；第三个发球员为第一个发球员的同伴，第四个发球员为第一个接球员的同伴，第五个发球员即第一个发球员，依此类推，直到一局结束。③双方比分达 10 分或开始采用轮换发球法后，发球和接发球次序同上，但每个运动员只轮发一个球，直到该局结束。④一局首先发球的一方，下一局首先接发球。⑤在双打比赛中，除第一局外，每一局选出第一个发球员，首先接发球的应是前一局发给他球的发球员。在双打决胜局中，当一方先得 5 分时，接发球一方的运动员应交换接发球的次序。

12. 交换方位　单打或双打的运动员在一局中处于某一方位，下一局应换到另一方位。在决胜局中，当一方先得 5 分时，即应与对方交换方位。

13. 发球、接发球次序错误和方位错误　运动员应交换方位时没有交换，错误一经发现，立即中止比赛，依据比赛开始时建立的次序，结合场上比分来确定运动员应该站的方位，再继续比赛。运动员发球或接球次序错误，一经发现，应中断比赛，按比赛开始次序，从当前比分开始，重新由应发球或接球的运动员发球或接发球。而在双打中，按发现错误的那一局中有首先发球权一方的次序进行纠正，再继续比赛。在任何情况下，发现错误前的所有得分均有效。

14. 轮换发球法　①比赛开始由副裁判进行计时。从首次发球进入比赛状态时启动计时器，在比赛中断时（球飞出场外，外界球进入比赛场地，决胜局交换方位，擦汗，整理衣服，替换损坏的器材，跌倒或受伤等）停表和重新开表。②除已采用轮换发球法外，每局比赛进行到 10 分钟，副裁判员喊"时间到"，中断比赛。裁判员通知双方运动员，该场比赛所剩部分以及该场比赛的剩余局，均实行轮换发球法。此后比赛期间不能有任何间歇。③当发球方运动员击球后，副裁判员或指定计数员立即报出接发球员从 1 开始的击球数，使运动员清楚地听到。如接发球方进行了第 13 次合法还击，裁判员应立即叫停，并判发球方失一分。④一局比赛被中断时球正处于比赛状态，应由被中断回合的发球员发球，重新开始比赛。⑤一局比赛被中断时，球未处于比赛状态，由前一回合的接球员发球，重新开始比赛。⑥实行轮换发球法以后，每个运动员只能发一个球。如发球一方所发出的球以及以后的 12 次合法还击均被对方合法击回，则发球方失一分。⑦应双方要求，从该场比赛一开始到必须实行轮换发球法之前，均可随时采用轮换发球法。

15. 间歇　①在局与局之间，有不超过 1 分钟的休息；②在一场比赛中，双方各有一次不超过 1 分钟的暂停；③每局比赛中，每得 6 分后，或决胜局交换方位时，有短暂的时间擦汗。

16. 术语和手势　术语和手势是裁判员在执行规则时的技术用语和动作。比赛中，裁判员为了向运动员和观众说明得分、失误的原因，使他们及时了解比赛的进行情况，特别是国际比赛，由于语言不通，或因比赛场地内球台多、人声嘈杂，就更需要采用术语和手势来表达。术语和手势要精练、明确、果断，动作要大方。一般对明显的现象，可以不必用术语和手势。术语和手势一般有以下几种。

思考题

1. 乒乓球发球有哪些旋转方式？
2. 乒乓球一般有哪些战术？
3. 裁判员作出的各个手势分别有什么含义？

（李　林）

第七节　慢投垒球

一、概述

为吸引更多人参与，垒球运动不断进行改良尝试。例如美国"16英寸垒球"通过增大球体，降低投球速度与防守难度；"修正式垒球"限制投手采用后摆式、风车式等动作来降低球速。但在所有改良方案中，全球影响力最大、普及程度最广的当属"慢投垒球"。

慢投垒球（slow pitch softball）是20世纪中期从棒垒球运动中衍生的新兴体育项目。1953年美国正式制定规则并命名，至今已有近70年历史。该运动弱化身体对抗，强调智慧配合与战术运用，传承棒垒球团结协作、勇敢智慧的特质，通过简化规则降低击球难度，形成易学性强、适合男女老少同场竞技的特点。

慢投垒球区别于快投垒球的核心特征在于：投球最高点须距地面至少1.8m，迫使投球形成抛物线轨迹，显著降低球速与击球难度，提升参与度。"一击一球制"及好球带规则的引入进一步加快了比赛节奏，单场耗时约1小时，体能要求大幅降低。

慢投垒球与传统棒垒球的最大差异在于弱化竞技性、强化娱乐性：不强调专业服装统一或运动技能的高强度要求，更注重团队协作与运动乐趣。中老年人与青少年同场竞技的独特魅力，使其在美国、日本等棒垒球发达地区迅速普及。

二、技战术内容上篇

1. 握球方法　传接球首要在于正确握球。根据手型差异，握球方法主要分为三指握法（图5−26）与两指握法，核心要求是确保三根手指指腹贴合球体缝合线，这对传球速度与准度至关重要。

图5−26　正确的握球法（三指握法）

错误动作1（图5−27）：手指并紧。因为球比较大，所以应当各手指之间保持适当的距离，这样可以充分控制整个球，避免拨球时球的两侧受力不均匀，从而导致旋转出现偏差。

图5−27　两指握球的错误握法

错误动作2（图5-28）：掌心贴球。握球时手掌心不应贴球面，这样会造成手腕不灵活。手指也不能太贴近。

图5-28 掌心贴球的错误握法

2. 手套的使用 垒球接球需借助手套，其不仅能保护手、减小来球冲击力，还能增大接球范围。正确使用手套很重要，手套佩戴深浅要合适，手掌根部与手套下沿齐平，自然形成"球兜"，如此，手移动不累赘，接球牢稳且传球取球方便。接球时手指自然张开，拇指与中指相对，无名指和小指自然微曲，虎口、拇指、食指和中指及相连的手掌就形成了一个凹兜，这就是接球的部位（图5-29）。接球需用手掌或食指、中指根部对准来球，避免用虎口，保持手及手臂放松、姿势正确并留缓冲空间，根据来球位置移动身体、调整手及手套方向以对准来球。

图5-29 正确的接球部位

3. 接球技术

（1）徒手接球动作 接球的动作实际上与人的徒手接球是完全一样的感觉，通常我们如何接其他物品，也就应当如何接，一定要避免戴了手套之后就只会机械地用手套接球，这样往往会造成抓球、取球慢以及转手套接球等错误动作，肯定接不好球。

（2）手套的使用方法和接球位置（图5-30） 手套使用的原则之一，就是让自己的手肘关节不要处于过度扭转的状态，而应该尽量自然放松，这样可以使得手套的正面对着球。一般接球时都应该是手套的四指面朝上；但是当接球位置较低，低于皮带时，则应反转手套面接球。针对不同的位置要采用不同的接球方法。

图5-30 手套的使用方法和接球位置

（3）接地滚球动作（图5-31） 接地滚球要点：重心需下降，避免仅弯腰用手接球，重心偏前或偏后会影响平衡，膝盖勿伸直；姿势为脚尖、膝、肩成直线，上身放松，手套置于肚脐下，保持前倾，以利于快速移动。

接地滚球的基本动作就是脚尖、膝、肩成一直线的前倾姿势。动作重点：注意不是正面看球而是稍微侧面地看球，同时双脚不要并拢，分开比肩略宽，并确认球的最后弹跳位置，将球与手套、眼睛集于一点上接球。没戴手套的手伸出于手套之前，在接球时压制球的走向。

地滚球接球

图 5 - 31　接地滚球的基本动作

在接球基本动作中，无论来球方向如何，非左撇子均左脚向前（左撇子相反），先超越右侧来球再绕行，于左脚前接球，脚跟着地避免停顿，衔接送球动作。上半身保持同一高度，肚脐对来球方向，身体向一垒方向移动。错误动作（图 5 - 32）：接地滚球时主要容易犯的错误包括重心太高、手套扣球、手套不贴地以及接球点过于靠后，这些都会造成防守不准确、无法迅速转入传球等问题。在训练中应当注意并及时纠正错误。

图 5 - 32　接球错误动作

内野手处理滚地球以最短时间传回一垒为原则，关键在于省去不必要动作以提高效率，需通过垫步调整步伐稳定身体。从接球到传球动作要顺畅，以左脚向前姿势集中接球后引至胸前，右脚垫步、左脚伸踏投球，勿勉强做动作。

（4）侧面接球（图 5 - 33）　内野手处理侧面来球时，应移动到球滚动路线前方正面接球，而非直接追球。接左侧来球，左移时伸手、重心左移，接球后顺势垫步传球；接右侧来球，右脚撑地、左脚踏出，身体右转，左脚外踝对球，接球后踏传一垒。反手接球需转向球方向，重心放右侧，可冲一步缓冲以稳定身体。

当然，接任何地滚球的基本要领是要移动到正面接球，即便在侧面接球，也必须保持球在身体的正面（身体转向球的位置）；如果将侧面的球设定为一定要侧手接球，移动范围就会减小。因此要重视脚步的移动，这样才能提高地滚球的处理能力。

图 5 - 33　侧面接球

4. 传球技术

（1）传球的基本技术　防守传球需以准确为首要原则，确保队友易接，若其失误占比超一半（含隐性失误），需重视基本功练习以应对心理压力。传球动作类似于投手，核心是利用下半身旋转发力（从右向左或从左向右），通过脚的蹬转带动髋部转动，牵引全身力量，而非仅靠上臂动作，以此提升传球速度和稳定性。

传球动作示范

（2）上手传球（图 5 - 34）　上手传球是以肩为支点并使用手臂的投球，最重要的是先踏步用脚的力量将球后拉。然后脚朝传球的方向踏出（右投时即为左脚，反之为右脚），以踏出的脚为中心，身体旋转投球，球出手点在脸之前，基本是刚过耳朵的位置，手上抬时的姿势应该是最轻松的，可以参考广播体操双手侧平举时的手臂动作。

图 5 - 34　上手传球

（3）侧身传球（图 5 - 35）　侧身传球多用于近距离或时间紧张场景，接球后省去多余动作，以手肘为中心、前臂发力，身体向前旋转时将手肘带至侧面，继续送肘并推球至目标方向，拨球出手。短慢球以手肘为支点（区别于以肩为支点的长慢球），二垒向一垒常用侧身传球，接球后踏小步、少做多余动作，关键是通过简洁高效动作而非急传完成传球。

图 5 – 35　侧身传球

侧身传球错误动作（图 5 – 36）：如侧身传球容易犯的错误，简称为低肘和勾手。手肘过低会导致动作僵硬，而手腕不往前送的动作，无法利用小臂的发力，动作不顺畅，不容易传准球，而且没有速度，关键局面下容易出失误。

图 5 – 36　侧身传球错误动作

传接球需作为整体动作保持连贯性，接球后应顺势衔接传球动作，避免停滞（图 5 – 37、图 5 – 38）。从接球到传球的连续感和节奏感是关键，任何情况下都不能因追求速度而导致动作变形，需保证节奏和步骤完整。

接球时眼睛需始终注视球，以确认方向并提升传球稳定性；传球时手肘应与肩齐平，尽量向前传出，利用手指控制球的方向（类似"压球"），球离手前通过拨球使其产生旋转（图 5 – 39）。

图 5 - 37　传球连贯动作 1

图 5 - 38　传球连贯动作 2

图 5－39　拨球

5. 投手基本技术　在慢投垒球比赛中，投手虽核心地位不及快垒，但好的投球质量仍具压制作用。投手站立于内场正中间，担负投球和与防守队员配合的职责，其中投球更重要，投球好坏影响对方上垒、得分及本队防守负担。慢垒投手从类似"喂球者"发展到攻击性提升，要发挥核心作用，需要熟练的技术、优秀控球能力、丰富战术意识、全面身体素质，以及拼搏进取、机智果断的精神与头脑。投手投球兼具防守和进攻性质，要求较高，需根据情况灵活投出变化球，以位置、节奏、弧度等扰乱击球员判断，针对其特长和弱点削弱攻击力，破坏对方进攻战术，加强本队防守。

（1）投手的基本原则　慢投垒球中，投球是关键位置技术和战术组成部分，作为比赛及每局开局的起始，投手需通过速度、路线、高低、内外及时间差等变化，使防守变被动为主动，主动向击球员进攻方为合格投手。

慢投垒球比赛投手投球时，根据竞赛规则必须遵守下列各项规定。①投球前面对击球员，两手握球置于身前，两脚立定在投手板上，两肩与一、三垒平行，并至少要保持一秒钟的静止，然后才可以放开握球的手，做后摆或绕环的动作。②投球时，向击球员迈出一步，迈步和投球的动作要在同一时间开始。③合法投球：应采用低手投法，手腕必须随球前送，待手部摆到体前时，才能使球离手。投手可用任何方式摆臂，球离手时必须低于臀部，手腕与体侧的距离不得大于肘部与体侧的距离。

（2）投球的技术与方法　垒球投手投球的方法有后摆投球（包括8字后摆投球）、绕环投球和屈臂后摆投球三种，而在慢投垒球比赛中只能采用后摆投球的动作，这也是慢投垒球的一个特征。

1）投球准备动作　后摆投球、绕环投球和屈臂后摆投球在投球技术上各不相同，各有其特点和技术要求，但是在准备投球时的握球、踏板等准备动作是基本相同的。因此，我们首先将上述投球方法准备动作的共性加以论述。①握球：垒球投球与传球握球方法基本相同，可采用三指或四指握法，即食指、中指压球体上部，无名指在上侧，拇指抵下部，小指微屈托侧下方。握球需紧且深（尤其投曲线球），食指、中指、拇指紧扣球缝线发力，无名指起稳定作用。四指握球时食指与中指间隔需小，确保力量集中于球体中心线两侧，避免偏握导致球路偏移、力量分散。②投手投球时双脚须站在投手板上，可平行或稍前后站立，间距约20cm（小于肩宽）。前后站立时，右脚（轴心脚）前脚掌踏板前沿、脚尖稍偏向三垒，膝微屈；左脚（自由脚）脚掌踏板后沿，腿自然伸直支撑重心。身体放松，两肩与一垒、三垒平行，面对击球员，双手持球于胸腹前，注视接手手套，保持至少1秒静止后投球。③技术要点：握球要适当紧一些、深一些，三指或四指握法均握球时食指和中指在上，拇指在下压住球的缝线。投球从投手站在投手板上的静立姿势开始，两脚都要踏在投手板上，踏板时必须遵守垒球竞赛规则中的相应规定。

2）投球动作（图5－40）　慢投垒球比赛中，投球的动作有一定的要求，即不能动作幅度过大。投球时，伸踏脚可以向前踏一步或者不伸踏；但是手只能向后摆动，不能采取绕臂的动作投球。投手投球时，应当将球向前上方投，使球产生一定的弧线；同时，为了控制球飞行的轨迹，应在出手时用手指拨球，使球产生旋转。一般而言，可以从下向上拨，也可以从右向左拨，甚至翻转手腕使球产生从上向下的旋转。

图 5 - 40　投手投球连贯动作 1

投手投球时（图 5 - 41），手和手腕必须同时前送，待通过体侧后才可使球出手。投手的握球基本方法与传球时应当一致，但是为了使球产生不同的旋转，以迷惑击球员，可以采用其他握法，包括上旋球、下旋球和不旋转球等。

图 5 - 41　投手投球连贯动作 2

3）投球后的防守　投手完成投球动作之后，应将顺势降低身体重心，进入防守的准备动作阶段。投球出手之后，身体顺势向后或重心下压，而不能单纯地保持投球结束动作，这也是判断投手训练水平的重要标准。

三、技战术内容下篇

1. 打击基本技术（图5-42）　慢投垒球打击动作要点：击球员可选择左打或右打，站位依习惯而定（左打者右肩对投手、近一垒，右打者左肩对投手），初学可尝试选择适合自己的站位；击球时上半身放松、重心放在下肢，保持自然姿势，避免肩膀用力导致肌肉僵硬；注意力集中盯球，从投手出手前开始观察，掌握距离感和节奏；以身体中轴为旋转轴心，背部挺直助旋转；膝盖稍弯曲，便于重心从后脚移至前脚，保持视线水平；握棒如"拧毛巾"，双手第二指节成直线、腋下夹紧（手肘不贴紧身体），头部位于身体中线稍向后，右打或左打者重心初始分别放在右脚或左脚，挥棒后转移至伸踏脚，提升挥棒速度与击球力量。双脚的膝盖与脚尖朝正前方最为标准。虽有许多人会教导队员膝盖内扣，呈内八字，但在现代的击球理论中，这样会造成身体的紧张，影响下半身的旋转，所以基本上还是双脚自然站立姿势较正

图5-42　打击的基本姿势

确。站立时两脚之间的宽度，有人认为最好为比肩宽稍宽，但其实只要采取自己最方便挥棒的姿势即可。若两脚之间距离过大，视线低，身体轴心虽稳定却不易转动；若两脚之间距离较小，视线高，转动身体变得容易但是重心会比较不稳定。慢投垒球与棒球不同的是，球比较慢，击球员有充分的时间可以用于判断，因此在实际的比赛中，击球员的站姿是多种多样的。

2. 常见的握棒方法　球棒握法大致分为长握法、短握法、分握法和小指握法四种，一般以长握法为多，有时候会根据投手特征或战术需要调整握法，提升打击效果。

（1）长握法（图5-43）　是常见的基本握棒法。两手并紧，右打者左手、左打者右手沿球棒底部握棒（类似举伞），因下手紧贴棒尾，易施力，出手时球棒速度快，利于击出长打球；但手距棒前端较远，力量不足或棒重时易打偏球心。鉴于慢投垒球球棒较轻，此握法在训练和比赛中最为常用。

图5-43　长握法的握棒方法及握棒位置

（2）短握法　短握法与长握法结构相似，下手距棒尾约一拳宽，可减小挥棒时棒头旋转半径，提升棒速、缩短中球时间，增加击中球心概率；但击球力量减弱、飞行距离缩短，适用于击球员力量强或投手球难打准的场景，是仅次于长握法的主流握法。

（3）分握法（图5-44）　分握法是指两手间留间隔的握法，对于初学者或者力量不足的选手而言，采用这种握法比较容易控制球棒。但是由于两手分开，不容易施加推力，往往很难把球打远，一般只在初学阶段建议击球员采用。分握法的手与手间隔宽度约为一拳。

图5-44　分握法

3. 站位的方式（图5-45）　站位是指击球员站在击球区内时双脚的位置，击球区具有一定的长度和宽度（2.13m×0.91m），因此击球员应当选择适合自己的站位。一般而言，最基础的是平行站位，即击球员两脚的连线与击球区的长边平行，在这个基础上，还有开放式站位和封闭式站位。

平行站位　　　　　　　　　开放式站位　　　　　　　　　封闭式站位

图5-45　站位方式

（1）平行站位　击球员两脚连线与击球区的长边平行，是最为常见的基本站法。采用该站法时，不论内角球还是外角球都能轻松应对，同时也有利于击球员的转体发力，是初学者入门的基本站法。

（2）开放式站位　开放式站位是击球员近投手脚后撤、身体转向投手一侧的站法。其优势是看球准、易应对内角球，但因转腰空间小会影响击球力量，且右打者不易将球打到球场右半边，击球飞行方向较易被判断。

（3）封闭式站位（图5-46）　封闭式站位是击球员近投手脚前踏、身体背向投手的站法。击球时需更大转体幅度，利于应对远离身体的外角球；但处理内角球较困难，球易飞向反方向（如右打者击向球场左半边）。此外，击球员可选择靠近或远离本垒板、击球区前侧（投手侧）或后侧（捕手侧）的站立位置。

图5-46　封闭式站位详解

4. 挥击动作　挥棒击球的基本就是用下半身旋转，将球棒与地面平行击出。利用身体旋转的离心力带动球棒挥动，下半身旋转力量越强，球棒击出的力量越大。需要注意的是挥棒时不是仅仅使用手的力量，而是用下半身的力量去击球。通常将击球分为引棒、伸踏、转体下棒、中球、延伸等五个阶段。

（1）引棒　挥棒前需引棒（后拉球棒，类似挥拳蓄力），动作幅度不宜过大以防影响出棒时机与速度，且需提前引棒，避免球近击球区时匆忙引棒导致挥击不及。

（2）伸踏　伸踏时自由脚（右打者为左脚）向投手方向踏出，降低重心并将重心保留在轴心脚（右打者为右脚），身体不前倾、踏力适中；需注意伸踏时不可超出击球区或踩踏本垒板，否则判犯规出局（图5-47）。

（3）转体下棒（图5-48）　伸踏之后应当立刻衔接转体下棒的动作，身体围绕中轴进行旋转，同时手与身体同步进行旋转。转体时应当尽量保持手与身体的相对位置不变，避免腰转开了而手留在后面，或者身体不动、勉强用手去带动球棒，这样都无法达成手与身体的协调。

图5-47　出箱击球犯规

图5-48　下棒动作

（4）击球　慢投垒球击球时，身体转动后需用手腕控制球棒，使击球部位击准球，尽量保持水平挥击，避免向上扬或向下砍：规则上，砍击致球大弹跳与触击均不允许。战术上，向下砍球可能是为了形成地滚球，以满足战术需要；向上扬挥击球时，如果力量不足，球的弧度会变高，从而便于对方防守。

挥棒要注意膝、腰、肩需平衡并在各自的同一水平面上旋转，稍有偏斜（图5-49）都会破坏整体平衡。不要只用手臂将球棒伸出，而是在肚脐前利用腕力击球。最好能找到身体轴心，注意头部位置不要破坏平衡，当重心由右脚移至左脚时，头部才稍微朝前。

图5-49　击球错误动作：身体倾斜

（5）延伸　慢投垒球击球后需注重击球延伸：击中球后要用球棒控制球飞向目标方向，右打者重心从右侧移至左脚大腿位置，球棒延伸至两手完全伸直；挥击完成后应将球棒抛在场边，避免大力甩出，在防止危险的同时也符合体育道德。

5. 跑垒基本技术　慢投垒球击球后跑垒是进攻延续，规则要求跑垒员依次触踏垒位回本垒得分，成功依赖正确判断、速度、滑垒等，还需观察局势、配合队友；击球员击球后为击跑员，上一垒后为跑垒员，击球后应立即全速冲一垒，右打者双手随挥后在左肩前松棒，起步右脚先跨小步、左脚跟上，跑出几步后加大步幅，踏垒前重心稍右倾，用左脚触一垒外侧垒包右角，踏垒后可沿界线外侧冲出几步再返回，仅击跑员上一垒时可冲过垒包。

击跑员返一垒时应关注球位，若条件允许可继续跑向二垒；踏垒前勿调步点以免影响速度，需注视一垒手及垒包，避免相撞或漏踏（图5-50）。按规则，须进入跑垒员限制线内，否则妨碍对方接球传杀，将被判出局。

图 5 - 50 跑一垒时的踏垒位置

一垒跑垒原则：击出内野滚球时全力冲刺，慢投垒球垒间距短，安全上垒率高，勿放弃任何机会。起跑后以一垒为目标全速奔跑，边跑边观察三垒至一垒动向，遇漏接或失误立即加速。踩垒时取离身体最近位置，穿越垒包后勿急停，缓慢返回。跑垒时余光留意野手动向，若对方失误可上二垒，采用弧线跑动，踩垒尽量贴近垒包最近点（图 5 - 51）。

图 5 - 51 连续进垒的踏垒位置

踩垒瞬间观察界外区域，以确认球的走向。在穿越垒包的瞬间最好养成多看界外一眼的习惯，若球偏至界外区，还可以一口气直奔二垒。如果看到一垒手已经准备采取触杀动作，不能直接跑上去硬撞，这样做不但没有效果，还容易造成双方队员的受伤。在跑动路线不偏离跑垒限制线（距边线 0.91m）的情况下，可以扭转上身躲避触杀（图 5 - 52），但如果偏离了限制线，会被判出局。

击球员击出中外野安打时可经一垒继续跑向二垒，跑垒时起动后不回头看球，专注观察跑垒指导员手势，邻近垒位 5 ~ 6m 绕外侧弧线跑，上体向内倾斜，触踏垒垫内角后加速（图 5 - 53）。击出球瞬间判断球路，按指导员指示坚决跑垒，勿中途犹豫，以免被杀出局或受伤。

图 5 - 52 躲避触杀

6. 使对手出局的常用方式 防守的目的就是尽快使对手三人出局，这样就可以完成一次攻守转换。一般来说使对手出局的方式有接杀、触杀、封杀、双杀、夹杀和三振出局以及申述出局等，以下就一些常见的方式进行介绍。

（1）触杀 使用有球的手套或者持球的手碰触离开垒位的跑垒员身体任一部分使其出局的防守行为即是"触杀"，一般主要用于使自由进垒的跑垒员出局，通常有以下两种方式。

1）追逼触杀　这种方法常在持球追近跑垒员时使用。守方队员边追边将握球的手套（或手）向内转，用手套背面单手碰触跑垒员。当对方队员迎面冲来时，为保证握球不被跑垒员冲撞弹跳或脱手，应双手握球触杀，即用手套背面碰触对方体侧或背后，另一手握球保护（图5-54）。触杀时双手不应分开，以免被判触杀无效；触杀的有效部位是握球手肘关节以下的小臂和手（或手套）；双手握球触杀时，两小臂均有效；触杀时，球被撞脱手或在手或手套中弹跳都将被判触杀无效。

图5-53　指挥下直接进垒

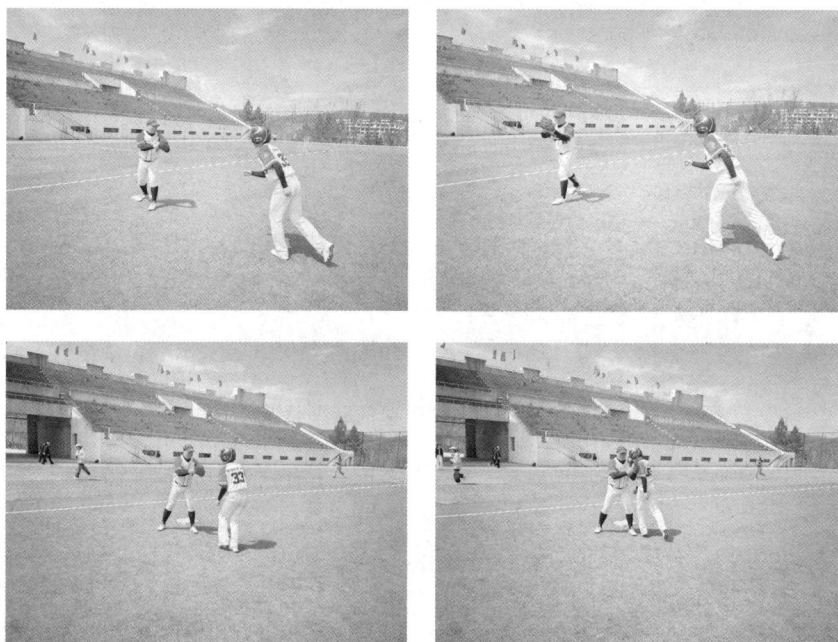

图5-54　正常跑垒时的触杀动作

2）站位触杀（图5-55）　防守队员触杀跑垒员时，需预先到达目标垒位，两脚平行跨立垒包两侧，屈膝降重心，身体转向来球方向，举手套接球并兼顾跑垒员。接球后将球横置垒包内缘前，手套背面对进垒方向，触杀后立即拿开；若遇碰撞或裁判视线受阻，完成触杀后需举球示意。

（2）夹杀　是守场员对两垒间跑垒员的传球触杀防守。形成夹杀时，力争触杀或逼回原垒，优先在远离本垒的低垒位（如二、三垒间的二垒）进行。流程为：近垒守员先追逼，若无法追上则在跑垒员距目标垒约1/3距离时传球，传球后跟进补位；接球队员接手追逼，原传球队员顺势补垒。有把握时可将球传给途中的防守队员，在垒间触杀跑垒员。

（3）双杀（图5-56）　"双杀"战术是守队在一次连续传杀中使对方两名跑垒员出局（也包括击跑员）的一种配合战术。有时一次连续传杀可连续淘汰对方三名跑垒员，称"三杀"。两人出局前，比赛场上一垒，一、二垒，或一、二、三垒有跑垒员时，就形成了所有跑垒员都是被迫进垒的局面，也就有了双杀（或三杀）的可能性，当然这里指的是双杀。例如当一人出局时，一、二垒有跑垒员，球被击到投手侧前，一垒手上前接球后，先传给三垒手，再由三垒手传杀二垒跑垒员，三垒手接球封杀后再传二垒或一垒都能完成双杀配合。完成双杀的关键在于传接球要非常准确而及时，稍有耽误或差错就不易成功。当然，最常见的双杀配合是二垒手和游击手的双杀配合。当击球位置比较靠近二垒时，应采取下手抛球的动作，将球传给补位的队友，传球的目标是对方的胸口位置，这样处理球最快，而且也比较稳。

图 5-55 滑垒时的触杀动作和位置

图 5-56 下手抛球的双杀

当击球位置相对较远时，应当快速以侧身传球的动作将球传出。尤其是当球打到二垒手方向时，二垒手应当在接稳球之后迅速转身传球；有时为了保证稳妥，也可以先传一垒封杀击球员之后，再把球传向二垒，当然这时在二垒上就只能采取触杀了（图 5-57）。

球的位置就在二垒附近时，接到球可以直接自己踩垒之后传杀一垒，非常稳妥地拿到出局数，此时另一名进垒补位的队员应让出垒包，避免影响防守或者被进攻队员踩伤（图 5-58）。

图 5-57 传球的双杀

图 5-58 自踩垒的双杀

慢投垒球比赛中，双杀局面的形成与防守策略需注意两个关键要点。①在出现可能双杀的局面时，守垒员应该冷静沉着，一定要在确保一个出局数的基础上再追求双杀，否则欲速则不达，因为失误导致一个出局都拿不到的例子也屡见不鲜。另外，还有一种离垒过早的双杀，这个尤其在内野平直球的情况下更容易出现。击球员击出的腾空球被防守队员接住前，跑垒员已经离垒，此时该跑垒员必须被迫返垒，如果返垒不及，球先传到了垒位，也可以造成双杀。例如，无人出局，二垒有跑垒员，击球员击到右外场一个平飞球，跑垒员离垒向三垒跑进，右外野手接住平飞球（接杀击球员）。②后传二垒，游击手补二垒之后接球踏垒，若此时跑垒员尚未返回二垒，则被判提前离垒出局，即完成双杀。

四、慢投垒球的基本规则与裁判法

1. 场地与器材规则

（1）比赛场地　慢投垒球运动比赛场地呈直角扇形，由内场和外场两部分组成。内场为 19.81m × 19.81m 的正方形，在扇形的顶端设一五角形的橡皮板，称为本垒；在其他三个角上各设一个四方形帆布垒包，分别称为一、二、三垒。在内场中间的投手区设一橡皮投手板。在本垒两侧各画一个击球区，后侧画一捕手区；内场以外的部分称为外场。以本垒板尖角为圆心画一弧线与两侧垒线延长线相交为本垒打线，本垒打线距离在中国垒球协会组织的比赛中，竞技组为 91.44m，其他组为 67.06m。内场边沿线的半径为 19.81m。本垒板与后挡网和野传球线的距离为 7～9m。

（2）投手区　投手区是垒球运动场的组成部分，是以投手板前沿中心为圆心、2.44m 为半径所画的圆圈。比赛中如投手已经持球进入投手区或在攻守告一段落之后其他守场员将球传给投手，垒上跑垒员就不可再离垒。慢投垒球场地不设投手丘。

（3）投手板　投手板是垒球运动场地设备，用白色木板或橡胶板制成，板长 0.61m，宽 0.15m，固定在投手区内，与地面齐平；投手板前沿与本垒尖角的距离称为投球距离，投球距离为 15.24m。比赛时规定投手必须触踏投手板进行投球。

（4）捕手区　捕手区为垒球运动场的组成部分，指位于本垒板后方与两击球区，在投手投球出手之前捕手必须站立的区域。垒球捕手区长 3.0m，宽 2.75m。

（5）击球区　击球区是垒球运动场的组成部分，在本垒板的两侧各有一击球区，是击球员击球时必须站立的区域。垒球击球区长 2.20m，宽 1.0m。规则规定，击球员在击球时双脚必须完全站在击球区内。

（6）本垒板与好球带　本垒板是垒球运动场地设备，用白色橡胶板制成，呈五角形，固定在地上，与地面齐平，正对投手一边长度为 45m，两边与击球区平行，长 22cm；尖角两斜边与一、三垒线交角叠合，长 30cm。好球带前段与本垒板中线平行，两边各延伸 15cm，长 90cm，与两边击球区相接，底边与击球区的底边相连，一般好球带为橙色或红色，与本垒板明显区分。

（7）准备击球区　准备击球区是垒球运动场的组成部分，指捕手区后侧两边或两球员席旁以 1.5m 为直径所画的圆圈。比赛时，下一击球员必须预先在本方一侧的准备击球区内等待，准备入场击球。

（8）跑垒限制线　跑垒限制线俗称"三尺线"，是垒球运动场的组成部分。自本垒与一垒的中点起，在垒线外侧 0.91m 画一条与垒线平行的线，称为"跑垒限制线"。如击跑员在跑进一垒时未进入跑垒限制线内，而裁判员认为妨碍守场员接球或传球活动时，即可判击跑员出局。

（9）跑垒指导员区　在一垒和三垒外各有一个与边线平行的区域，在比赛时供进攻队的教练员指挥时使用。每个区内只能有一名身穿与该队队员队服相同服装的教练员或队员，他们的位置和活动不得妨碍防守队员的防守。

（10）草地线　草地线即内场的边缘线，是垒球运动场的组成部分，是以投手板前沿中心点为圆心、以 18.29m 为半径，连接两垒线所画的弧线。此线以外属于外场区，由于在正规垒球场地中内场区为土地、外场区为草地，称为草地线。

（11）界内地区　垒球运动场从本垒经一、三垒垒线的延长线直到外场围网以内的区域，比赛时都是界内场地，称为"界内地区"。

（12）比赛有效区　是垒球运动比赛术语，比赛活动范围除原固定的内、外场地外，还包括两垒线外侧至野传球线（围网）和后挡网前的场地，皆为比赛有效区。所有比赛活动必须在比赛有效区内进行才算有效，球出比赛有效区即为死球；若防守队员在有效区内接杀后摔倒在无效区时，接杀有效，但垒上其他跑垒员可以送一个垒。

（13）队员席　正式比赛场地的队员席应分别建在一垒及三垒外的看台下，上面应有顶棚，背后和两侧要求封闭起来；规格较高的专用棒、垒球场的队员席多是半地下式，在看台下面。按比赛规定，比赛的双方队在赛前应以抽签的办法选择攻守权，获得先进攻的队应到三垒外的队员席就座。一般比赛的惯例是让客队先攻，那么主队应在一垒外的队员席。

图 5-59　双色垒包

（14）垒包　垒包是垒球运动场地必不可少的设备，用白色厚帆布制成，内装棕丝等细软物。一、二、三垒垒包均为边长 38cm 的正方形，厚 7.6~12.7cm。一、三垒垒包应整个放在内场，二垒垒包的中心放在两垒线的交叉点上。垒包分为固定垒包和活动垒包，固定垒包应用钉固定在地上，以免移动。

（15）双色垒包（图 5-59）　慢投垒球比赛为了减少队员冲撞，避免受伤，常常采用双色垒包。双色垒包用两个垒包连接而成，呈长方形。钉在一垒垒位界内地区的垒包为白色，钉在界外地区的另一垒包为橙色。双色垒包长 76cm，宽 38cm，厚不超过 13cm。比赛时为避免击跑员和一垒手发生冲撞，规定击跑员跑一垒时只可踩踏界外地区的橙色部分，而一垒手只可踩踏在界内地区的白色部分接球。

（16）慢投垒球比赛用球　规则规定慢投垒球的比赛用球应整洁光滑，用明线缝合，圆周长为 30.2~30.8cm，重量为 178~198.4g，球芯可用优质长纤维木棉、软木和橡胶混合物或聚氨酯混合物制成，再用高质纱线涂上乳胶或橡胶粘结，用手或机器绕成。球的表面用优质铬革、马皮、牛皮或合成材料与球芯粘牢，再用棉线或尼龙线双针缝合而成，针数不少于 88 针。

（17）慢投垒球球棒　规则规定慢投垒球比赛用球棒须用木或合成金属等材料制成，棒面平滑，呈一整体圆柱形，握柄一端较细，用胶带或其他合成物缠绕，最长限度为 86.4cm，重量最大限度为 1077g，直径最粗处不得超过 6cm，握柄包缠的长度为 40cm。

（18）准备活动球棒　慢投垒球运动准备活动用的球棒是指准备击球员在准备击球区作准备活动用的球棒，重量和粗细可超过合格的球棒，可以有固定的铁圈或带翼状物体附在球棒上，但是在比赛时不得携带进入击球区击球。

（19）教练棒　教练棒是指教练员训练防守时用以击球的球棒，比一般球棒轻而细，弹性较好，适合自抛自击，比赛时不能使用。

（20）垒球手套　手套是每个队员防守时使用的接球工具，用天然皮革或人造皮革制成，有连指和分指两种，不同的位置所用的手套也有区别。规则规定只有捕手和一垒手可以使用连指手套，也就是食指、中指、无名指和小指连在一起的手套，这两个位置的队员接球次数多、投球的速度快，所以捕手的手套既圆又厚，能有效地保护手；一垒手的手套较长较厚，便于接更大范围的各种来球；其他位置的队员必须戴分指手套。规则对捕手、一垒手用的连指手套以及其他队员用的分指手套在掌宽、指长、虎口上下沿等部位的尺寸都有严格规定。任何一种手套的虎口处都允许用整块皮革缝制或用皮条编成，把拇指与其他手指连接起来，但不得编成网兜状。守场员可戴任何颜色的手套，但手套背面不得有白色或灰色球状圆圈，避免与球相混淆。

（21）护具 慢投垒球比赛中一般捕手不需要护具，但也可以戴面具比赛。进攻队员必须戴头盔，特别在高等级的比赛中对此有更加明确的规则，以维护运动员的安全。

（22）头盔 比赛头盔用硬质塑料或其他复合材料制成，内填海绵以减少冲力。规则规定进攻队击球员和跑垒员必须戴帽盔，用以保护头部，为了强调这一规定，在比赛中如果跑垒员主动摘下头盔，可判其出局。

（23）垒球面罩 垒球面罩是比赛时捕手的护具之一，一般用粗铁丝焊接组成，前有空隙以免影响视线，并连接一活动小片保护喉颈。捕手在慢投垒球比赛时可以选择戴面罩，用以保护脸部。

（24）比赛服 垒球比赛规则规定，同队队员应穿颜色和式样一致的整齐比赛服，包括球帽、内衬、号衣、球裤、球袜等，不允许穿衣袖破烂或撕裂成条的、露在外面的内衣或球裤，也不允许佩戴金属、石膏等硬质装饰品或手表、手镯、耳环、项链等首饰。在慢投垒球比赛中，一般只要求号衣（印有明显号码的上衣）一致，其他则不做严格要求；当然，硬质装饰品可能在比赛中造成接触伤害，所以也会被禁止。

2. 裁判员的相关规则

（1）职权与责任 裁判员是大会的与赛代表，担任规则的解说与执行。依据规则理论，裁判员有权命令球队及球员服从判决，对规则未能涵盖的特殊状况，主审裁判有权判决。

（2）主审裁判 ①主审裁判的正确位置应在捕手侧方，对比赛全权负责。②主审裁判宣告所有的坏球及好球。③对于部分状况，主审裁判在取得垒审裁判配合与同意的情况下，做适当宣判。当垒审必须向外野跟进观察击出球时，主审应暂代该垒审的职责。④主审裁判要决定及宣告以下状况：击球员是否触击或砍击；击出球是否触到击球员；飞球是否为内野高飞球。⑤主审裁判依规则判定跑垒员的安全进垒。⑥主审裁判决定应否判为无效比赛。

（3）垒审裁判 ①垒审裁判应站立在最适当的位置执行任务。②垒审裁判应协助主审裁判，依照规则正确判决。③裁判员更换：即使比赛双方同意，原则上也不可以更换裁判员，但是当裁判员因病或因伤无法执法时可以更换。

（4）裁判员站位 慢投垒球的主审裁判一般不像快投垒球一样位于捕手后方，因为有好球板和本垒板作为好坏球的判断依据，所以主审裁判一般站于捕手平行侧方，面对击球员站立。

（5）暂停比赛 ①当裁判员认为状况应该暂停时，可以指示比赛暂停。②当主审裁判清理本垒板或执行其他任务时，比赛应暂停。③击球员或跑垒员因正当理由需要暂时离开时，裁判员可以暂停比赛。④投手已展开投球动作之后，任何裁判员不可以喊"Time"。⑤当比赛状况未告一段落时，任何裁判员不可以喊"Time"。⑥球员受伤时，必须等到比赛状况告一段落，或各跑垒员都已到达适当的垒包后，裁判员才可以宣告暂停。⑦比赛仍在进行中，来自任何球队、任何成员的暂停要求不被接受，直到状况告一段落，裁判员才考虑接受暂停的申请。⑧裁判员判定，状况确已告一段落，所有的攻守企图都已明显地结束，当部分球员仍出现无谓动作时，裁判员应该宣告"Time"，各跑垒员应回垒。

思考题

1. 传接平直球及地滚球的动作要领有哪些？
2. 打击挥棒的发力顺序是怎样的？
3. 使对手出局的方式有哪些？

（闫 欣）

第八节　健美操

一、概述

健美操的历史可追溯至两千多年前的古希腊与古印度：古希腊人通过跑跳、柔软体操等塑造人体美，古印度瑜伽的体式则为现代动作奠定基础。19世纪末欧洲体操流派的理论革新助推其发展；20世纪80年代全球健身热潮中，美国成为关键推动者——影星简·方达1981年出版《简·方达健美术》，通过个人实践案例引发世界关注；1985年美国创立年度锦标赛并制定竞赛规则，使其正式成为竞技项目。该运动迅速全球化：苏联将其纳入大中小学体育课程，日本、菲律宾等亚洲国家建立大量健身俱乐部，民众将其列为核心锻炼方式。如今，健美操兼具健身价值与竞技魅力，形成了从大众健身到专业赛事的完整体系，体现了人类对健康体魄与形体美学的永恒追求。

二、技术内容

健美操基本步伐是体现健美操练习者下肢动作基本姿态的主要练习，基本步伐的基础动作为弹动。①种类：有膝弹动、分腿弹动、膝踝弹动（踝弹动）。②形式：并腿的弹动、分腿的弹动。③方向：向前的弹动，向左、向右前45°角方向的弹动，左、右绕的弹动。④技术要点：两膝与踝关节自然屈伸。根据动作的特点及动作强度的差异，健美操的基本步伐分为12大类。（说明：种类是根据动作的特点划分的，形式是根据做动作时身体位置发生的变化来划分的，方向是根据身体轴面来划分的。）

1. 踏步类　踏步类动作运动强度较低，在运动过程中至少有一只脚与地面保持接触。常见步伐如下。

（1）踏步　①种类：有脚尖不离地的踏步、脚离地的踏步、高抬腿的大幅度踏步。②形式：有原位踏步、移动踏步及转体踏步。③方向：有向前、向后、向左、向右走的踏步。④技术要点：落地时，由脚尖过渡到脚跟着地，屈膝时，胯微收，两臂自然前后摆动。

（2）走步　①种类：一种。②形式：一种。③方向：有前走、后走、斜向走、弧形走。④技术要点：基本上同踏步。

（3）V字步　①种类：有正"V"字步、倒"V"字步。②形式：有平移的、转体的和小幅度跳的正"V"字步和倒"V"字步。③技术要点：一脚迈出，另一脚随之迈出成一条直线，两脚距离略比肩宽；两膝自然弯曲，然后依次收回。

（4）恰恰步（水兵步）　①种类：一种。②形式：有平移的和转体的恰恰步。③方向：有向前、向后、向侧的恰恰步。④技术要点：在2拍节奏中，快速踏步3次。

2. 并步类

（1）点地　①种类：有脚尖点地、脚跟点地。②形式：有原位点地、移动点地及转体点地。③方向：有脚尖向前、向侧、向后、向斜方向的点地，脚跟向前、向侧、向斜方向的点地。④技术要点：点地时，弹性点地，腿自然伸直。

（2）移重心　①种类：有双腿、单腿的移重心。②形式：有原位的移重心、移动的移重心、转体的移重心、跳的移重心。③方向：有向前、向后、向左、向右的移重心。④技术要点：身体重心从一端移向另一端时，必须经两腿之间。

（3）并步　①种类：有两腿同时屈的并步、一直一屈的并步。②形式：有原位的并步、移动的并步（"之"字步）、转体的并步。③方向：有向前、向后、向左、向右的并步。④技术要点：一脚并于另一脚，重心要随之移动，两膝自然屈伸。

（4）交叉步 ①种类：一种。②形式：有平移的交叉步、转方向的交叉步、小幅度跳的交叉步。③方向：有向前、向后、向侧的交叉步。④技术要点：一脚迈出，另一脚在前或在后交叉，重心随之移动。

3. 弓步类 ①种类：有静力性的弓步、动力性的弓步。②形式：有左、右弓步移重心的弓步，移动的弓步，转体的弓步，跳的弓步。③技术要点：一腿屈膝，脚尖与膝垂直，另一腿伸直，重心落于两腿之间。弓步形式很多，因此在做法上有所不同。

4. 半蹲类 ①种类：有小分腿半蹲、大分腿半蹲。②形式：有向侧一次、向侧两次、转体的半蹲。③方向：有向侧（左或右）的半蹲。④技术要点：半蹲时，立腰。

5. 吸腿类 ①种类：一种。②形式：有原位的吸腿及跳、移动的吸腿及跳和转体的吸腿及跳。③方向：有向侧、向前的吸腿及跳。④技术要点：大腿刚力上提，小腿自然下垂。

6. 弹踢类 ①种类：一种。②形式：有原位的弹踢腿及跳、移动的弹踢腿及跳和转体的弹踢腿及跳。③方向：有向前的弹踢腿及跳、向侧的弹踢腿及跳、向后的弹踢腿及跳。④技术要点：大腿抬起至一定角度后，小腿自然伸直。

7. 开合跳 ①种类：有双起双落的开合跳（两次开开合合、连续开合）、单起双落的开合跳。②形式：有原位的开合跳、移动的开合跳和转体的开合跳。③方向：向前的开合跳。④技术要点：分腿时，两腿自然分开，膝关节沿脚尖方向弯曲。跳起落地时，注意屈膝缓冲。

8. 踢腿类 ①种类：有弹动踢腿、一般的直踢腿。②形式：有弹动踢腿及跳、移动的（弹）踢腿及跳和转体的（弹）踢腿及跳。③方向：有向前的、向侧的、向斜前的（弹）踢腿及跳。④技术要点：腿上踢时，须加速用力，立腰，上体尽量保持不动。

9. 后踢腿跳 ①种类：一种。②形式：有原位的后踢腿跳、移动的后踢腿跳、转体的后踢腿跳。③方向：向后的后踢腿跳。④技术要点：髋和膝在一条线上，小腿尽量叠于大腿。

10. 点跳 ①种类：一种。②形式：有原位的点跳、移动的点跳、转体的点跳。③方向：有向侧、向前、向后的点跳。④技术要点：点地时身体重心在一条腿上。

11. 摆腿跳 ①种类：一种。②形式：有原位的摆腿跳、移动的摆腿跳和转体的摆腿跳。③方向：有向侧、向前、向后的摆腿跳。④技术要点：摆腿时上体顺势前倾、后倒或侧倾。

12. 并跳 ①种类：一种。②形式：有移动的并跳、转体的并跳。③方向：有向前、向后的并跳。④技术要点：一腿迈出蹬地，另一腿并上，身体重心随之跟上。

三、健美操基本徒手动作

健美操基本徒手动作是根据人体结构的活动特点来确定的。常见的基本动作如下。

1. 头颈动作 ①形式：有头颈的屈，头颈的转，头颈的平移，头颈的绕和绕环。②方向：有向前的、向后的、向左的、向右的屈和平移，向左的、向右的转和绕、绕环。③要求：做各种形式的头颈动作时，节奏一定要慢，上体保持正直。

2. 肩部动作 ①形式：有单肩的、双肩的提肩和沉肩，收肩和展肩，单肩的、双肩的绕和绕环，振肩。②要求：提肩、沉肩时两肩在同一额状面尽量上下运动；收肩、展肩幅度要大，肩部要平；振肩动作要有速度、力度和弹度。

3. 上肢动作

（1）手形 健美操中融合了多种手形，从爵士舞、西班牙舞、迪斯科、武术中吸收和发展而来。巧妙地运用各种手形，可以使手臂动作更加生动活泼，增添表演的感染力。常见的手形如下。①五指并拢式：五指伸直并拢。②五指分开式：五指用力伸直张开。③西班牙舞手式：五指用力，小指、无名指、中指自掌指关节处依次屈，拇指在外。④屈指掌式：手掌用力上翘，五指用力弯曲。⑤一指式：握拳，食指伸直或拇指伸直。⑥响指：拇指与中指摩擦食指产生响声，无名指、小指屈。

（2）臂动作　①形式：有臂的举（直臂、屈臂，单臂和双臂）、臂的屈伸（同时、依次）、臂的摆动（同时、依次、交叉）、臂的绕和绕环（同时，单臂和双臂，小绕、中绕、大绕）、臂的振等。②方向：有向前、向后、向左、向右、向上、向下等。③要求：做臂的屈伸时，肩下沉；做臂的摆动、绕和绕环时，肩拉开用力。

（3）胸部动作　①形式：有含胸、展胸、振胸。②要求：练习时，收腹、立腰。

（4）腰部动作　①形式：有腰的屈、腰的转、腰的绕和绕环。②方向：有向前、向后、向左、向右。③要求：腰前屈、转时，上体立直；腰绕和绕环时，速度放慢。

（5）髋部动作　①形式：有顶髋、提髋、摆髋，绕和环绕髋，行进间正髋和反下运髋走。②方向：有向前、向后、向左、向右。③要求：髋部练习时，上体放松。

（6）躯干波浪动作　①方向：有向前、向后、向左、向右。②要求：做波浪动作时，动作协调、连贯。

（7）地上基本姿态　①形式：有坐（直角坐、分腿坐、跪坐、盘腿坐）、卧（仰卧、俯卧、侧卧）、撑（仰撑、俯撑、跪撑）等。②要求：做各种坐姿时，收腹、立腰、挺胸；撑时，腰背紧张。

四、健美操规定动作

健美操规定动作分为健身操规定动作和踏板操规定动作，以上内容通过视频进行分解展示。

2017 全国校园　　2017 全国校园
健身操规定动作　踏板操规定动作

五、竞技健美操竞赛规则

1. 总则介绍　参赛运动员年龄为 18～35 岁，每队由 4～6 人组成，因特殊情况需更换队员时须经组委会批准。比赛要求自编成套动作符合规则，时长 2 分 30 秒至 3 分钟，音乐速度为每 10 秒 22～26 拍，允许有 28 拍前奏且需在成套动作开始时同步结束，音乐需录制于空白磁带 A 面起始处。比赛场地为 10m×10m 地板或地毯，边界设 5cm 宽红色或黑色标记带。运动员须穿着整洁健美操服及运动鞋，禁止佩戴饰物，女运动员需束发且不得遮挡面部，仅允许化淡妆。比赛分为预赛和决赛，预赛前八名晋级，得分高者名次列前，同分时艺术分高者优先，仍同分则并列。裁判组由裁判长 1 人、艺术裁判 3～5 人、完成裁判 3～5 人、视线裁判 2 人及辅助人员构成。评分采用公开示分制，精确至 0.01 分。成套动作总分 20 分，各组裁判去掉最高、最低分取均值，总分扣除裁判长减分后为最终得分。赛事录取前八名，奖励包括奖杯、奖状等，确保竞技规范性与公平性。

2. 成套动作的评分　艺术分、完成分、裁判长减分。

3. 艺术裁判的评分　竞技健美操艺术裁判评分从 10 分起评，围绕动作设计（5 分）、音乐（1 分）、队形与空间（2 分）、表演（2 分）四大要素展开。

（1）动作设计　需符合健身、安全、全面发展及年龄适配原则：基本步伐与手臂动作要求多样性与不对称性，组合动作需调动头、躯干、四肢等多部位协同参与，允许单次对称动作但禁止出现其他项目特征动作；成套动作以操化动作为核心，允许融合现代舞元素但需保持健美操特质，托举动作限 3 次以内且不得违例，要求至少 2 次队员接触配合。过渡衔接需流畅转换空中与地面动作，运动员分批动作时单人停顿不得超过 18 拍，强度评估依据动作频率、幅度及耐力表现进行。

（2）音乐　需与动作风格契合且音质清晰，含 28 拍前奏并与动作同步结束。

（3）队形与空间　队形设计需包含≥5次自然流畅的变化，覆盖前、后、侧及对角四个移动方向，运用至少两种空间层次。

（4）表演　要求运动员展现活力与感染力，动作节拍与音乐精确匹配，通过表情管理与肢体张力传递艺术表现力。

裁判依据上述细则对每个错误扣分，确保评分兼顾技术规范与艺术创新。

4. 完成裁判的评分　完成裁判的评分是从10分起评，对每个动作的错误给予减分。完成裁判的评分因素为技术技巧和一致性。

（1）技术技巧　在成套动作中准确完成动作，完美展示身体各部位的正确位置、身体的正确姿态；动作技术规范，部位准确，方向清楚，控制完美；动作熟练、轻松、流畅；动作的爆发力、力度及耐久力。

（2）一致性　整体完成动作的能力，运动范围的一致性；所有运动员应体现出一致与均衡的运动强度；所有运动员应具有一致的表演技巧。

思考题

1. 健美操的基本步伐有哪些？请举例说明每种步伐的特点和应用。
2. 健美操在竞赛中如何评分？
3. 健美操练习时应注意哪些方面？
4. 健美操对身体健康有哪些益处？

（常大军）

第九节　瑜　伽

一、概述

瑜伽作为源自古印度的身心统合体系，通过呼吸法、体位法与冥想的协同作用，调节生理功能、矫正体态、提升柔韧性与免疫力，其核心价值在于平衡身心、安定思绪并培养珍爱、节制等品德。本课程在教授体位法、调息术、冥想等传统技法的同时，融入东方文化智慧与现代教育理念：在文化层面，瑜伽拜日式体现的对自然的敬畏与"天人合一"思想相呼应，教学中结合五禽戏、八段锦等传统养生功法，引导学生理解东方文化共通的和谐观；在个体发展层面，强调尊重身体独特性，借助辅具实现渐进式突破，通过自我观察与持续练习培养坚韧品格；在协作维度，采用小组合作模式探究体式对身心的影响，培育团队精神以应增强社会适应能力；在美学教育方面，借助音乐与体式引导学生在放松中探索自我、接纳自我，建立健康审美与价值观。本课程将身体训练与哲学思考结合，使学生在提升柔韧性、力量等身体素质的过程中，同步实现道德修养与精神成长，全面提升身心健康水平。

二、体式内容

瑜伽呼吸法通过不同呼吸方式调节身心，旨在按摩内脏、激活脉轮潜能，为精神修养奠定基础。胸式呼吸法要求闭嘴短促呼气，吸气时如蒸汽机般自然，节奏为每次1秒；腹式呼吸法则将手置于腹部，鼻吸时放松腹部使横膈膜下降，手部感受腹部隆起，呼气时收缩腹部、横膈膜上升，时长是吸气的两倍；完全式呼吸法整合腹胸呼吸，先腹胀气，再提胸肩，吐气时腹部内收、胸肩下沉。呼吸原则强调动作与呼吸的协调：上升、延展时吸气，下降、收缩时呼气；扭转折叠时呼气，回正时吸气；姿势停留时配合深呼吸，如下犬式臀部推至顶点后深呼吸四次以强化肌肉拉伸；动作难度不同时呼吸节奏各异，如肩立式呼吸急促，树式则平缓。遵循这些原则可优化体式效果，促进身心平衡。

三、瑜伽锻炼标准规定动作（第一级至第六级）

1. 瑜伽锻炼标准规定动作一级 ①第一式，简易坐 + 祈祷式（合十礼）；②第二式，腹式呼吸；③第三式，胸式呼吸；④第四式，完全式呼吸；⑤第五式，向上展臂式；⑥第六式，单腿头碰膝前屈伸展坐式；⑦第七式，坐姿脊柱扭转式。⑧第八式，霹雳坐双角式；⑨第九式，擎天式；⑩第十式，风吹树干式；⑪第十一式，上体前屈式；⑫第十二式，站立后弯式；⑬第十三式，祈祷式。

瑜伽一级

2. 瑜伽锻炼标准规定动作二级 ①第一式，简易坐 + 祈祷式；②第二式，坐姿侧展式；③第三式，动式扭脊式；④第四式，坐姿上体前屈式；⑤第五式，猫弓背式；⑥第六式，眼镜蛇攻击式；⑦第七式，霹雳坐牛面式；⑧第八式，骑马式；⑨第九式，直角式；⑩第十式，幻椅式 + 站立祈祷式；⑪第十一式，树式；⑫第十二式，祈祷式。

瑜伽二级

3. 瑜伽锻炼标准规定动作三级 ①第一式，简易坐 + 祈祷式 + 坐姿调息；②第二式，安神式；③第三式，坐姿广角伸背式；④第四式，坐姿摆臀功；⑤第五式，侧弓式；⑥第六式，单、双腿蝗虫式；⑦第七式，顶峰式；⑧第八式，骑马进阶式；⑨第九式，战士二式；⑩第十式，幻椅式；⑪第十一式，祈祷式。

瑜伽三级

4. 瑜伽锻炼标准规定动作四级 ①第一式，山式站立 + 祈祷式；②第二式，站立后弯式；③第三式，屈膝飞翔扭转式；④第四式，风吹树干式；⑤第五式，舞王式；⑥第六式，三角伸展式；⑦第七式，顶峰式；⑧第八式，眼镜蛇攻击式 + 眼镜蛇扭转式；⑨第九式，卧弓式；⑩第十式，半鱼王式（左边）；⑪第十一式，半鱼王式（右边）；⑫第十二式，眼镜蛇攻击式 + 眼镜蛇扭转式；⑬第十三式，顶峰式；⑭第十四式，三角伸展式；⑮第十五式，舞王式；⑯第十六式，祈祷式。

瑜伽四级

5. 瑜伽锻炼标准规定动作五级 ①第一式，简易坐 + 合十礼 + 半莲花坐调息；②第二式，坐姿前屈伸背式；③第三式，坐姿脊柱前屈扭转式；④第四式，鱼式；⑤第五式，船式；⑥第六式，骆驼一式；⑦第七式，飞鸟式；⑧第八式，顶峰式；⑨第九式，战士一式；⑩第十式，战士二式；⑪第十一式，加强侧伸展式；⑫第十二式，三角伸展式；⑬第十三式，金字塔式；⑭第十四式，祈祷式。

瑜伽五级

6. 瑜伽锻炼标准规定动作六级 ①第一式，半莲花坐 + 合十礼 + 经络调息；②第二式，全蝶式；③第三式，坐姿脊柱式；④第四式，全骆驼式；⑤第五式，门阀式；⑥第六式，扬帆式；⑦第七式，虎平衡式；⑧第八式，肩桥式；⑨第九式，犁式；⑩第十式，肩倒立式；⑪第十一式，幻椅扭转式；⑫第十二式，祈祷式。

瑜伽六级

四、瑜伽理论

1. 瑜伽的概念与历史

（1）瑜伽的概念 "瑜伽"一词由印度梵语"yug"或"yuj"演变而来，是梵文"yoga"的音译，意思是自我（Atma）和原始（the original cause）的结合（the union）或一致（one ness）。瑜伽是通过提升意识，帮助人们充分发挥潜能的哲学体系及在其指导下的运动体系。瑜伽姿势是运用古老而易于掌握的方法，提高人们生理、心理、情感和精神方面的能力，以达到身体、心灵与精神和谐统一的运动形式。

（2）瑜伽的历史　瑜伽源自古印度。它最初是婆罗门教（印度教的前身）为了实现解脱而采用的一种修持方式，后来这种方式被佛教和耆那教吸纳，故成为印度宗教特有的产物。"瑜伽"一词最早出现在婆罗门教经典——《梨俱吠陀》中。"瑜伽"的思想和实践在印度源远流长，可追溯到大约公元前3000年前的印度河文明。考古学家发现，当时居住在印度河流域的德拉维达人已开始从事瑜伽实践活动。随着时间的推移，现代学者将瑜伽发展的历史分为以下几个时期。①前古典时期：大约从公元前5000年直到《梨俱吠陀》的出现为止，是瑜伽原始发展、缺少文字记载的时期。瑜伽由一种原始的哲学思想逐渐发展成为修行的法门，其中的静坐、冥想及苦行是瑜伽修行的核心。②古典时期：大约在公元前300年，印度哲学家帕坦伽利创作了《瑜伽经》，印度瑜伽在其基础上真正成形，瑜伽行法被正式定为完整的八支体系。帕坦伽利因此被尊为"瑜伽之祖"。③后古典时期：自《瑜伽经》以后，为后古典瑜伽时期，这一时期出现了节食、禁欲、体位法以及"七轮"等理论，咒语、手印、身印与上师的指导相结合，这些都是后古典时期瑜伽的特点。

2. 国内外瑜伽发展简况

（1）国外瑜伽发展简况　瑜伽起源于古印度，属印度六大哲学派别中的一系，至今已有5000年的历史。瑜伽发展到今天，已经作为一项身心锻炼修习法在世界上许多国家传播。瑜伽从印度传至欧美、亚太、非洲等，在其发展过程中形成了不同的派别。随着瑜伽的发展与传播，国外在研究教学的同时，已经将瑜伽的体式与呼吸方法结合到医疗当中，多数集中于研究瑜伽对癌症的作用或者瑜伽在心理疾病领域的应用。除了教学方面及体式方面的研究，人们还将瑜伽融入其他领域，尝试着提升人们的生活品质。

（2）国内瑜伽发展简况　自1985年瑜伽学者张蕙兰女士通过中国中央电视台节目亲自教授以来，瑜伽在中国广泛传播，至今已有40年。随着社会发展进程的加快及教育改革的不断深入，瑜伽作为现代新兴运动项目逐渐走入课堂，日渐获得更多学生的青睐，但一直没有正规的教材或者规则指引带领我们学习。在此背景下，2017年，国家体育总局社会体育指导中心审定了由全国瑜伽运动推广委员会编写的《2017健身瑜伽108式体式标准》。该书对体式划分级别，并对每个体式的做法进行讲解，为高校及专业的瑜伽教师提供了教学依据。2018年6月，该书再版，内容更加完善，有效地帮助高校教师解决了"教什么"和"如何教"的问题。此外，为了推动瑜伽项目的正规发展，全国瑜伽运动推广委员会还编写了瑜伽项目比赛规程，并举办了不同级别、不同层次的比赛，使其从单纯的健身运动扩展到竞技领域，这是瑜伽教学和项目发展的一个重要里程碑。

3. 瑜伽的主要流派和练习注意事项

（1）哈他瑜伽　"哈他"代表太阳与月亮，体现了宇宙所有对立面的平衡。练习者通过体位法练习，让身体获得两极相等的灵活性和力量。哈他瑜伽是目前世界上较为流行的一种瑜伽，强调呼吸与动作的有效连接和控制，旨在提高身体的柔韧度、协调度，预防疾病、平复情绪、塑造形态，实现身心和谐统一。

（2）业瑜伽　强调行为是生命的第一表现，倡导将精力集中于内心世界，通过内心的精神活动引导更加完善的行为。业瑜伽注重通过苦行和精神修炼，使精神、情操、行为达到合一的境界。

（3）奉爱瑜伽　强调信、爱、诚，通过歌、舞、佩戴饰物等方式使身心呈现自然状态。奉爱瑜伽注重奉献，适合重感情的人，唱圣歌是其主要内容。

（4）王瑜伽　大约在公元3世纪由帕坦伽利创始。帕坦伽利将印度流传的所有瑜伽修行方法进行了全面的整理，使其更加系统化。他所总结的瑜伽八大分支给出了瑜伽练习者纯洁身体与精神的实践步骤，常被称为"王者之道"。这八大分支也可被看作瑜伽修行的八个阶段，具体包括以下内容。①禁制：也称外制。它是选择修行王瑜伽及跟随的导师后，导师会给予的戒律，是导师所给予的约束。在几千年的王瑜伽师徒传承过程中，已经固定了五大约束，即不杀生、不妄语、不偷盗、不淫、不贪。②尊行：即自己对自己的约束和行为控制，具体包括遵守清净、满足、苦行等。③体式：在遥远的古代，印度瑜伽修行者和印度教的先哲就认为，既要热爱神明，也要热爱自己的身体和灵魂。保持身体的清洁是基本的清洁，而这样的锻炼会让身体更健康、更清洁，更有资格去接近和服侍神。④调息：瑜伽先哲认为，只有控制好自己的呼吸，才能更好地控制自己的思想和人生，于是有了这样一个单独练习高级呼吸法的环节。⑤制感：即控制自己的感官。瑜伽修行者应让自己的感官内收，更清晰地去观察自己的思想、呼吸、身体。更深层次就是在修行熟练的情况下，直接关闭自己的感官。⑥专注：即专注于自己的内心世界，专注于对生命的思考。⑦冥想：在冥想中，体验放松、扩展、安宁与平静。长时间的宁静状态使人不再为依附感所制约，也不会为悲喜所动。⑧三摩地：当认知者、认知与认知对象合而为一时，人就能完全进入境界。我们可以在智性层面给出三摩地的解释，但它只能经由心性层面去体验。三摩地是自律修习八支瑜伽的成果。

（5）阿斯汤加瑜伽　由帕塔比·乔伊斯在他的老师克里希那玛查亚的教学内容基础上发展和完善。最初创立阿斯汤加瑜伽是为了适应学生的需要，当时大多数学生是运动员身份的年轻人，所以体式内容相当有挑战性，需要有一定体能才能完成。技术上有串联体式、喉呼吸法、收额收束法、会阴收束法、凝视点等，包括多级的体式安排，具体为：初级序列，也称瑜伽疗法，目的是建立双脚的根基和形成双腿的力量，改善背部的僵硬，消除身体层面的毒素；中级序列，目的是改善神经系统的不稳定性，让它更加敏锐、安静；高级序列，是在初级和中级的基础上更好地让身体和意识相结合，显示优雅的状态。阿斯汤加瑜伽的体式安排有严格的顺序规定，要求学生必须先完成初级序列之后才能进行中级序列的练习，依此类推。

（6）流瑜伽　流瑜伽是在阿斯汤加瑜伽的基础上，结合传统哈达瑜伽而产生的相对温和舒展的瑜伽流派。流瑜伽注重呼吸的配合及体式之间的衔接，体式的难度相对较低，可根据自身情况学习，相对而言比较灵动活泼、奔放飘逸。

（7）阴瑜伽　注重身体结缔组织锻炼的哈达瑜伽流派，以每个体式放松肌肉、坚持时间比较长为主要特征，最先由保罗·格里瑞提出并推广。该流派的理念是根据中医经络学说和道家功法以及印度气轮理论建立一种锻炼方法，体式安排以轻柔为主，不注重体式之间的连接和精细协调，比较适合作为恢复性锻炼。

（8）比克拉姆热瑜伽　特点是以 26 个固定的体式和调息方法为基础，并在 38～42℃的室温和一定的湿度下进行（所以也称为"热瑜伽"）。该流派的瑜伽教学较为激烈，需要学生有一定的体能基础。

（9）双人瑜伽　在方兴未艾的瑜伽热潮中，双人瑜伽逐渐受到关注。与个人修习相比，双人瑜伽更重视分享、交流和互助，在增加瑜伽乐趣的同时，练习者之间的爱、友情、信任、合作精神也随之强化。顾名思义，"双人"可以是夫妻、父母、朋友、情侣，甚至是想提高工作配合程度的同事，或者想增加合作机会的生意伙伴等。但是由于有很多的身体接触，在动作选择和课程设计上要因人而异。

（10）空中瑜伽　又称反重力瑜伽，是利用空中瑜伽吊床完成哈他瑜伽体式。练习者能感受到身体体重，加深体式的伸展、阻力和正位能力，具有高效的放松、疗愈、瘦身效果，更具有趣味性和互动性。

（11）理疗瑜伽　理疗瑜伽是把瑜伽的方法运用在治疗方面，它与阿育吠陀是姊妹学科。阿育吠陀是基于吠陀（Ayurveda）文献发展起来的印度传统医学体系，提供健康和疾病理论上的阐释，同样给我们练习的建议，比如如何保持健康和治疗疾病、如何达到健康长寿等。阿育吠陀的理论使我们理解为什么以及如何运用瑜伽的方法进行治疗。

?

（12）茶熏瑜伽　将茶道与瑜伽结合在一起的养生活动，即茶熏瑜伽。将茶熏融入瑜伽，是新兴而又古老的一种养生健体方法。

思考题

本章小结

1. 进行瑜伽练习的自我评价的意义是什么？
2. 瑜伽呼吸法有哪几种？每一种如何控制？
3. 如何判断自己身体的柔韧度？请给自己设计柔韧练习运动处方。

（吴　彬）

第六章　选修体育课程

📖 学习目标

　　1. 通过本章的学习，掌握选修项目技术动作的规范应用方法；熟悉科学训练提升技能稳定性的原理；了解各类体育项目竞赛规则与裁判法。

　　2. 具有在日常训练场景中规范应用技术动作、优化运动表现与生物力学效率的能力，赛事情境中进行规则应用与公正执裁的能力，将运动技能转化为日常健康管理能力、设计并执行个性化锻炼方案的能力。

　　3. 养成基于科学原理的终身自主锻炼习惯。

第一节　拓展训练

一、概述

　　拓展训练起源于20世纪三四十年代的英国，最初是为了帮助海员在遇险时提升生存能力。教育家库尔特·汉恩在1941年创办了第一所户外训练学校，通过野外生存、团队协作等活动培养人的意志力。战后，这种训练模式被引入学校和企业，逐渐演变为结合体能挑战与心理成长的体验式教育。

　　它的核心是"从做中学"。学员在高空断桥、信任背摔等项目中直面恐惧，学会突破自我设限；在集体搬运、荒野求生等任务中，成员们通过分工配合发现团队力量。比如翻越4m高墙时，有人甘当"人梯"，有人伸手拉拽，这种真实协作比课堂说教更能让人理解合作的意义。

　　拓展训练的特点在于"身体力行，反思内化"。每个项目结束后，教练会引导学员围坐分享感受——有人发现自己比想象中勇敢，有人意识到沟通不畅导致的失误。这种"体验—总结—应用"的循环，就像把生活难题浓缩成沙盘推演，让人在实践中找到解决方法。

　　现代研究也验证了它的科学性。例如高空挑战能激活大脑控制决策和情绪的区域，团队合作时人体分泌的"快乐激素"会增强信任感。许多企业用它培养员工抗压能力，学校则通过定向越野等活动帮助学生提升解决问题能力和人际交往技能。

　　拓展训练传递的核心价值观简单却深刻：个人成长需要勇敢跳出舒适区，团队成功离不开每个人的付出，而真正的学习往往发生在行动与反思的交汇处。它像一面镜子，照出我们的潜能与局限，也像一座桥梁，连接起个体进步与集体成就。

二、技术内容篇

　　1. 素质拓展训练的实施形式　在规划素质拓展方案时需系统考量多维度要素。首要原则是确保训练模块与预设能力培养目标形成精准对接，若训练内容与教育诉求脱节，其产生的长远效果将失去实践价值。其次，训练过程中的指导质量是衔接理论与实践的核心纽带。无论采取何种实施方式，素质拓展的效能产出通常可归为三大类别。

　　（1）团队协作　此类方案要求小组成员以整体形态应对复合型挑战，核心价值在于强化群体内部的功能性互动。当团队需要突破信任壁垒、建立支持网络或优化人际关系以攻克特定难题时，此类训练成效显著。实施过程中通常设置连续性或独立性的多维任务序列，每个环节均存在特定制约条件。通过分阶段解析实践经验，逐步引导团队向终极目标迭代推进。

（2）个体突破　聚焦于参与者自我激励体系构建、环境适应力提升、抗压韧性培育及正向思维模式塑造等个性化发展维度，同时涵盖问题解决与决策优化等复合能力培养。当个体直面专项挑战时，需全维度调动身心资源实现突破。训练实践中，部分学员能快速突破认知盲区完成路径探索，而另一些学员即使目睹成功案例，仍受制于身心适应性差异难以实践。教练团队通常采用渐进式难度梯度设计，通过专业引导帮助学员消解心理阻抗，同时借助团队激励网络强化个体信心建设。

（3）领导力塑造　此类别与上述模块存在形式相似性，本质区别在于培养目标的定向聚焦。其核心不在于解析成员间关系模式，而是着力探究领导行为范式及其对团队效能与应对方略的系统影响。独特优势在于该模块可突破团队熟悉度限制，在陌生成员群体中有效实施。

2. 拓展训练的实施流程

（1）团队建设　在训练初始阶段设置适应性互动环节，旨在破除成员间社交壁垒，缓解认知负荷，构建群体认同基础，为后续高强度训练创造积极的心理场域。

（2）个体突破　基于心理负荷最大化与生理风险最小化的双重设计原则，通过专项任务激活参与者的心理韧性储备，每个训练模块均构成对个体压力耐受阈值的系统检测。

（3）协作效能　聚焦群体协作模式优化与团队精神培育的核心目标，通过实施复合型高难度任务链，催化成员间形成深度信任关系、认知协同机制及行为默契体系。

（4）成果转化　设置经验内化阶段对训练成效进行结构化梳理，通过系统反思实现体验认知的层级跃迁，并建立培训成果向实践场景的迁移通道，确保教育目标的全维度达成。

3. 拓展训练的课程体系　拓展训练的系统化课程体系依据地理空间维度划分为三大类。

（1）水域训练　涵盖游泳、高空入水、扎筏、舟艇驾驶、潜水等专项技能训练。

（2）自然地形适应性训练　包含荒野徒步露营、岩壁攀越、地形导航定位、洞穴勘探、翼装操控及野外生存能力培养等复合型挑战项目。

（3）专项设施训练　依托标准化训练基地的功能性训练设施，开展高空心理突破项目、高架绳网挑战等群体协作课程，以及攀爬、障碍跨越等心理素质强化训练。

4. 拓展训练项目介绍

（1）信任背摔　参与者需于1.8m高台实施后倾动作，依赖下方保护团队的安全承接。该项目对体能负荷要求较低，核心在于心理层面的突破。执行者仅需保持身体垂落后仰姿态，下方由预设保护小组通过肢体连接形成承接网络。虽动作结构简洁，但实际考验个体对团队的信任阈值。其意义为：构建信赖纽带与责任契约意识；突破个体心理防御机制；验证群体支撑系统的可靠性。

（2）高空跨越挑战　①设施配置：专业高空断桥装置、防护缆索系统、全身式保护装备及头部防护器具。②训练概述：常规环境下跨越1.5m间距看似基础动作，但当该距离转移至距地12m高空环境，立足点缩窄为30cm宽度的承载面时，心理压力呈几何级数倍增。本项目要求学员在极端高度条件下完成跨距动作，突破空间感知重构带来的行动阻碍。③训练意义：挑战生理平衡极限与心理耐受边界；建立目标认知重构与困难评估机制；验证环境变量对决策的影响及群体激励效能。

（3）高空抓握训练　①训练概述：参训者需独立攀越垂直支撑体，在顶端平台建立稳定支撑后，通过下肢爆发式驱动配合上肢伸展，完成对悬垂横杆的动态抓取。②训练意义：深化自我定位认知与领导力示范效应；构建多元意见整合与抗压适应机制；培育危机转化思维与主动应对策略。

（4）障碍矩阵突破　①训练概述：模拟高能电场障碍环境，任何实体接触将触发安全机制。要求团队在限定时间内，通过精密协作使全体成员经预设通道完成空间转移。②训练价值：强化系统规划与组织协调能力；优化资源配置效率与空间利用策略；提升过程控制精度与操作规范意识；完善争议处理机制与挫折管理模型。

（5）战术排险训练　①训练概述：在限定半径区域内设置液态容器（模拟爆炸装置），要求团队在视觉屏蔽及地面接触禁令条件下，达成液态零损耗标准的安全转移。②训练价值：验证协同作业机制与集体智慧效能；解构认知局限并建立创新解决方案框架。

思考题

1. 拓展训练起源于军事求生训练，其核心价值如何演变为作为现代素质教育工具？
2. 在信任背摔和高空断桥项目中，个人心理突破与团队信任建立之间有何关联？
3. 结合现代科技（如 VR 设备），设想拓展训练可开发哪些新型教育场景？

第二节　健美运动

一、概述

1. 健美运动的概念　健美运动是以科学塑造人体形态为核心目标的体育项目，通过负重训练与自重练习相结合的方式改善肌肉线条与身体功能。训练时可采用杠铃、哑铃、拉力器等器械，或借助徒手动作进行系统化锻炼，需根据个体差异合理调节训练强度、频率与休息时间。男女训练侧重不同但可互为补充，女性多通过轻器械课程优化体脂与协调性，男性常采用渐进负荷增强肌肉维度。科学训练不仅能提升力量素质，还能改善体态平衡，帮助练习者获得匀称健美的形体。

2. 健美运动的作用　规律训练可全面增强人体生理功能：力量练习促进肌肉生长与骨骼强化，降低运动损伤风险；心肺功能提升表现为心率优化与血液携氧能力增强；代谢系统改善可帮助提高营养吸收效率，配合压力调节机制缓解焦虑情绪。特殊训练方案能针对性矫正不良体态，如胸廓畸形、肌力失衡等问题，部分方法已纳入医疗康复体系。训练效果需循序渐进，结合身体评估制定个性化方案。

3. 健美运动的分类　按目标可分为大众健美与竞技健美两类。大众健美包含基础力量训练、体态矫正等日常健身内容；竞技健美则聚焦专业赛事，如肌肉造型评比、健身先生或小姐竞赛等，强调形体美感与舞台表现力的综合呈现。两类形式相互促进，共同构成完整的健美运动体系。

二、技术内容上篇

1. 健身训练基础知识

（1）对骨骼、关节、肌肉的探索

1）骨骼　人体骨骼系统由 206 块形态各异的骨组织精密构建而成，具有三大核心功能：形成中枢神经防护机制、构建内脏保护框架以及建立生物力学杠杆体系。作为特殊的生理功能复合体，骨组织兼具造血干细胞分化场所与矿物质储备库的双重属性。依据形态学分类标准，骨组织可划分为四大结构类型：①管状长骨，典型代表包括肱骨、股骨等四肢承重骨段，其空心管状构造形成独特的力学支撑体系；②立方短骨，主要分布于腕部、踝部等灵活关节区，具有承重缓冲功能，部分呈现特殊异形构造；③板状扁骨，以颅顶骨、肩胛骨为典型代表，形成高强度保护性壳体结构；④特殊异形骨，如椎骨、面颅骨等，具有适应特定生理需求的复合几何形态。

2）关节　人体骨连接体系根据运动自由度可分为三大功能类型。①固定性骨连接：骨间隙由致密结缔组织紧密接合，典型实例为颅缝连接结构，其骨面锯齿状嵌合形成稳定防护系统。②微动性骨连接：骨间存在纤维软骨缓冲垫，如椎间盘连接装置，允许5°～15°的轴向旋转和屈伸活动。③滑膜关节：具备完整关节腔结构的动态连接系统，由关节囊、滑膜层及辅助装置构成。滑膜关节在人体功能性运动中起重要作用。滑膜关节的生物力学特性主要体现为：A. 减震缓冲系统，骨端覆盖2～4mm厚的透明软骨基质，通过压缩形变吸收60%～70%的冲击载荷；B. 润滑保障机制，滑膜细胞持续分泌黏多糖复合液（滑液），配合负压吸附作用形成流体动力润滑层；C. 动力稳定结构，关节囊外层的胶原纤维束与肌腱形成张力带系统，限制异常运动轨迹。

基于运动轴系差异，滑膜关节可细分为五类动力学模型。①球型联结（如盂肱关节）：允许关节在各个方向上运动，如肩关节，可作环绕运动。②铰链联结（如肱尺关节）：允许关节在一个平面内运动，例如肘关节。③鞍状联结（如第一腕掌关节）：允许关节在各个方向上运动，如第一指关节的联结。④枢纽联结（如桡尺近侧关节）：允许围绕骨的多轴旋转。例如掌尺联结，我们转动手腕时，能将手掌朝上或朝下。⑤滑动联结（如跗骨间关节）：仅允许关节滑动或转动。如腕骨之间或踝骨之间的联结。

3）肌肉　人体肌肉系统具有广泛的分布特征，其骨骼肌总数超过500块，占据体重的40%～50%。尤其值得注意的是，肢体部位的肌群呈现显著发达状态，约占总肌量的80%，其中上肢占30%，下肢占50%，这一生理特征充分体现了肌肉组织在人体构造中的核心地位。

人体肌群可分为三大类别。①平滑肌：主要构成消化、循环及泌尿系统的器官壁层，例如胃壁、肠道、血管和膀胱等。这类肌组织具有自主节律性收缩特性，不受主观意志调控，属于非自主性肌肉。②心肌：作为心脏特有的肌纤维类型，形成心脏的主体结构，承担着维持血液循环的关键功能。③骨骼肌：主要分布于运动系统，通过肌腱与骨骼相连，受中枢神经系统调控完成自主运动。日常提及的肱二头肌、斜方肌、股外侧肌等典型肌群均属此类。这类运动型肌肉因其受意识控制的特点，在解剖学中被定义为自主肌。

肌肉形态学特征：人体肌群在形态学上具有显著多样性，其长度、横截面积及体积存在明显差异。依据形态学标准可分为四类基本构型，即长肌、短肌、阔肌及轮匝肌。这种形态分化本质上由不同肌群的生理功能需求所决定。

肌肉的生理机制：人体运动功能的实现本质上源于肌群通过收缩效应作用于骨骼系统，这种生物力学系统以骨骼为力学杠杆、关节为运动枢纽、肌纤维收缩作为动力来源，并在神经调控机制协调下完成复合动作。在体能训练实践中，特定动作的完成实际上是目标肌群经历收缩—舒张的周期性交替过程。由此可以发现，肌组织最核心的生理特性在于实现生物化学能量向物理机械动能的转化，这种能量转换机制构成人体运动系统的动力基础。

（2）肌肉系统的力学协同机制

1）人体运动依赖于肌肉群精密配合　原动肌是动作主要动力源，如屈肘时肱二头肌发力驱动动作；协同肌辅助原动肌完成动作，如肱桡肌在屈肘时稳定前臂。对抗肌通过反向收缩控制动作幅度，防止关节过度活动，其弹性张力还能提升后续发力效率。固定肌通过等长收缩稳定关节，例如肩部三角肌在屈肘时维持肩部稳定，为发力创造支点。

2）肌群功能具有动态转换特性　例如胸大肌在推举时作为原动肌，在划船时则转为稳定肌。这种协同机制通过神经系统调控肌肉激活顺序与强度，确保动作精准高效。训练中需理解肌群协作规律，如杠铃屈肘不仅锻炼肱二头肌，还需注意肩部稳定与对抗肌协调，从而避免代偿损伤，提升训练质量。

（3）肌肉的生长　肌肉生长遵循"用进废退"规律，不同训练方式引发特定适应：耐力训练增强慢肌纤维的代谢能力，力量训练促使快肌纤维增粗。健美训练通过机械压力、代谢刺激和肌纤维微损伤的综合作用，激活蛋白质合成，使肌纤维横截面积扩大，形成肌肉维度增长。这一过程本质上是蛋白质合成速率持续超过分解速率的结果，表现为肌肉体积和形态的美学重塑。

1）同化和异化的作用　肌肉生长依赖合成与分解代谢的动态平衡。合成代谢中，细胞吸收营养生成肌纤维蛋白；分解代谢则分解物质供能。当训练刺激使蛋白质合成长期超过分解时，肌纤维结构重塑加速，表现为线粒体增多、收缩蛋白密度增加，最终形成肌肉肥大现象。这一生化平衡机制是力量训练增肌的核心原理。

2）超量恢复与强度和量的关系　超量恢复是身体对训练刺激的适应性反应。高强度训练能有效激活蛋白质合成，促进肌肉增长，但需平衡刺激与恢复。力量训练侧重肌纤维增粗，耐力训练则优化能量代谢。关键在于适度刺激后及时补充营养并充分休息，使肌肉在48小时恢复期内完成重建。训练计划应遵循"刺激—恢复"循环，确保负荷合理且恢复充分，避免因过度训练削弱效果。

3）超量恢复的积累　科学增肌需建立系统化训练模式：采用80%～90%最大负重引发肌纤维微损伤，刺激修复细胞在48～72小时内利用蛋白质重建肌纤维，实现3%～5%的增粗。同一肌群每周训练2次可平衡刺激与恢复，每3～4周增加5%负荷或调整动作模式以突破瓶颈。深度睡眠期间生长激素分泌激增，加速修复进程；训练后30分钟内补充20～30g优质蛋白可维持6小时合成代谢状态。综合训练负荷、营养供给与生物节律的协同作用，才能实现持续增肌。

2. 减肥训练　人体能量代谢存在明确的供能序列，在运动初期依赖ATP-CP系统快速供能，半分钟至3分钟转为糖酵解供能，持续超过30分钟的中低强度运动方能有效激活脂肪氧化系统。这是由于脂肪作为储备能源，需在肝糖原消耗50%以上时通过肉碱转运系统进入线粒体发生β-氧化。研究证实，当运动时长突破40分钟时，脂肪供能占比可达70%，此时每克脂肪彻底氧化可释放9千卡热量。常见误区如：局部训练因无法维持持续代谢需求，仅消耗肌糖原而非脂肪储备。

有效减脂需构建持续的热量赤字循环，建议采用复合型有氧运动，比如快走、游泳、骑行等，结合抗阻训练的模式。运动强度应控制在最大摄氧量50%～65%，每次持续60～90分钟，每周4～5次。同时需建立科学的营养摄入体系：每日热量缺口控制在500～750千卡，蛋白质摄入量提高至1.6～2.2g/kg体重以维持瘦体重。需特别注意，单纯节食会导致基础代谢率下降15%～30%，必须通过规律运动维持代谢活性。研究显示，结合饮食管理的系统性运动方案可在12周内达到体脂率降低5%～8%的显著效果。

🔗 **知识拓展** -

健美运动的跨学科融合与社会价值

健美运动不仅是肌肉训练的技术体系，更是融合解剖学、生物力学、运动营养学等多学科知识的实践科学。从古希腊雕塑对人体美的推崇到20世纪黄金时代"肌肉沙滩文化"的兴起，健美运动始终承载着人类对健康体魄与生命美学的追求。现代健美通过基因表达研究、肌电信号分析等技术深化训练科学化，同时作为文化符号渗透至影视、时尚领域，其社会价值更体现在促进性别平等观念（如打破"女性不宜增肌"的偏见）、提升身体自尊认知以及通过健身社群构建积极生活方式方面，成为连接个体健康管理与现代社会文化的重要纽带。

- -

三、技术内容下篇

1. 胸部　胸部肌肉主要包括胸大肌、胸小肌、前锯肌以及肋间肌等。练习方法如下。

（1）平板杠铃卧推　平板杠铃卧推是一项以发展胸部肌群为核心的多关节复合训练动作，其目标肌群主要为胸大肌，同时协同三角肌前束和肱三头肌辅助发力，并通过前锯肌、菱形肌及核心肌群维持肩胛稳定与躯干平衡。在进行平板杠铃卧推时，需仰卧于平板训练凳，双脚踩实地面，双手握距略宽于肩，全握杠铃后缓慢下放至胸骨中下部，保持肘部与身体成 45°～60° 夹角，避免过度外展以减少肩部压力；推起时以胸部主动发力，垂直向上至手臂接近伸直，过程中肩胛骨始终收紧下沉，腰部自然微弓且核心保持稳定，要采用 3 秒下落、1 秒触胸停顿、2 秒推起的节奏控制，不要采用弹胸借力或腰部过度反弓等错误姿势。初学者建议从轻重量开始规范动作模式，进阶者可结合递减组提升强度，训练时需要注重安全防护，以科学负荷逐步强化上肢力量与肌肉形态。

（2）仰卧哑铃飞鸟　仰卧哑铃飞鸟是以孤立刺激胸大肌，尤其是胸部外侧和中缝为主的力量训练动作，通过哑铃的横向展开与内收强化胸肌的拉伸与收缩能力，同时协同三角肌前束和前锯肌辅助发力，并由核心肌群维持躯干稳定。在进行仰卧哑铃飞鸟时，仰卧于平板训练凳，双脚踩实地面，双手全握哑铃置于胸部正上方，肘关节微屈并保持固定角度；缓慢向身体两侧下放哑铃至胸部水平面以下，感受胸肌充分拉伸，随后胸部主导发力，沿弧线轨迹内收哑铃至起始位置，顶峰收缩时保持胸肌主动挤压，动作全程控制速度，下放时吸气，内收时呼气，避免利用惯性甩动或肘部过度伸直。建议选择适中重量以保证动作幅度与肌肉控制，进阶者可结合顶峰暂停或离心收缩提升训练效果。该动作能有效塑造胸肌宽度与分离度，是完善胸部形态的关键补充训练。

（3）俯卧撑　俯卧撑是一项以胸大肌为主的多关节自重训练动作，同时协同三角肌前束和肱三头肌参与推起发力，并通过核心肌群及肩胛稳定肌群维持躯干刚性。在进行俯卧撑练习时，双手撑地略宽于肩，手掌平贴地面，身体呈头、肩、髋、踝为一条直线，收紧腹部与臀部；屈肘缓慢下降至胸部接近地面，随后胸肌主动收缩推起身体至手臂接近伸直，全程保持肩胛骨下沉收紧，避免塌腰或臀部抬高。下降时吸气，推起时呼气，动作的节奏建议为 3 秒下降、1 秒触底停顿、2 秒推起，进阶者可以尝试单臂、击掌或负重俯卧撑增强难度，初学者可通过进行跪姿俯卧撑降低强度。该动作通过自身体重强化上肢推力与核心稳定，是塑造胸部轮廓、提升功能耐力的经典训练。

（4）双杠臂屈伸　双杠臂屈伸是以胸大肌下部和肱三头肌为主要目标肌群的自重复合训练动作，同时协同三角肌前束辅助发力，并由前锯肌、菱形肌及核心肌群维持肩胛稳定与躯干控制。在进行双杠臂屈伸时，双手撑于双杠，身体略前倾或保持直立，屈肘缓慢下降至大臂平行或略低于肩部，保持肘部贴近躯干，随后以胸部或三头肌主导发力推起身体至肘部接近伸直，顶峰收缩时主动收紧目标肌群；下降时吸气，推起时呼气，全程控制速度，避免摆动借力或含胸耸肩。初学者可通过弹力带辅助或限制下降深度降低难度，进阶者可尝试负重或单杠臂屈伸提升强度，该动作能高效发展上肢推力与肌肉耐力，是塑造胸肌下缘线条与强化手臂力量的功能性训练。

2. 肩部　肩部肌肉主要是三角肌，另有肩胛提肌、冈上肌、冈下肌、大圆肌、小圆肌以及斜方肌等肌肉。练习方法如下。

（1）坐姿推肩　坐姿推肩是以三角肌前束和中束为核心目标肌群的肩部主导性训练动作，同时协同肱三头肌辅助完成推举动作，并由斜方肌上束和核心肌群维持肩胛稳定与躯干直立。在进行坐姿推肩时，坐于靠背训练凳，背部紧贴支撑面，双脚踩实地面，双手正握杠铃或哑铃置于锁骨高度，保持小臂垂直地面；核心收紧，肩胛下沉后收，以三角肌主导发力垂直向上推举至头顶上方，肘部接近伸直但不锁死，随后缓慢下放至起始位置，全程保持动作轨迹垂直于地面，避免肘部过度外展或腰部反弓借力。推起时呼气，下放时吸气，建议采用 2 秒推起、1 秒顶峰收缩、3 秒离心控制的节奏，进阶者可尝试哑铃交替推举或离心负重提升强度，初学者建议从轻重量开始规范动作模式。该动作能有效塑造肩部饱满度与提升上肢推举力量，是提升肩关节功能性与视觉宽度的经典训练。

（2）哑铃前平举　哑铃前平举是以三角肌前束为主要目标肌群的单关节孤立训练动作，通过哑铃在矢状面内的前向抬举轨迹，重点强化肩部前侧肌群的收缩与耐力，同时协同三角肌中束及斜方肌上束辅助发力，并由核心肌群与肩袖肌群维持躯干稳定及肩关节动态平衡。在进行哑铃前平举时，自然站立或坐于训练凳，双手对握哑铃置于大腿前方，肘部微屈并保持固定角度；以三角肌前束主导发力，缓慢向前上方抬起哑铃至肩部高度，保持掌心相对或略微内旋，顶峰收缩时主动挤压肩部前侧，随后控制哑铃匀速回落至起始位置，全程避免身体前后晃动或耸肩借力。抬起时呼气，下落时吸气，建议采用 2 秒抬起、1 秒顶峰收缩、3 秒离心控制的节奏，进阶者可尝试交替前平举或结合离心负重提升训练强度，初学者应优先选择轻重量并确保动作精准度。该动作能有效塑造肩部前侧线条与分离度，是完善肩部形态与提升肩关节稳定性的功能性补充训练。

（3）哑铃飞鸟（侧平举）　哑铃飞鸟是以三角肌中束为核心目标肌群的肩部孤立训练动作，通过哑铃在冠状面内的侧向抬举轨迹强化肩部宽度与立体感，协同斜方肌上束和冈上肌辅助发力，并由核心肌群与肩袖肌群维持躯干稳定及肩关节动态控制。在进行哑铃飞鸟（侧平举）时，自然站立或坐于训练凳，双手对握哑铃置于身体两侧，肘部微屈，并保持固定角度；以三角肌中束主导发力，缓慢向身体两侧抬起哑铃至肩部高度，保持掌心向下或略微前倾，顶峰收缩时主动挤压肩部外侧，随后控制哑铃匀速回落至起始位置，全程避免身体晃动或借助惯性甩动。抬起时呼气，下落时吸气，建议采用 2 秒抬起、1 秒顶峰收缩、3 秒离心控制的节奏，进阶者可尝试递减组或超级组提升代谢压力，初学者应选择轻重量并优先保证动作轨迹精准。该动作能有效塑造肩部饱满外扩的视觉效果，是完善肩部比例与提升上肢协调性的关键训练。

（4）龙门架面拉　龙门架面拉是以三角肌后束为核心目标肌群的肩后侧强化动作，协同菱形肌、斜方肌中下部及肩袖肌群共同参与，并通过核心肌群维持躯干稳定。在进行龙门架面拉时，将龙门架滑轮调至与上胸齐平，双手抓握绳索两端，后退一步呈微弓步站立，收紧核心并保持躯干直立；肩胛下沉后缩，以肘部引导向面部两侧水平后拉，直至双手接近太阳穴位置，顶峰收缩时保持肩胛骨靠拢，随后有控制地回放绳索至起始位，全程避免耸肩、身体后仰或借助惯性摆动。后拉时呼气，回放时吸气，建议采用 2 秒后拉、1 秒收缩、3 秒离心的节奏，初学者可减少负重、优先掌握肩胛控制，进阶者可通过延长离心时间或静态收缩提升强度。该动作能有效改善圆肩体态，增强肩关节稳定性与背部肌群协调性，是平衡上肢推拉训练、预防肩部损伤的功能性练习。

3. 手臂　手臂分为上臂以及前臂，上臂肌肉有肱二头肌、肱肌和肱三头肌，前臂肌肉分为前臂伸肌群以及前臂屈肌群等。

（1）哑铃弯举　哑铃弯举是以肱二头肌为核心目标肌群的孤立训练动作，通过肘关节屈曲强化手臂围度与肌峰形态，协同肱肌和肱桡肌辅助发力，并由三角肌前束及核心肌群维持上肢稳定。在进行哑铃弯举时，自然站立或坐于训练凳，双手对握哑铃置于大腿两侧，掌心向前，肘部紧贴躯干并固定；以肱二头肌主导发力，缓慢屈肘向上弯举哑铃至肩部高度，顶峰收缩时主动挤压手臂前侧，随后控制哑铃匀速下放至起始位置，全程保持大臂垂直静止，避免身体前后晃动、耸肩或借助惯性甩动。弯举时呼气，下放时吸气，建议采用 2 秒举起、1 秒顶峰收缩、3 秒离心控制的节奏，进阶者可尝试交替弯举、锤式弯举或离心负重提升训练强度，初学者应选择轻重量并优先掌握动作轨迹与孤立发力模式。该动作能高效塑造肱二头肌的饱满度与分离度，是增强手臂力量与视觉表现的基础性训练。

（2）锤式弯举　哑铃锤式弯举是以肱肌和肱桡肌为核心目标肌群的手臂训练动作，同时刺激肱二头肌长头及前臂肌群，通过中立的握法强化前臂力量与腕关节稳定性。在进行锤式弯举时，自然站立或坐于训练凳，双手对握哑铃置于大腿两侧，肘部紧贴躯干并保持固定；以肱肌主导发力，屈肘向上弯举哑铃至肩部高度，顶峰收缩时主动挤压前臂与上臂外侧，随后控制哑铃匀速下放至起始位置，全程避免身体前后晃动、耸肩或借助惯性甩动，尤其注意手腕中立位以减少关节压力。弯举时呼气，下放时吸气，建议采用 2 秒举起、1 秒顶峰收缩、3 秒离心控制的节奏，进阶者可尝试交替锤式弯举、递减组或结合超级组提升训练强度，初学者应选择轻重量并优先掌握孤立发力模式。该动作能显著提升前臂围度与握力，同时塑造上臂外侧线条，是改善手臂平衡性与功能性推拉力量的基础训练。

（3）仰卧杠铃臂屈伸 仰卧杠铃臂屈伸是以肱三头肌为核心目标肌群的孤立训练动作，通过肘关节屈伸强化手臂后侧肌群的力量与形态，协同前臂肌群及肘肌辅助发力，并由三角肌前束、胸大肌及核心肌群维持肩带稳定与躯干平衡。在进行仰卧杠铃臂屈伸时，仰卧于平板训练凳，双手窄握杠铃，双臂伸直垂直举于胸部上方；保持大臂固定且贴近头部两侧，缓慢屈肘下放杠铃至额头或头顶后方，随后以肱三头肌主导发力伸展肘部，将杠铃垂直推回至起始位，全程避免肘部外展、耸肩或腰部反弓借力，下放时感受肱三头肌充分拉伸，推起时主动收紧肌肉。下放时吸气，推起时呼气，建议采用 3 秒离心下放、1 秒底部停顿、2 秒向心推起的节奏控制，进阶者可尝试 EZ 杠铃或结合递减组提升训练强度，初学者建议从轻重量开始并确保动作轨迹精准。该动作能高效塑造肱三头肌的分离度与围度，是完善手臂线条与提升推类动作稳定性的针对性训练。

（4）绳索下压 绳索下压是以肱三头肌为核心目标肌群的孤立训练动作，通过肘关节伸展强化手臂后侧肌群的紧致度与分离度，协同前臂肌群及肘肌辅助发力，并由核心肌群与肩胛稳定肌群维持躯干直立与肩关节稳定。动作执行时，面向龙门架站立，将滑轮调至高位，双手抓握绳索两端，屈肘呈 90°置于身体两侧，大臂紧贴躯干并固定；核心收紧，身体略微前倾，以肱三头肌主导发力，向下拉直手臂至髋部前方，顶峰收缩时主动挤压肱三头肌，随后有控制地回放绳索至起始位，全程保持大臂静止、手腕中立，避免身体后仰、耸肩或借助惯性甩动。下压时呼气，回放时吸气，建议采用 2 秒下压、1 秒收缩、3 秒离心的节奏，进阶者可尝试单臂训练、反握或结合递减组提升代谢压力，初学者应选择轻重量并优先掌握动作轨迹与孤立发力模式。该动作能高效雕刻肱三头肌线条并增强肘关节稳定性，是改善手臂形态与提升推类动作表现的关键训练。

4. 腰腹部 腰腹部的肌群主要有腹直肌、腹外斜肌、腹内斜肌、腹横肌等。

（1）卷腹 卷腹是以腹直肌为核心目标肌群的腹部孤立训练动作，通过脊柱的屈曲强化腹肌的收缩能力与耐力，协同腹横肌及腹内、外斜肌辅助维持核心稳定，并由髋部屈肌适度参与动作控制。在进行卷腹时，仰卧于地面或垫上，双膝弯曲呈 90°，双脚平贴地面，双手轻触耳侧或交叉置于胸前；收紧核心，下背部紧贴地面，以腹直肌主导发力，缓慢卷起上半身至肩胛骨完全离开地面，保持下巴微收、颈部放松，顶峰收缩时主动挤压上腹部，随后有控制地回落至起始位，全程避免腰部离地、猛拉颈部或借助惯性完成动作。卷起时呼气，回落时吸气，建议采用 2 秒卷起、1 秒顶峰收缩、3 秒离心回落的节奏，进阶者可尝试负重卷腹、反向卷腹或斜面训练凳增加难度，初学者可通过减小动作幅度或单腿支撑降低强度。该动作能高效雕刻上腹线条并提升核心稳定性，是塑造腹部紧致形态与改善躯干功能的基础性训练。

（2）反向卷腹 反向卷腹是以腹直肌下部为核心目标肌群的腹部强化动作，同时协同腹直肌上部、腹横肌及腹内、外斜肌辅助发力，通过骨盆后倾与下肢内收强化下腹部的收缩能力，并由髂腰肌适度参与及竖脊肌维持腰椎稳定。在进行反向卷腹时，仰卧于地面或垫上，双腿屈膝抬起至大腿垂直于地面，双手置于臀部两侧或垫面以稳定躯干；收紧核心，下背部紧贴地面，以腹直肌下部主导发力，缓慢将骨盆向上卷起，带动臀部轻微离地，顶峰收缩时主动挤压下腹部，随后控制双腿回落至起始位，全程保持动作速度均匀，避免腰部腾空、腿部摆动借力或颈部紧张。卷起时呼气，回落时吸气，建议采用 2 秒卷起、1 秒顶峰收缩、3 秒离心控制的节奏，进阶者可尝试悬垂反向卷腹或脚踝负重增加阻力，初学者可通过单腿交替或减小动作幅度降低难度。该动作能精准雕刻下腹线条并改善骨盆控制能力，是塑造腹部整体紧致度与提升核心功能的关键补充训练。

（3）侧平板支撑 侧平板支撑是以腹内斜肌和腹外斜肌为核心目标肌群的侧向核心稳定训练动作，同时激活臀中肌、三角肌后束及髋部外展肌群，并通过腹横肌、竖脊肌等深层肌群维持脊柱与骨盆的中立位。在进行侧平板支撑时，侧卧于地面，下方手臂屈肘90°或伸直手臂，双腿并拢叠放，身体从头至脚呈一条直线；收紧核心，臀部与腰部发力将髋部抬离地面，保持躯干稳定不摇晃，上方手臂可叉腰或向上伸展以增加平衡挑战，全程避免臀部下沉、身体前倾后仰或耸肩代偿。呼吸配合以自然、均匀的腹式呼吸为主，建议每组保持30～60秒，进阶者可尝试动态侧平板、单腿侧平板或增加负重提升强度，初学者可通过屈膝触地降低难度。该动作能高效强化侧链肌群力量，改善身体抗旋转能力与体态对称性，是预防腰部损伤、提升运动表现的功能性基础训练。

（4）死虫式 死虫式是以腹横肌和腹直肌为核心目标肌群的动态核心稳定训练动作，通过四肢交替运动强化脊柱与骨盆的中立控制能力，协同多裂肌、盆底肌及髂腰肌参与动作协调，并由竖脊肌、肩部稳定肌群维持躯干与四肢的平衡。在进行死虫式时，仰卧于地面，双臂伸直垂直举向天花板，双腿屈膝抬起至大腿垂直于地面，保持腰部紧贴地面；收紧核心，缓慢对侧伸展左臂与右腿，随后控制肢体回到起始位，交替进行右侧动作，全程保持呼吸均匀。伸展时呼气，收回时吸气、动作速度缓慢，避免腰部拱起或下压、颈部紧张或身体晃动。建议采用2秒伸展、1秒保持、3秒收回的节奏，进阶者可尝试负重或延长静态保持时间，初学者可通过减小动作幅度或单侧交替训练降低难度。该动作能高效提升核心抗伸展能力与运动协调性，是改善腰椎稳定性、预防腰部损伤及优化功能性动作模式的基础性训练。

5. 背部 背部主要有斜方肌、背阔肌、骶棘肌等，在练习时可分为上背部、中背部和下背部三个部分。

（1）哑铃耸肩 哑铃耸肩是以斜方肌上束为核心目标肌群的肩带强化动作，通过肩胛骨上提强化颈肩部力量与提升肌肉厚度，协同肩胛提肌和菱形肌辅助发力，并由核心肌群维持躯干直立稳定。在进行哑铃耸肩时，自然站立，双手对握哑铃置于身体两侧，掌心朝向大腿，双肩下沉，脊柱保持中立位；以斜方肌主导发力，垂直向上耸肩至极限高度，顶峰收缩时主动挤压斜方肌上束，随后控制哑铃匀速下放至起始位，全程保持动作轨迹垂直，手臂自然伸直但不锁死。耸肩时呼气，下放时吸气，建议采用1秒上提、2秒顶峰收缩、3秒离心控制的节奏。进阶者可尝试大重量训练或结合顶峰静态收缩增强肌力，初学者应避免过度后仰或借助惯性甩动哑铃，优先掌握孤立发力模式。该动作能显著提升斜方肌视觉厚度与肩带稳定性，是改善肩颈体态、优化上肢拉类动作表现的基础性训练。

（2）引体向上 引体向上是以背阔肌为核心目标肌群的上肢垂直拉类复合训练动作，通过肩胛骨下沉内收与肘关节屈伸提升背部宽度与厚度，协同肱二头肌、三角肌后束、菱形肌及斜方肌中下部辅助发力，并由核心肌群与前臂肌群维持躯干稳定与握力支撑。在进行引体向上时，双手正握单杠，握距略宽于肩，身体自然悬垂，双肩主动下沉避免耸肩，核心收紧使身体呈轻微后倾的直线；以背阔肌主导发力，肩胛骨后缩带动身体垂直向上拉至下巴过杠，随后控制身体缓慢下放至手臂接近伸直，全程避免摆动借力、腰部反弓或颈部前伸。上拉时呼气，下放时吸气，建议采用2秒拉起、1秒收缩、3秒离心的节奏，进阶者可尝试负重腰带、单手辅助或爆发式引体提升强度，初学者可通过弹力带辅助或离心控制训练逐步强化力量。该动作能高效塑造倒三角体型，提升上肢拉力与功能性运动表现，是发展背部肌群力量与协调性的黄金动作。

（3）杠铃划船 杠铃划船是以背阔肌为核心目标肌群的上肢水平拉类复合训练动作，通过肩胛骨后缩与脊柱中立位的动态控制提升背部厚度与强化力量，协同斜方肌中下部、菱形肌、三角肌后束及肱二头肌辅助发力，并由竖脊肌、核心肌群与腘绳肌维持躯干稳定及髋关节铰链模式。在进行杠铃划船时，双脚与肩同宽站立，双手正握杠铃，屈髋俯身至躯干与地面呈45°～60°夹角，保持脊柱中立、膝盖微屈，杠铃自然悬垂于膝盖下方；以背阔肌主导发力，肩胛骨后缩带动杠铃沿大腿前侧拉向肚脐位置，顶峰收缩时背部肌肉主动收紧，随后控制杠铃匀速下放至起始位，全程保持核心紧绷、腰部平直。拉起时呼气，下放时吸气，建议采用2秒拉起、1秒收缩、3秒离心的节奏，进阶者可尝试反握、宽握或递增负荷提升训练强度，初学者需从轻重量开始，优先掌握髋部铰链模式与肩胛控制。该动作能高效塑造背部立体感并提升硬拉、划船等动作的力学传导效率，是优化上肢拉类力量与体态平衡的经典训练。

（4）山羊挺身　山羊挺身是以竖脊肌为核心目标肌群的腰背部强化动作，通过脊柱伸展与离心控制提升下背部力量与稳定性，协同臀大肌和腘绳肌辅助完成髋部伸展，并由核心肌群与多裂肌维持躯干动态平衡。在进行山羊挺身时，俯卧于山羊挺身器械，双脚固定于滚轴下方，髋部紧贴靠垫，双手交叉置于胸前或轻触耳侧；收紧核心，保持脊柱中立位，缓慢前倾身体至与地面接近水平，感受竖脊肌充分拉伸，随后以腰背部主导发力，挺直躯干至与下肢呈一条直线，顶峰收缩时主动收紧下背部，控制动作速度，匀速回落至起始位。挺身时呼气，下放时吸气，建议采用 3 秒离心下放、1 秒底部停顿、2 秒向心挺起的节奏，进阶者可尝试手持哑铃或杠铃片增加阻力，初学者可通过调整器械角度或徒手训练降低强度。该动作能有效改善腰背肌群耐力与抗疲劳能力，预防久坐导致的腰部劳损，是优化硬拉、划船等复合动作脊柱稳定性与提升体态健康的功能性基础训练。

6. 腿部

（1）高杠深蹲　高杠深蹲是以股四头肌为核心目标肌群的下肢复合训练动作，通过膝关节与髋关节的协同屈伸强化腿部力量与围度，同时协同臀大肌、腘绳肌及内收肌群辅助发力，并由竖脊肌、核心肌群与髋部稳定肌群维持躯干直立与动态平衡。在进行高杠深蹲时，将杠铃置于斜方肌上部，双手抓握略宽于肩，双脚站距与肩同宽或略窄，保持脊柱中立、胸腔展开；屈髋屈膝缓慢下蹲至大腿平行或略低于水平面，确保膝盖朝向脚尖方向且不过度前移，重心落于足中；随后以股四头肌主导发力，脚跟蹬地推起身体至直立位，全程保持腰背紧绷、核心稳定，避免膝盖内扣、脚跟离地或腰椎反弓。呼吸配合采用瓦式呼吸，下蹲时吸气蓄压，推起时呼气，建议采用 3 秒下蹲、1 秒底部稳定、2 秒推起的节奏，进阶者可尝试暂停深蹲、前脚垫高或增加负荷提升强度，初学者需从空杆开始，优先掌握动作模式与深度控制。该动作能高效发展下肢爆发力与肌肉协调性，是提升运动表现、优化体态与代谢健康的基础性训练。

（2）罗马尼亚硬拉　罗马尼亚硬拉是以腘绳肌和臀大肌为核心目标肌群的后链强化动作，通过髋关节铰链运动强化下肢离心控制和向心爆发力，协同竖脊肌维持脊柱中立位，并由核心肌群、内收肌群及上背部肌群稳定躯干与肩胛骨。在进行罗马尼亚硬拉时，双脚与髋同宽站立，正握杠铃，膝微屈，保持脊柱中立、胸腔展开；以髋部为轴心缓慢前倾，杠铃沿大腿前侧下放至小腿中段，随后脚跟蹬地、臀肌收缩向前推髋，带动躯干直立至杠铃贴近大腿根部，顶峰收缩时主动夹紧臀部，全程保持杠铃贴近身体、肩胛下沉后收，避免膝盖过度前移或重心前倾。下放时吸气蓄压，推起时呼气，建议采用 3 秒离心下放、1 秒底部张力保持、2 秒向心推起的节奏进行，进阶者可尝试单腿罗马尼亚硬拉或离心负重提升难度，初学者需从轻重量开始，优先掌握髋部铰链模式。该动作能高效提升后链肌群柔韧性与力量，优化跑跳表现及预防腰背损伤，是发展爆发力与改善体态的功能性训练。

（3）坐姿提踵　坐姿提踵是以比目鱼肌为核心目标肌群的小腿孤立训练动作，通过踝关节跖屈强化小腿下部与足踝力量，协同腓肠肌内侧头辅助发力，并由胫骨前肌与足底肌群维持足弓稳定及动态平衡。在进行坐姿提踵时，坐于提踵器械，双脚前掌踩于踏板边缘，膝盖顶住软垫并保持固定，双手握紧把手以稳定躯干；收紧核心，以比目鱼肌主导发力，缓慢抬起脚跟至最大幅度，顶峰收缩时主动挤压小腿后侧，随后控制脚跟下放至低于踏板平面，感受比目鱼肌深层拉伸，全程保持膝盖角度不变，避免借助惯性弹震或足部内外翻代偿。抬起时呼气，下放时吸气，建议采用 2 秒跖屈、1 秒收缩、3 秒离心控制的节奏，进阶者可尝试单腿提踵、负重递增或改变脚掌方向，使用"内八"或"外八"提升训练强度，初学者应从轻重量开始并优先保证动作幅度与肌肉控制。该动作能高效提升小腿耐力与踝关节稳定性，优化跑跳表现并塑造紧致的小腿线条，是完善下肢功能与视觉平衡的关键补充训练。

（4）站姿提踵　站姿提踵是以腓肠肌的内侧头和外侧头为核心目标肌群的小腿孤立训练动作，通过踝关节跖屈强化小腿上部线条与爆发力，协同比目鱼肌辅助发力，并由胫骨前肌、核心肌群及足底肌群维持身体直立与动态平衡。在进行站姿提踵时，双脚前掌踩于踏板或台阶边缘，脚跟悬空，双腿伸直或微屈，双手扶握固定支撑物或持哑铃以稳定躯干；收紧核心，保持脊柱中立，以腓肠肌主导发力，缓慢抬起脚跟至跖屈极限，顶峰收缩时主动挤压肌肉，随后控制脚跟下放至低于踏板平面，感受腓肠肌深层拉伸，全程避免身体前后晃动、膝盖过度弯曲或借助惯性完成动作。抬起时呼气，下放时吸气，建议采用2秒跖屈、1秒顶峰收缩、3秒离心控制的节奏，进阶者可尝试单腿提踵、负重或改变脚掌方向，比如"内八"侧重内侧头，"外八"侧重外侧头，以达到提升训练强度的效果；初学者应从自重或轻负荷开始，优先保证动作幅度与肌肉控制。该动作能高效塑造小腿上部饱满形态，增强弹跳力与踝关节稳定性，是优化跑步、跳跃表现及完善下肢比例的功能性训练。

四、健美运动竞赛规则

1. 健美竞赛　分为预赛、半决赛和决赛三个阶段。预赛通过自然站姿展示和四个规定动作筛选选手，裁判从肌肉围度、对称性、体态比例等维度评分，淘汰后50%的选手。半决赛侧重动态展示与对比评估，选手进行自选造型表演后，同组5~6人完成指定动作对比，裁判直接淘汰2~3人并调整剩余选手站位顺序，重点考察肌肉分离度与舞台表现力。决赛阶段选手需完成精华造型、七项规定动作定点展示，前三名需回答即兴问题，最终依据肌肉状态峰值、灯光适应性和细节把控力确定名次，按组别颁发奖项，总冠军加冕为全场焦点。整个流程层层递进，从基础体态筛选到艺术表现力进行综合评定，系统化呈现选手的形体美与竞技水平。

2. 造型动作　健美竞赛包含自然站位、规定动作和自由造型三个展示环节。①自然站位：选手需依次展示正面、背面及左、右侧面体态，保持自然站立姿势，重点呈现肌肉比例与对称性。②规定动作：包含七个标准化展示。正展肱二头肌，需屈肘展示手臂肌峰与胸肩衔接；正展背阔肌，通过叉腰挺胸突显背部V形轮廓；侧展胸部，需交叉前臂呈现胸肌厚度与腿部线条；背展肱二头肌，重点观察长头清晰度与臀部形态；侧展肱三头肌，强调手臂后侧肌纹与腰腹线条；正展腹部与腿部，需收缩腹肌展现块状对称性及股内侧肌分离度。③自由造型：要求选手在限定时间内，从前、后、侧等多角度动态展示需15~20个连贯造型，每个动作须清晰停顿以突显肌肉细节。比赛音乐需提前提交，自备音乐须录制在指定载体开头，未提交者使用大会统一配乐。造型环节通过静态体态评估与动态艺术表现，综合考察肌肉围度、线条流畅度及舞台掌控力。

3. 健美裁判员的评分依据　肌肉发达程度（40%），评估围度、线条清晰度及肌群协调性，例如胸肌厚度与股四头肌外抛度需兼具维度与分离度；身体对称性（25%），考察左右肌群均衡度与上下肢比例，左右臂围差应小于0.5cm，肩宽与腰围比例约2∶1，背阔肌展开对称性为重点；肌肉比例（15%），依据黄金比例标准，要求肩宽显著大于髋宽，大腿围约为胸围75%，小腿围接近大腿围的65%；肌肉状态（10%），关注赛前充碳与脱水效果，理想状态为肌肉立体饱满、皮下水分适中，过度脱水或充碳不足会削弱表现；造型展示（10%），包含规定动作稳定性与自由造型流畅性，需动态衔接15~20个造型，并注重舞台表现力与音乐契合度。综合评分强调整体协调性，以倒三角体型为基础，避免局部过强或比例失衡，最终通过多维评估确定选手竞技水平。

4. 健美竞赛的级别　健美竞赛设男子组和女子组。男子按体重分级：轻量级（≤70kg）、中量级（70~80kg）、轻重量级（80~90kg）及重量级（≥90kg），部分赛事设无差别全场冠军。女子组分为形体、健体和比基尼三类，每类按身高分组以确保公平，兼顾竞技性与审美表现。

思考题

1. 肌肉生长的关键因素是什么？请结合教材内容说明合成代谢与分解代谢的关系。

2. 为什么平板杠铃卧推被推荐为胸部训练的入门动作？其安全性体现在哪些细节？

3. 健美竞赛中"身体对称性"如何影响裁判评分？试举例说明左、右肌群不均衡可能导致的扣分情况。

第三节　体育舞蹈

一、概述

1. 体育舞蹈的演进　舞蹈起源于人类的日常生活、劳动实践和情感表达，体现了独特的人体文化魅力。作为一种重要的艺术形式，舞蹈的发展与人类社会变迁及文化演进密不可分。研究显示，各种舞蹈最初都可以追溯到原始的舞蹈形式，而体育舞蹈的发展也经历了从原始舞蹈到公众参与、民间风俗、宫廷仪式、社交场合，最终形成国际标准化交际舞的多个阶段。以华尔兹为例，其演进历程极具代表性：从 15 世纪德国农民"兰德勒舞"的跺脚动作，到 18 世纪维也纳宫廷改良为优雅旋转，再到 19 世纪英国皇家舞蹈教师协会（ISTD）制定标准化架型与舞程线，最终 21 世纪成为奥运候选项目，这折射出舞蹈从民俗到竞技的身体规训史。

作为一项新兴的体育运动，体育舞蹈以健身为出发点，将动作、服饰、音乐和整体舞姿的美感巧妙融合，既具竞技性，又富含文化和娱乐内涵。从运动科学视角看，其价值体现为三维度交叉：生物力学层面，拉丁舞的骨盆孤立运动可提升核心肌群激活效率；心理学层面，双人舞的"非语言沟通"机制能显著降低社交焦虑水平；社会学层面，舞蹈空间的共享性打破阶层隔阂，比如 20 世纪初纽约哈莱姆区的摇摆舞派对即成为种族融合的先声。体育舞蹈不仅能提升学生的体能和审美水平，还对矫正体形、陶冶情操、促进友谊以及调节心理状态起到积极作用。中国大学生体质监测数据显示，持续 12 周体育舞蹈训练可使 BMI 指数异常群体占比减少 21%，脊柱侧弯改善率达 34%。尤其在培养大学生终身健康理念、养成锻炼习惯和提升体育技能方面，体育舞蹈显示出明显的优势。

随着传统社交舞的不断创新和完善，体育舞蹈已经形成了一套严格的规范体系，并且兼具广泛的社交性、竞技性、技术性和娱乐性。它不仅被视为当今最流行的室内运动和娱乐方式，也因其独特魅力在全球范围内获得了广泛认可。本部分将简明介绍体育舞蹈的基本特点、发展趋势以及健身效果，以帮助学生对这一运动有全面的认识。

2. 体育舞蹈的价值

（1）健身价值　衡量一项运动的价值，一般可从两个方面去分析。第一，看其对群众的吸引力大小，也就是说参加该项锻炼的人越多，其社会价值就越大，反之则小。据不完全统计，我国大中城市的舞厅就有数千之多，群众组织的各种活动站（点），即露天舞场，更是星罗棋布。第二，看其锻炼效果的优劣。据统计，对不同年龄组的 384 人分别进行一支舞曲和两支舞曲连跳的脉搏测试，结果显示：跳一支舞曲的心率为每分钟 109.1～141.8 次，平均心率为 130.4 次；连跳两支舞曲的最低心率为每分钟 116.1 次，最高心率为每分钟 151.3 次，平均心率为每分钟 142.7 次。可见，参加体育舞蹈活动者的心肺要承受中等强度的负荷，心血管系统能得到良好的锻炼，能加速新陈代谢的过程，能提高机体的运动技能和延缓身体功能的衰退过程。有些国家的中学会以国际体育舞蹈中的某些舞种作为形体训练课的内容。据测，一组高频舞步在 2～3 分钟内的运动量可达中等强度以上，因此有助于消耗多余的体脂。参与国际体育舞蹈的过程，是一种美的气氛的营造过程。这一过程由动作的人体、人体有节律的动作、人体姿态的变化形成的人体造型艺术与典型的拉美地方音乐相匹配所构成。这些因素所营造出的气氛与艺术体操、健美操、叙事舞蹈所营造的气氛是完全不同的。它不是叙事舞蹈，但却让人领略到浪漫、飘逸的气息；它不是健美操、自由体操、艺术体操，让人在惊、险、难中感受运动的美，而是让运动者随着肢体的伸舒，腰、髋部有节律的摆动去体验一种特殊的愉悦感。这种愉悦感毫无疑问对人体是有意义的，包括心理和生理两个方面。不可否认，与其相邻的运动项目同样也会对人体在心理和生理上产生作用。然而国际体育舞蹈与它们所产生的作用是有差异的，尽管目前对这种差异还没有量化研究的报道，但任何一个参与国际体育舞蹈者或观赏者的感受都必然与他们参与或观赏其他项目时的感受大为不同。国际体育舞蹈被誉为"实际的语言"。因此，掌握这门语言将有助于人们在社会日常生活中的交往，对促进人们的情感交流是有积极意义的。经常从事国际体育舞蹈对培养良好的习惯，以及保持优美端庄的姿态，匀称、和谐的形体，健美、润泽的肌肤是十分有益的。音乐是国际体育舞蹈的灵魂，通过与音乐的配合，可以提高神经系统的兴奋性，减缓疲劳，提高练习效果，改善自我调节的能力，经济地完成各种动作，达到增力的效果，通过与音乐的配合，可以培养学生动作的韵律感、节奏感和美感，可以激发学生做动作时的情感和表现力，增加学习兴趣，提高对音乐的鉴赏能力。

另外，从心理学的角度来分析，人的注意是受指向性制约的，在翩翩起舞的过程中，其注意力必然集中在欣赏优雅的舞曲音乐和沿着节奏将内心情感抒发在舞姿上，注意的转移能使其他部分的功能得到调整和充分休息，所以跳舞能起到消除疲劳、陶冶情操、康复机体和消除老年人心理障碍的作用。

（2）经济价值　体育舞蹈的经济价值是通过健身价值转化而来。参加体育舞蹈活动能够增强人民体质，提高健康水平，延缓功能衰退。正如国际运动医学联合会主席普罗科普所说："不锻炼的人，从 30 岁起，身体功能就开始下降，到 55 岁，身体功能只相当于他最健康时的 2/3；而经常锻炼的人，到 40～50 岁，身体功能还相当稳定，他们 60 岁时心血管系统的功能相当于 20～30 岁不锻炼的人。也就是说，经常锻炼的人比不锻炼的人要年轻 20～30 岁。"参加体育舞蹈活动能够提高劳动生产力，为社会创造更多财富，这种经济价值是难以计量的。

（3）竞技价值　体育舞蹈是新兴的体育竞技项目，已经被纳入奥运会比赛项目。体育舞蹈的竞技价值体现在其高度规范化的竞赛体系与科学化训练模式中：作为世界体育舞蹈联合会（WDSF）认证的正式竞技项目，其评分系统融合技术精度与艺术表现力，选手需通过多轮次淘汰赛制展现动作稳定性与临场创造力；近年来 AI 辅助评分系统将旋转轴心偏移、节奏契合度等指标量化至 0.3° 和 5mm 级精度，同时保留人文裁判对文化创新性的加权评估，推动项目向"科技赋能、人文筑基"的双轨制发展；职业选手需经过 8～10 年系统性训练周期，涵盖生物力学优化、心理韧性培养及跨文化审美素养提升，其竞技表现已成为衡量国家体育艺术综合实力的标志之一，标志着这项运动从舞厅迈向全球顶级赛事殿堂的战略升级。

二、技术内容篇

1. 体育舞蹈的项目分类　体育舞蹈按舞蹈的风格和技术结构，分为摩登舞和拉丁舞两大类；按竞赛项目可分为三类，即摩登舞、拉丁舞和团体舞。摩登舞包括华尔兹、探戈、狐步、快步和维也纳华尔兹五种舞，拉丁舞包括桑巴、恰恰恰、伦巴、斗牛舞和牛仔舞五种舞。

（1）摩登舞　摩登舞起源于欧洲，具有端庄、含蓄、稳重、典雅的风格和绅士风度。舞步流畅，轻柔洒脱，舞姿优美，起伏有序，音乐节奏清晰，舞蹈富于技巧性，是老少皆宜的舞系。

（2）拉丁舞　拉丁舞起源于非洲和拉丁美洲，具有热情、奔放、浪漫的风格特点。舞蹈动作豪放粗犷，速度多变，手势和脚步内容丰富，充满激情，音乐节奏鲜明强烈，尤为中青年人所钟爱。

（3）团体舞　团体舞是现代舞或拉丁舞的混合舞，由 8 对选手组成，借助音乐的引导，将 5 种舞蹈在变化莫测的队形变动中编织出丰富多样的图案，它将音乐、舞姿、队形、图案和选手们的和谐配合融为一体，达到完美的统一，使体育舞蹈的风格特点得到了更为鲜明的表现。

2. 体育舞蹈各舞种的特点

（1）华尔兹（Waltz）　华尔兹舞亦称圆舞，是现代舞中历史最悠久、生命力最强的舞蹈形式。"华尔兹"一词最初来自古德文"Walzel"，意思是"滚动""旋转"或"滑动"。3/4 拍子的圆舞早在 12 世纪的德国巴伐利亚和奥地利维也纳的农民中就已流行，17 世纪进入维也纳宫廷，18 世纪被誉为"欧洲宫廷舞之王"，19 世纪初传入美国波士顿，20 世纪重返欧洲，并以新的"慢华尔兹"的形式席卷欧洲大陆。音乐使华尔兹更为完美，莫扎特、肖邦、柴可夫斯基、施特劳斯等音乐大师都创作了不朽的华尔兹舞曲，尤其是施特劳斯，他使华尔兹成为"舞蹈之王"。华尔兹的风格特点是庄重典雅、华丽多彩。其动作流畅起伏，婉转多变；舞姿飘逸优美，文静柔和。舞蹈时，男伴似王子，气宇轩昂；女伴似公主，温文尔雅、雍容大方。华尔兹音乐是 3/4 节拍，节奏中等，每分钟 28～30 小节。

（2）探戈　探戈舞起源于非洲中西部的民间舞蹈——探戈诺舞，16 世纪末至 17 世纪初进入美洲，融合了拉美民间舞蹈风格，形成了舞姿优雅洒脱的墨西哥探戈和舞姿挺拔、舞步豪放健美的阿根廷探戈。随后探戈传入欧洲，融汇欧洲民间舞蹈，尤其是受西班牙民间舞蹈的影响，在原有豪放洒脱的基础上渗入了优雅含蓄的情趣，形成了西班牙探戈、意大利探戈和英国皇家式探戈。现在跳的探戈称为欧洲闪式探戈。探戈舞是最早被英国皇家舞蹈教师协会肯定并加以规范的四个标准舞之一。它综合了世界各种探戈舞的精华，以其刚劲挺拔、潇洒豪放的风格和独有的魅力征服了舞坛。人们称 19 世纪是华尔兹的时代，20 世纪是探戈的时代。探戈舞步独树一帜，斜行横进，步步为营，俗称"蟹行猫步"。探戈动作刚劲锐利，欲进又退，欲退还前，动静快慢，错落有致，沉稳中见奔放，闪烁中显顿挫。探戈音乐速度中庸，气氛肃穆，以切分为主，听之铿锵有声，振奋精神。

（3）狐步舞（Slow Foxtrot）　狐步舞起源于美国黑人舞蹈。1914 年夏，美国演员哈利·福克斯模仿马在慢步行走时的动作，并设计了一种舞蹈形式，迅速在全美风行。人们因此称狐步为福克斯。现在国际上跳的狐步舞是英国的约瑟芬·宾莉改编的。狐步舞的风格特点除具有华尔兹的典雅大方、舒展流畅和轻盈飘逸之外，更具有狐步舞独有的平稳大方、悠闲自在，具从容恬适的韵味。狐步舞的舞步轻柔、圆滑、流畅，方位多变且不并步。在动作衔接中呈现出降中有升、升中有降的线行流动状。狐步舞音乐是 4/4 拍，速度中庸，节奏明快，情绪幽静而文雅，基本节奏与探戈相反，是慢快快（SQQ）。

（4）快步舞（Quick Step）　快步舞由美国民间舞"P、E、E、PBODY"改编而成，早期快步舞吸收了快狐步动作，后又引入芭蕾的小动作，使动作更显轻快灵巧。现在大家跳的是英国式的快步舞。快步舞的风格特点是轻快活泼、富于激情。舞步洒脱自由，包含动力感和表现力。快步舞音乐是 4/4 拍，每分钟 50 小节，基本节奏是慢慢快快（SSQQ）、慢快快慢（SQQS）。

（5）维也纳华尔兹（Viennese Waltz）　维也纳华尔兹起源于奥地利北部山区农民舞，是历史最悠久的舞蹈之一。维也纳华尔兹舞的风格特点是动作舒展大方，连绵起伏，节奏清晰，旋律活泼，动作优美，舞步轻快流畅，旋转性强。维也纳华尔兹舞的音乐是 3/4 拍，每分钟 60 小节。该舞种在比赛中常放在第 5 个舞种进行，选手需有充沛的体力才能从容地完成。

（6）桑巴（Samba）　桑巴舞是从巴西农村的摇摆桑巴舞传入城市演变而来的，后在里约热内卢狂欢节上公开表演后，以它微妙的节奏和强烈的感情感染了巴西人，逐步形成为巴西的民族舞，是巴西音乐和舞蹈的灵魂。20 世纪 20—30 年代桑巴舞传入欧美。桑巴舞的风格特点是动作粗犷，起伏强烈，舞步奔放、敏捷，富有强烈的感染力。它在移动时沿舞程线绕场进行，因此它是拉丁舞中行进性的舞蹈。桑巴舞音乐是 2/4 拍，每分钟 48 ~ 56 小节。

（7）恰恰恰（Cha—Cha—Cha）　恰恰恰舞由非洲传入拉美后，在古巴获得很大发展，它是模仿企鹅姿态创编的舞蹈。该舞种在动作编排上一反男子领舞的习惯，男女动作不求统一整齐，且多半是男子随后。恰恰恰的音乐曲调欢快有趣，4/4 拍，每分钟 29 ~ 32 小节，4 拍跳 5 步 SSQQS（2、3、4、1）。恰恰恰因为名称动听，节奏欢快易记，邦伐斯鼓和沙球的咚咚沙沙声与动作相吻合，舞蹈又有诙谐、花俏的风格，所以备受欢迎，是拉丁舞中最流行的舞蹈。

（8）伦巴（Rumba）　现代伦巴舞是由古巴舞蹈吸收 16 世纪非洲黑人舞蹈和西班牙"波莱罗"舞蹈逐渐完善形成的。舞蹈动作曾受雄鸡走路启发，20 世纪 20—50 年代又受美国爵士乐和舞蹈的影响。20 世纪 30 年代初，皮埃尔夫妇在英国表演和推广古巴伦巴舞，受到极大欢迎，风行欧洲。伦巴舞的音乐缠绵、浪漫，舞蹈风格柔媚、抒情，是表现爱情的舞蹈，与其他拉丁舞不同的特点是：在舞步运行中，髋部富有魅力地扭摆，上身自由舒展，在抑扬的韵律节奏下，具有文静、含蓄、柔媚的风格，更加展示了女性婀娜多姿的美态。伦巴舞因在拉丁舞中历史悠久，舞型成熟且具有异国情调的独特风格，被誉为"拉丁舞之魂"。伦巴舞音乐是 4/4 拍，4 拍走 3 步，每分钟 27 小节。

（9）斗牛舞（Paso Doble）　斗牛舞起源于西班牙，是模仿西班牙斗牛士动作，有西班牙风格的进行曲伴舞的一种拉丁舞。在舞蹈中，男士象征斗牛士，女士象征斗牛士的斗篷，因此舞蹈应表现出男子强壮英武和豪迈昂扬的气概。斗牛舞音乐是 2/4 拍，每分钟 60 小节，一拍跳一步。斗牛舞特色鲜明，风格迷人。

（10）牛仔舞（Jive）　牛仔舞原是美国西部 20 世纪二三十年代盛行的牛仔舞蹈，舞步带有踢踏动作；节奏快速兴奋，动作粗犷，带有举持舞伴和甩动的技巧，是表现牧人强健体魄和自由奔放情绪的舞蹈，具有独特的魅力；后经规范进入社交界和表演舞范畴。20 世纪三四十年代传入英国后，牛仔舞获得迅速推广。牛仔舞音乐是 4/4 拍，每分钟 44 小节。舞曲欢快，有跃动感，舞步丰富多变，其强烈的扭摆和连续快速的旋转常使人眼花缭乱，亢奋热烈。

3. 体育舞蹈基本名词

（1）舞程向　在一个舞池中，为避免互相碰撞而严格规定舞者必须按逆时针方向行进，这个行进方向称舞程向。

（2）舞程线　沿舞程向方向行进的路线称舞程线。

（3）舞姿　泛指舞者跳舞的姿态。

（4）合对位舞姿（闭式位舞姿）　"合"指男女交手握抱，"对"指男女面对面。分对位泛指男女面对面双手扶握的身体位置。

（5）侧行位舞姿　指男士的右侧与女士的左侧身体紧密贴靠，身体的另一侧略向外展开成"V"形的站立或行进的身体位置。

（6）外侧位舞姿　指在摩登舞中，男女舞伴的一方向另一方的右外侧（常见）或左外侧（较少见）前进所形成的身体位置。

（7）并肩位舞姿　指拉丁舞中，男女面对同一方向肩臂相并的身体位置。以男士为基准，男士左肩与女士右肩相并称"左并肩位"，男士右肩与女士左肩相并称"右并肩位"。

（8）影子位舞姿　指男女舞伴面向同一方向重叠而立，形影相随的身体位置。以女士居前较常见。

（9）反身动作　指一侧脚前进或后退时，异侧肩和胯后让或前送，使身体与舞步形成反向配合的身体动作。

（10）反身动作位置　在身体不转动的情况下，一脚在身前或身后形成交叉，以保证两人身体维持相靠姿态的身体位置称反身动作位置。常用于外侧舞伴姿态的舞步中。

（11）升降动作　指在跳舞时身体的上升与下降。升降动作是在膝、踝、趾关节的屈和伸动作的转换中完成的。

（12）摆荡动作　指舞者在身体上升做斜向或横向移动时，像钟摆似的把身体摆动起来。

（13）倾斜动作　指在跳一些舞步时身体的倾斜。从形体上讲，倾斜是指肩的平衡线向左、向右的倾斜，它与地面的水平线成三角斜线。

（14）节奏　通常指以一定规律反复出现，赋予音乐以性格的具有特色的节拍。

（15）速度　这里指音乐速度，即每一分钟内所演奏的小节总数。

（16）组合　指两个或两个以上的舞步型的结合。

（17）套路　指由若干个组合串编成一套的完整的舞步型。

4. 体育舞蹈技术动作术语

（1）准线　指双脚的位置或双脚方向与房间的关系。

（2）平衡　指舞蹈中身体中心的准确分配。

（3）基本舞步　指构成一种特定舞蹈的基调舞步型。

（4）擦步　指当动力脚从一个开位向另一个开位移动时，必须先与主力脚靠拢，而重心不变的舞步。

（5）滑步　指在第二步双脚并拢的三步组成的舞步。

（6）脚跟转　指向后迈出的脚的脚跟转。在动作过程中，并上的脚必须与主力脚平行，旋转结束时身体重心移动至并上的那只脚。

（7）脚跟轴转　指不变重心的单一脚跟旋转。

（8）蹉蹬步　指前进暂时受阻的舞步型或舞步型部分，重心停留于一脚超过一拍。

（9）逗留步　指身体运动或旋转受阻时的部分舞步型，双脚几乎静止不动。

（10）开式转　指第三步不是并靠而是超越第二步的旋转。

（11）轴转　指一脚脚掌的旋转，另一脚处于或前或后的反身动作位置。

（12）锁步　指两脚前后交叉的舞步。

5. 体育舞蹈的基础知识

（1）体育舞蹈基本礼仪　参加舞会时，应穿着大方、仪态端庄。一般是男方邀请女方，邀请舞伴和拒绝舞伴应礼貌，双方同意后，男方应引导舞伴进入舞场，一曲结束后，应将舞伴送回原地。

（2）舞程线、方位、赛场介绍　在跳舞时为了防止碰撞，必须按规定的行进路线有序行进，因此，规定舞者按照逆时针方向移动，这条逆时针的路线就是舞程线（图6-1）。

图6-1　舞程线、方位、赛场

（3）角度与方位　每个舞步开始、结束时所站立的方向，运步、旋转过程中的方位、角度都有一定的规定。

1）旋转　旋转是以脚的位置为标准，衡量旋转动作中每一步型、每一舞步以及每一舞步间的旋转是多少度。为了保证精确，体育舞蹈中用1/8、3/8等来表示旋转度。在记录旋转动作时，一般是先标明方向，再标明角度。

2）身体方位　为了便于舞蹈进行中正确地辨别方位和检查旋转的角度，根据国际上的惯例，在舞场上要规定一定方位。多为乐队演奏台的一面为规定方位的基点，定为"1点"，每向顺时针方向转动45°角则变动一个方位，即2，3，4……依此类推，共有8个点。因此，一个场地中的四个面为1、3、

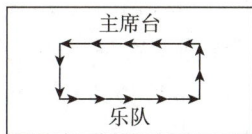

5、7 点，四个角为 2、4、6、8 点。

（4）场地与服装

1）场地介绍　一般赛场地面应平整光滑，面积为 15m×23m，赛场长的两条边线称 A 线，短的两条边线称 B 线。比赛选手所编的套路，应按两条线的长短不同，安排适当的动作，不断沿两条线按逆时针方向循序而进（图 6-2）。

2）服装介绍　摩登舞男士着燕尾服，女士穿及踝长裙；拉丁舞需拉美风格，男选手穿紧身裤配宽松上衣，女选手着露背短裙，舞鞋颜色统一。男士发型前不遮耳、后不过颈，禁留长发、长须；女士需盘发或短发，可加头饰。专业选手背号黑底白字，业余选手白底黑字。服装样式与色彩随时代发展而调整。

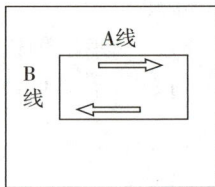

图 6-2　场地介绍

（5）基本握持舞姿　拉丁舞需保持头、肩、胯三点一线，身体挺直，双膝绷直，腿部肌肉收紧，挺胸收腹，肩胛内收；摩登舞男女伴身体拉高直立，男伴双脚并拢，双臂平展呈 90°以上角度，女伴轻搭男伴手臂，双方肘部与胸骨下端对齐，注重整体平衡与姿态舒展。

三、体育舞蹈竞赛规则

1. 竞赛分类与基本要求　体育舞蹈竞赛按舞种分为标准舞和拉丁舞两大类别。标准舞包含华尔兹、探戈、维也纳华尔兹、狐步、快步五种，要求选手全程保持闭合位身体接触，沿逆时针方向绕舞池连续流动；拉丁舞涵盖伦巴、恰恰恰、桑巴、斗牛、牛仔五类，允许开放式站位，选手可在固定区域进行离心或向心式移动。赛事按选手年龄划分为青年组（16~21 岁）、成人组（21~35 岁）、长青组（35 岁以上），按水平分为新人组、普通组、精英组。竞赛场地需满足国际标准尺寸，选手服装不得带有尖锐装饰，女性拉丁舞鞋跟高不得超过 8.5cm。

2. 裁判评分标准与执行规范　裁判评分包含技术质量与艺术表现两大维度。技术评分聚焦动作规范性：标准舞需评估架型稳定性、反身动作启动时机，拉丁舞重点检查骨盆运动轨迹、足部开度。艺术评分关注音乐诠释能力及空间利用率。赛事采用多轮次晋级制，初赛轮技术评分占比 40%，半决赛起增加双人配合与编排创意权重，裁判需在每组结束后 90 秒内提交匿名评分表。

3. 违规行为与判罚条例　技术违规包括越界动作、音乐错位及危险动作。程序违规涵盖号码布偏移超 5cm、超时入场等，前者取消本轮成绩，后者予以降组处罚。选手需遵守竞赛礼仪：入场时标准舞选手需向裁判席行 15°鞠躬礼，拉丁舞选手微笑挥手致意；退场前须与舞伴握手，禁止背对裁判离场。裁判须回避曾指导的选手，不得佩戴国家标识服饰，违者取消当值资格。

4. 争议处理与仲裁机制　选手对判罚存疑时，可于成绩公布后 15 分钟内提交书面申诉，需附视频证据及具体规则条款依据。仲裁委员会仅复核技术性违规，不接受主观艺术评价争议。若证实裁判误判，最高可调整选手本轮排名，但不得追加奖项或奖金。仲裁结果需在 24 小时内以书面形式送达申诉方，逾期未答复视为维持原判。

思考题

1. 体育舞蹈的发展历程如何反映社会文化的演变？

2. 摩登舞与拉丁舞在技术特征和表现风格上的主要区别是什么？

3. 如何理解体育舞蹈竞赛规则中裁判评分标准的科学性与公平性？

第四节　形体训练

一、概述

形体课程的核心目标在于雕琢人体形态美感，通过系统化的体能锻炼促进优雅仪态的形成。基于人体运动科学原理，课程融合古典芭蕾基本站位规范、多元化舞步组合及有氧健身训练体系，有效提升练习者的动作协调能力与身体灵敏性，从而逐步构建兼具艺术表现力的体态韵律、姿态韵律与动作韵律。在训练过程中需结合个体生理条件，采用多样化的训练模式与科学化训练方案进行针对性练习。

人体形态美主要体现在日常生活姿态之中，包括坐姿、站姿、行走及各类肢体动作。保持脊柱直立是塑造优美体态的核心要素，在自然站立状态下应维持适度张力，既不过度松弛也不刻意紧绷，避免塌腰或挺腹等不良体态，从而充分展现人体自然曲线美感。服装与体态的协调配合更能突显姿态美学价值，因此建议从青少年阶段开始培养规范化的动作习惯，将正确姿态养成与身体功能发展有机统一。

动作美学是人体形态美的重要外在体现形式。这种美不仅通过专业形体训练动作得以呈现，更广泛存在于日常行为举止之中。规范化的动作训练体系既能塑造优美的身体线条，又能培养具有审美价值的动作习惯，使人体动作系统形成富有韵律美感的动力定型。

二、技术内容篇

1. 基本姿态　人体基础姿态规范包含站立、坐立及行走等核心动作模式。形体塑造训练正是以这些基础姿势为起点展开。

（1）基础站姿规范　标准站姿要领要求双膝挺直、足跟并拢，自然形成小八字步态，保持头颈、躯干与下肢垂直对位。需保持颈椎延展、胸腔舒展、核心肌群收紧、臀部夹紧及气息上提，双肩自然垂落并适度下沉，上肢自然垂放，视线平视正前方。此姿态能有效展现人体曲线美感与优雅仪态。站姿的挺拔程度主要取决于脊柱状态，依托脊柱周边肌群收缩与韧带稳固来保持。通过调整双脚间距和腿部姿态，可以演化出多样化的站姿形态。

（2）标准坐姿体系　端庄得体的坐姿能提升个人形象气质。规范的坐姿与步态训练同样构成形体塑造的关键组成部分，具体可分为凳椅坐姿、沙发坐姿及地面坐姿等类型。正确坐姿要领在于当身体重量转移至臀部时，需保持躯干适度紧张：展开胸腔、收缩腹部，脊柱竖直、气息上提，下颌微收、颈部延伸，四肢摆放应规范有度，避免过度展开。这种姿势既能展现饱满精神状态，又能强化颈部、胸背及腰腹肌群的锻炼效果。

（3）步态控制规范　行走姿态建立在标准站姿基础之上，除需保持挺拔站姿外，更强调移动时的平稳性与协调性。行进时双腿应沿中线两侧交替前移，膝关节保持正位避免僵直；上肢自然摆动与步伐节奏协调配合；肩胛下沉稍向后展，胸腔打开、目视前方。需特别注意纠正内、外八字步态，以及躯干扭转、身体摇晃、驼背凸腹等不良体态。行走时各关节的协调运作能有效提升动作的流畅美感。

（4）脚部基础定位规范　并足式：双脚并合、足尖对齐。八字定位：脚跟相触、前掌外展60°。开立式：横向开步间距一脚长。丁字定位：前脚跟垂直于后脚弓，呈 T 形。芭蕾五方位涵盖并足外展180°、开立间距一脚长外展、丁字位、前后平行位及叠合位，均要求下肢外展角度精确、间距符合脚长标准。

（5）上肢标准定位体系

1）基础手位规范　①前平举：双臂于矢状面延展至水平位，掌面定向根据训练要求调整。②侧平举：上肢向冠状面完全伸展呈水平状态，手掌朝向依指令变化。③垂直上举：双臂沿耳侧垂直线充分伸展，间距等同于肩宽，掌心方向按标准执行。④测斜上举：起始于垂直上举位，双臂分别外展45°构成V形，掌面保持既定方向。⑤测斜下举：在侧向延展基础上，双上肢同步下移45°形成倒V形，掌面方向维持规范要求。⑥前斜上举：由垂直上举起始，双臂前倾45°形成斜向支撑角度，掌面朝向按训练需求定位。

2）芭蕾上肢标准定位　①一号定位：双臂呈自然弧线下垂于躯干前侧，食指与拇指形成环状对触，掌面微向内上方倾斜。②二号定位：双上肢保持弧形曲度前伸至胸骨中线高度（略低于肩位），双掌呈镜像对应状态。③三号定位：双臂维持弧线形态垂直上举至颅顶延长线，掌面保持互对姿势。④四号定位：单臂弧线举至头顶区域、掌面内转，另侧手臂弧线前伸至胸线高度、掌面内收。⑤五号形态：单侧上肢保持弧线上举、掌面内旋，对侧手臂弧线外展至肩峰延长线、掌面正对前方。⑥六号定位：单臂弧线前伸于胸前中线、掌面内收，另侧手臂弧线侧展于肩外平面、掌面内转。⑦七号姿态：双上肢弧线外展于体侧空间，掌面朝向前下象限，肘关节保持适度上抬曲度。

3）上肢动作规范　①上举动作控制：垂直抬臂时需遵循近端驱动远端原则，以肱骨为动力源牵引前臂运动。肩关节保持松弛状态，肩胛区域稳定下沉，颈椎与视觉焦点随上肢运动轨迹同步转移，确保全身动力链协调运作。②手部形态配合：当上肢完全伸展时，腕关节与指关节需实现充分延展，执行空间延伸动作以增加动作表现力。特别是在末端定位时，应强化肢体远端向运动平面的最大延伸。③芭蕾手位技术要领：在做专业手位时，掌指关节保持自然松弛，肘关节向运动方向空间延展以增大动作幅度，实现力量与柔韧的平衡表达。手位转换过程中需维持上肢椭圆轨迹的连续性，头颈部始终与手部运动轨迹保持联动关系。④矢状面动作协调：当前后轴向运动时，应以身体矢状轴为动作基准轴。肩关节协同进行轴向旋转，确保双臂在矢状平面上形成精准的线性排列，维持动作的标准几何形态。⑤下落动作序列：完成动作回落阶段时，严格遵循自上而下的运动顺序，首先控制肱骨下降，继而前臂跟随运动，最终掌指部位完成动作终点的精准定位，形成流畅的逐级回落控制机制。

4）头颈运动　头颈部运动包含四个基础模式：屈曲运动、轴向旋转、弧线运动及复合环形运动，其中屈曲运动分化出三个亚型。①矢状面屈曲：其中前屈动作为颈椎前向屈曲，颏部贴近胸骨，实现颈后肌群的最大牵伸；后屈动作为枕骨后移，颏部上抬至最大幅度，形成颈前肌群的充分拉伸。②冠状面屈曲（侧屈）：头颈部沿冠状面侧向屈曲，耳廓趋近肩峰，交替牵拉颈部两侧肌群。③水平面旋转（左右侧绕）：以脊柱纵轴为旋转轴，头颈部分别完成左旋与右旋的平面运动。④矢状面弧线运动（绕）：以颈椎为运动轴，颏部沿锁骨平面进行180°弧线位移，运动终端衔接冠状面斜向抬颏动作。⑤多轴复合运动（绕环）：头颈部完成360°多平面连续运动，典型运动轨迹包括前屈—左旋—后伸—右旋的环形组合运动。所有动作均严格遵循颈椎关节运动学规律，确保运动幅度与肌群牵伸效果的最优化。

5）肩部运动（图7-10）　肩部运动系统包含六类基础运动模式，涵盖三维空间内的多轴向控制。①矢状面垂直运动（提肩）：通过肩胛骨垂直上提实现，包含双侧同步提升、单侧独立提升及交替式提升模式。②垂直轴负向运动（沉肩）：肩胛骨执行垂直向下降移，包含双、单侧协同下沉及序列化交替下沉操作。③冠状面内收运动（收肩）：双侧肩胛骨内缘趋近脊柱中线，伴随适度胸椎前屈的复合运动形式。④冠状面外展运动（展肩）：双侧肩胛骨外缘后向展开，形成胸椎扩展与肩峰后移的联动效应。⑤多轴向弧线运动（绕肩）：以盂肱关节为运动轴心，执行前、后、左、右各方向＜360°的弧线位移，涵盖单、双侧协同运动模式。⑥全周环形运动（振肩）：以肩关节为旋转中心，完成≥360°的圆周运动，包含前向、后向及冠状面双侧同步环形运动系统。所有运动均遵循肩胛骨运动学规律，强调运动幅度与关节稳定性的动态平衡。

6）上肢运动　上肢运动系统包含五类基础运动模式，涵盖多关节协同工作机制。①垂直运动控制（举）：以肩关节为动力轴，上肢在≤180°活动范围内进行定位控制，涵盖单、双侧协同运动模式，涉及矢状面、冠状面及多向斜角的空间定位。②屈曲 – 伸展复合运动（屈伸）：上肢执行关节屈曲与伸展的交替运动，包括多平面方向的角度转换，实现肢体运动范围的动态调节。③钟摆式运动（摆）：以盂肱关节为支点，上肢执行冠状面、矢状面及斜面的周期性摆动，形成类钟摆运动轨迹。④环形轨迹运动（环绕）：关节旋转动力学：依据不同运动轴心执行多维环形运动。弧线轨迹运动（180°～360°）与全周环形轨迹（＞360°）构成完整的运动频谱，涵盖前、后、左、右多方向运动平面。⑤振动控制（振），弹性势能转换：通过肩部肌群的快速收缩 – 放松循环，实现上肢在特定平面的高频振荡运动，优化关节活动度的神经肌肉控制。所有动作均需遵循运动生物力学原理，确保关节稳定性与运动效率的平衡。

7）胸部运动（图6－3）　①含胸：通过肩胛骨前引与锁骨内收实现胸廓容积压缩，表现为双肩向中线聚拢、肋弓内收的闭锁式运动。②展胸：肩胛骨后缩协同锁骨外展，驱动胸骨前移与肋弓扩张，形成胸腔容积最大化的开放式运动。③扩胸：在矢状面内快速交替执行内收 – 扩展循环，通过胸锁关节的弹性运动实现胸腔容积的周期性变化，包含爆发式收缩与舒张的交替控制。

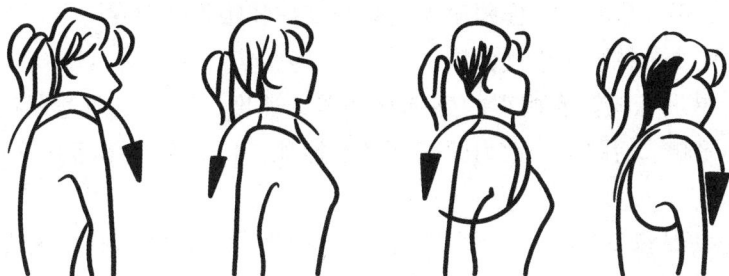

图6－3　胸部运动

8）腰部运动　腰部运动包含四类基础运动模式，通过脊柱多轴运动实现。①屈：在骨盆稳定状态下，躯干执行前屈、后伸及左右侧屈的复合运动。②转：以脊柱纵轴为旋转基准，躯干执行左、右向的水平面旋转，形成胸腰筋膜系统的螺旋牵拉效应。③绕和绕环：包含脊柱在水平面的有限弧线位移（＜360°）与全周环形运动（≥360°），表现为躯干在稳定骨盆基础上的多向空间轨迹控制。

9）髋部运动　髋部运动包含四类三维空间运动模式。①顶髋：通过髂腰肌群激活实现骨盆前、后向水平位移，包含单、双侧协同的矢状面动态控制。②提髋：以髋臼为支点，执行单侧骨盆冠状面垂直位移，形成臀中肌主导的盆骨倾斜控制。③绕髋和髋绕环：半周环形运动（＜360°），骨盆执行前、后、左、右向的钟摆式弧线位移；全周环形运动（≥360°），髋关节复合多平面的圆周轨迹运动，包含冠状面与水平面的三维空间整合。

2. 把杆训练的基本动作　把杆训练作为形体塑造的重要训练方式，通过器械辅助实现身体控制能力的精准提升。训练者在扶把状态下进行姿态校准，可有效优化重心调控与平衡维持，降低非目标肌群的代偿性紧张，显著提升专项训练效率。该训练体系对建立标准化的体态控制能力具有关键作用，可系统发展下肢与核心区域的关节活动度、动态稳定性、协调性及爆发力，为技术动作的神经肌肉编码奠定基础。常规把杆训练模块包含六大核心要素：下蹲控制、低角度摆腿、腿屈伸、腰腹肌群激活、肢体延展训练及高动态摆腿技术。训练实施需注意双侧均衡发展原则，避免单侧动作模式固化。执行双侧交替训练时需完成180°轴向转体，此转体技术要求以器械为轴向心旋转（如左手扶把执行左后内旋转体，右手扶把执行右后内旋转体）。

双手扶把时，面朝器械站立，双手掌指关节轻触把杆，保持抓握松弛状态。腕关节处于中立位，盂肱关节自然下垂，肘屈曲角度≤15°，躯干与器械保持约前臂长度的安全距离。单手扶把时，侧向器械站立，身体与把杆间距等同于前臂长度。支撑手位于矢状面基准线前侧 10～15cm 处，形成三点一线的力学稳定结构。

3. 腿部练习　作为人体动力链核心支撑系统，下肢承载着静态负荷与动态动能传递的双重功能。通过系统化训练可有效提升下肢肌群力量传导效率，同步强化踝、膝关节复合体的稳定性与灵活性，优化神经肌肉控制能力，从而更好地掌握动作技术，丰富形体动作的表现力。

（1）屈蹲　作为多关节联动训练模式，重点强化下肢伸肌群功能，包含全幅与半幅两种训练维度。①半幅屈蹲（半蹲）：膝关节运动轨迹与第二跖骨轴线保持共线，脊柱维持中立位。屈膝角度控制在 90°～120° 区间，实现股四头肌离心 – 向心收缩转换。②全幅屈蹲（全蹲）：在半屈蹲基础上继续下探至大腿 – 小腿接触临界点，此时足跟产生被动位移。

（2）擦地　擦地作为下肢精确控制的基础训练，重点发展跖屈肌群、踝周韧带及本体感觉系统，包含矢状面、冠状面多向训练模块。①向前擦地：足跟引导前移，动作腿第一跖骨与支撑腿跟骨共线。回收时经跖趾关节屈曲控制，实现足弓完全闭合状态下的精准复位。②向侧擦地：动作腿侧移时足跟前顶，经前足支撑过渡至完全跖屈位。复位轨迹需精确复现外展路径，保持膝关节伸展状态下的胫骨前肌控制。③向后擦地：足尖引导后移，动作腿第五跖骨与支撑腿跟骨轴向对齐。回收时通过跟骨引导实现足部矢状面精确复位，同步维持腰椎生理曲度。

（3）小踢腿　主要是训练腿快速绷直的感觉和摆腿的速度，特点是急速踢起、制动停顿，按动作方向可分为前踢腿、侧踢腿、后踢腿。动力腿必须经过擦地，快速有力踢起并停止在 25° 的位置上，收回时也要经过擦地。

（4）划圆　主要是发展髋关节的开度和灵活性。向前划圆时，动力腿由后点地开始，向前经一位擦出至前点地，再用脚尖经侧向后划弧后点地。向后做反划圆则方向相反，为由前向后至前点地。划圆时，上体正直，以髋关节为轴，动力腿膝关节、脚面始终保持向外，用脚尖在地上划半圆。

（5）弹腿　通过特定动作模式有效提升膝关节活动能力、提升小腿反应速度及增强大腿肌群力量，其核心要领如下：主力腿稳固支撑时，动力腿首先完成屈膝上提动作，随后保持大腿静止状态下利用足背发力驱动小腿快速向前弹射至 25° 并精准制动，在回收阶段需控制动力腿膝关节屈曲，使足部沿支撑腿踝关节前侧或小腿后下方轨迹平稳复位。整套动作强调爆发力输出与制动控制的协调配合，同时注重动作轨迹的准确性和身体稳定性的维持。

（6）屈伸　旨在增强下肢肌群力量及提升踝膝关节灵活度，其基本模式为动力腿沿前、侧、后三个方向完成复合动作循环：动力腿经擦地动作抬至 45° 后屈膝回收，足部贴靠支撑腿小腿下侧，同步配合支撑腿半蹲动作；待支撑腿重新伸直时，动力腿随之伸展至指定角度并经过点地控制精准复位至五位姿势，各方向动作原理相同，仅运动平面存在差异，通过多向训练全面强化下肢关节联动能力与肌肉协调性。

（7）绕腰　在做绕腰训练时保持下肢伸展状态，通过上肢牵引带动躯干完成最大幅度运动以充分延展腰肌，前俯时保持脊柱延展，后仰时充分扩展胸腔，全程配合自然呼吸节奏避免闭气，动作复位阶段需启动核心肌群控制，通过收腹提腰实现身体姿态的精准恢复，形成完整的动力链循环训练体系。

（8）压脚跟　注意起踵要充分，压脚跟要干脆而有力，身体保持直立。

（9）身体波浪　发展脊柱的柔韧性。练习时注意各关节依次做屈伸，过渡到全身波浪，动作要柔和，波浪要圆润，伸展要充分。

（10）压腿　压腿训练通过多方向拉伸有效提升下肢柔韧性与肌肉延展性，具体操作包含三个维度的拉伸方式。①向前压腿：训练者侧转 45° 面向器械，外侧腿前举置于把杆并保持足尖绷直外展，通过躯干前倾使胸腹贴近大腿完成拉伸。②向侧压腿：身体侧向正对器械，将腿侧置于把杆且足尖上绷，通过同侧肩部与耳部趋近腿部实现侧向延展。③向后压腿：后压腿训练则采用侧立姿势，后举腿以踝内侧接触器械，配合支撑腿屈膝与上体后仰形成后侧拉伸。训练全程需保持脊柱中正、支撑腿全脚掌着地且膝关节伸展，各方向动作均强调呼吸节奏与肌肉的渐进式拉伸控制。

（11）大踢腿　大踢腿训练旨在强化下肢爆发力与关节活动度，其基础准备姿态与擦地动作起始位保持一致。①前大踢腿：前踢时足尖绷直外旋，快速上踢至极限高度后控制回落，双膝保持伸展。②侧向大踢腿：侧踢保持足尖上绷与髋部外展，其余要求与前踢一致。③后侧大踢腿：后踢依靠髋部发力，足背伸展带动腿部后上抬升，躯干保持直立。

4. 身体动作以及腿部训练的基本要求　形体训练中身体动作与下肢训练遵循"开、绷、直、立"四要素原则，通过系统训练塑造肢体美感并改善体态。具体要求如下。①开：关节多维展开训练需科学调控踝、膝、髋关节活动度，在保证安全的前提下循序渐进增强下肢力量。②绷：足部延展技术强调跖屈肌群控制，通过足背平展与足尖延伸使腿部线条变得优美、修长。③直：身体轴线控制要求脊柱垂直接力传递，双腿直立配合核心稳定形成标准生物力学基准，促进身体的矫正和生长发育，达到挺拔、升高的姿态。④立：整体提升机制注重关节链协同发力，通过肌群张力调节实现重心上移与动作轻盈度提升。

5. 徒手基本动作　基础步法作为舞蹈动作体系的根基性要素，不仅是无器械训练的核心内容，而且是构建复合动作序列的基石。通过规范化的步法训练，能够系统提升训练者的神经肌肉协调性、运动节律感知能力及动态表现力，在掌握标准化移动模式后，可进一步衍生出丰富的组合编排与成套动作设计，实现从基础技术到艺术表达的进阶发展。

（1）柔软步　作为基础移动训练模式，起始于自然直立姿态，起始腿（以左腿为例）保持足背平展与膝关节完全伸展，足部呈外旋15°状态前向延展，经跖趾关节至全足底逐级承重实现重心前移；随动作推进完成髋关节轴向转换，右腿同步启动交替位移，配合上肢自然钟摆式协调摆动。该步法具备多向延展特性，可拓展至后撤、侧移及弧线轨迹等复合移动模式。

（2）足尖步　提踵站立为起始姿态，双手固定于髋部保持平衡。在进行足尖步时前伸腿需保持足背平展与膝关节完全伸展（足部外旋15°），经跖趾关节过渡至前脚掌支撑实现重心前移，双下肢交替完成矢状面位移序列。足尖步可向前、向后、向侧行进。

（3）滚动步　支撑腿由前脚掌逐步过渡到全足着地，同时另一侧下肢屈膝前摆，两腿交替循环进行。该动作模式要求双腿保持协调配合，在重心转移过程中完成足底滚动式着地，配合对侧下肢的周期性提膝动作，形成连续行进的动作链。

（4）弹簧步　起始于足尖支撑位，左下肢执行缓冲步动作。当足部完成前掌至全足的滚动式触地后，膝关节微屈，实现重心渐进式前移；此时右侧下肢同步进入屈曲预备状态。随后左侧踝关节启动向心收缩阶段，完成足跟抬升动作，同步右侧下肢经髋－膝联动机制完成前伸运动。动作要平稳柔和。

（5）华尔兹步　由三步组成，一个弹簧步接二个足尖步。左脚向前弹簧步，落地稍屈膝，然后右脚向前做一个足尖步，左脚再向前做一个足尖步，重心随之移动。

（6）变换步　左脚向前上一个柔软步，右脚随之向左脚并成丁字步；左脚再向前上一个柔软步，右腿伸直，脚尖后点地。要求：挺胸、立腰、沉肩、重心上提。

（7）波尔卡舞步　由自然站立、两手叉腰开始。节前拍，左脚原地轻跳、右脚前下举；第1拍右脚向前滑出做并步跳；第2拍右脚向前一步跳起、左脚前下举；第3、4拍换脚反向进行。动作需轻快连贯，重心随步伐前移，上体可配合转体，整体风格活泼，可向侧、向后或转体完成。

（8）华尔兹组合　由四小节构成，每小节有四组动作，采用3/4拍节奏。预备姿势为起踵立、七位手。第一小节是前进华尔兹：左脚先做弹簧步接两个足尖步，手臂配合侧波浪，随后换右脚交替完成。

第二小节是侧向华尔兹：左脚侧移弹簧步后接右脚交叉步，手臂做波浪式交叉与展开。第三小节结合转体与后退：前进步伴随180°转体，手臂由侧位经体侧升至三位；后退步时重心后移，手臂回落七位。第四小节是转体华尔兹：左、右脚交替完成180°转体，手臂绕环配合形成空间轨迹。结束动作为丁字步收势，手臂波浪下摆至一位。双人练习时，初始平行站位，通过转体换位形成互动：第一小节同步前进，第二小节面对面侧移，第三小节换位后转体平行，第四小节保持平行交替行进。组合注重步伐衔接与肢体协调，通过弹簧步与足尖步的交替、转体方向的控制以及手臂波浪动作的配合，展现华尔兹的流畅韵律。

三、形体训练评价标准

人类对体态美学的追求本质上属于高阶精神需求，其发展遵循马斯洛需求层级的递进规律。随着我国社会经济基础的显著提升，基础生存需求得到保障的群体开始构建生物美学认知体系，这种趋势在近十年呈现指数级增长，表现为个体通过系统化训练与形体重塑实践主动契合黄金分割等科学美学标准。

体态审美意识作为身体改造的驱动力与评价基准，其社会渗透率与文明层级呈显著正相关。当代民众在跨领域美学形态的交互影响下，正形成多维度的体态优化策略，这种文化现象验证了人体工程学与审美心理学间的动态关联机制。

1. 人体形态美学核心标准　理想体态需符合以下生物学指标：面部结构对称，皮肤呈现健康光泽；骨骼发育匀称，各解剖部位符合黄金分割比例；肌群分布均衡且肌张力适度；身体围度参数处于生理正常值域；脊柱生理曲度完整，双肩水平对称等。美学研究证实，形态美感本质在于比例系统（proportion system）的精密协调。潘诺夫斯基在形态分析中指出，美学价值取决于结构元素的和谐关系。笛卡尔的均衡理论同样强调，精确的比例调节创造美学体验。现代人体测量学证实，身高体重指数（BMI）的合理区间是评估体态美感的重要量化指标，历史案例中不同时代的审美典范均需满足特定比例系统。

2. 形体美的一般评价体系　普列汉诺夫在美学批判中明确否定了绝对审美标准的存在。这种相对性源于人类文明演进中的多维变量：历史阶段更迭导致形态认知迭代，地理种群差异引发生物适应特征分化，文化审美范式则塑造差异化评价体系。基于当代人体工程学与生物社会学的交叉研究成果，现归纳出具备时代适应性的形态评估参数体系。

1）坐姿、立姿及行走的标准姿势规范　坐姿需腰背挺直，双肩放松水平，膝部屈成直角，双脚平贴地面；立姿应身体直立，胸部舒展，双肩自然下垂，双脚平稳支撑；行走时膝盖自然伸直，脚掌准确着地，双臂协调摆动，上半身保持直立姿态。各姿势均需保持颈部端正，腹部微收，确保身体受力均匀，避免不良体态。

2）体型体格基本参数　身高体重比例可参考男性标准［身高（cm）－体重（kg）≈109］和女性标准［身高（cm）－体重（kg）≈104］，南方人标准体重（kg）为［身高（cm）－150］×0.6＋48，北方人标准体重（kg）为［身高（cm）－150］×0.6＋50，偏差在±10%属正常范围。身体比例方面，女性以肚脐为界上、下身比为5∶8，男性以髋部为界上、下身等长，臂展与身高相等，肩宽约为身高1/4。围度标准中，男性胸围（cm）为身高（cm）÷2＋5，女性胸围（cm）为身高×49.2%；腰围，男性为胸围减18cm，女性为不超过身高一半；臀围，男性接近胸围，女性比胸围大2～3cm；大腿围，男性为胸围减22cm，女性为腰围减8～10cm；小腿围比大腿围细18cm（女性可减20cm）。其他参数如：上臂围约为大腿围一半，前臂比上臂细5cm，颈围与小腿相近，脚腕比小腿细12cm。这些数据为体质评估提供基础参考，因个体差异需结合健康管理调整。

思考题

1. 列举标准站姿的三个身体要点。
2. 擦地动作训练时，主力腿与动力腿分别需要注意什么？
3. 根据教材，判断体态是否标准的简单计算指标是什么？

第五节 田 径

一、概述

田径运动是体育领域中最基础、最广泛的运动类别之一，涵盖多种以身体能力为核心的项目，通常被称为"运动之母"。田径以走、跑、跳、投为核心技能，分为田赛和径赛，以及结合多项的全能比赛。它起源于人类生存与战争技能，如古希腊奥运会已设赛跑、跳远等项目。现代田径体系形成于19世纪，1896年首届现代奥运会将其确立为核心项目。

田赛包含跳跃和投掷项目，跳跃类有跳高、撑竿跳高、跳远及三级跳远，投掷类包括铅球、铁饼、链球和标枪。径赛涵盖短跑、中长跑、障碍类、集体项目及竞走。全能项目整合田赛与径赛，男子十项全能包括100m、跳远、铅球等10项，女子七项全能包括100m栏、标枪等7项，综合考验运动员速度、力量与耐力。各项目依据国际标准设定器材规格与赛道距离，形成完整的竞赛体系。

田径运动以人类体能极限的探索为核心，融合传统与现代科技，持续激励全球观众与参与者，成为体育精神的象征。它也是各项目运动的基础，是增强人民体质和对广大青少年进行精神文明教育的重要手段之一。在各级学校体育课和《国家体育锻炼标准》中占有很大比重。

二、技术内容篇

1. 跑的基本技术

（1）短距离跑 400m及以下的径赛项目都属于短距离跑，简称短跑。其特点是：快速短距离跑时，人体的生理负荷很大，其供能方式以无氧代谢为主。短跑是人体器官和内脏器官在大量缺氧的条件下完成最大强度的工作，属于最大强度的周期性运动项目。因此，短跑是田径运动的基础项目，它对整个田径运动水平的提高都有一定的影响，在其他运动项目的训练中也有重要意义，如篮球、足球经常有往返跑训练。

1）基本技术 短跑技术由起跑、加速跑、途中跑和终点冲刺四个环节构成。起跑阶段需通过蹲踞式起跑迅速摆脱静止状态，利用起跑器获得最大冲力。根据国际规则，运动员须采用蹲踞式起跑，四肢触地、不得悬空。起跑器安装旨在建立稳固支撑，形成有利发力姿势，常见安装方式包括普通式、接近式与拉长式三种。起跑后进入加速跑阶段，身体逐渐抬升重心并增大步幅；途中跑保持最高速度时需控制躯干前倾角度，通过髋部发力与摆臂协调提升步频；终点冲刺通过躯干前压完成撞线。各环节技术衔接直接影响短跑成绩，需通过专项训练强化动作定型与能量代谢效率。

2）起跑技术 起跑过程包括"各就位""预备"鸣枪（或"跑"）三个阶段。听到"各就位"口令后，做几次深呼吸，轻松地走到起跑器前，两手撑地，两脚依次蹬在前、后起跑器的抵足板上，脚尖应触及地面，后膝跪地，两手在起跑线后撑地，两手间隔比肩稍宽，四指并拢与拇指构成"八"字形，富有弹性支撑。两臂伸直，肩与起跑线齐平，颈部放松，头微低。注意听"预备"口令。听到"预备"

口令后，平稳地抬起臀部，使之稍高于肩，重心适当前移，肩部稍超出起跑线，身体重量主要落在前脚和两臂上。两脚紧贴起跑器，注意力集中在听觉上，等待鸣枪的信号。听到枪声（或"跑"的口令）后，两手迅速推离地面，并用力前后摆臂。两腿迅速蹬离起跑器，使身体向前上方运动。第一步脚落地要积极有力，并需落在起跑线前一脚至一脚半的地方，再配合两臂的有力摆动，由起跑进入疾跑。

　　3）起跑后的加速跑（图 6-4）　起跑后的加速跑的重要任务，是在起跑的基础上争取在较短的距离内获得接近最高跑速的速度。一般疾跑段为 25~30m。起跑后的第一步不宜过大，一般为三脚半至四脚长，第二步为四脚至四脚半长，以后逐渐加大接近途中跑步长。由起跑转入疾跑，不要有任何停顿和跳跃现象，腿要充分后蹬，髋前送，身体与地面的夹角逐渐加大，步频逐渐加快，两臂摆动有力，以后自然转入途中跑。

图 6-4　起跑后的加速跑

　　4）途中跑　途中跑是短跑全程中距离最长、速度最快的一段，其任务是继续发挥并保持高速度跑。途中跑的速度取决于两腿摆的效果，上体正确姿势和两臂的正确配合，以及肌肉交替用力和放松的协调配合能力。途中跑技术动作的基本要求是：头和上体端直稍有前倾；两臂以肩关节为轴前后轻快、有力地摆动，前摆时肘关节 60°~70°，摆动高度为手稍超过下颚，并伴随着同侧肩前送和异侧肩后引的动作；臂后摆时肘关节稍朝外，大小臂夹角约为 90°，摆动经过身体时，角度约为 130°；下肢前摆着地缓冲时要快速、有力、柔和，后蹬时下脚关节要伸展和送髋。

　　5）终点冲刺跑　终点冲刺跑是全程跑的最后一段。任务是保持途中跑的跑速并完成撞线动作。终点冲刺跑技术与途中跑技术基本相似，要求在离终点线 15~20m 处尽力保持上体前倾角度，加快两臂摆动的速度和力量，在跑到离终点线前一两步时上体急速前倾用胸或肩部触及终点线。跑过终点线后逐渐减速。

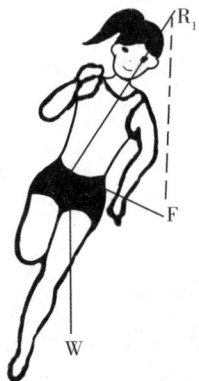

图 6-5　弯道跑技术

　　6）弯道跑的技术　短跑中的 200m 和 400m 跑，有一半以上的距离是在弯道上跑的，为了适应弯道跑，技术上也有相应的变化。①弯道起跑：为了使弯道起跑后有一段直线加速跑，应将起跑器安装在弯道的右侧，并使起跑器对着弯道的切点。起跑时，左手撑在起跑线后沿 5~10cm 处，使身体对着弯道的切点。②弯道途中跑：为了克服弯道跑产生的离心力，必须改变身体姿势及后蹬和摆动的方向从而产生向心力。在弯道跑后蹬时右脚用前脚掌的内侧用力，左脚用前脚掌的外侧用力。腿前摆时，右腿的膝关节稍向内，前摆幅度要比左脚大些；左腿前摆时，稍向外。右臂摆动的力量和幅度都应大于左臂，右臂前摆稍向左前方，后摆时肘关节稍朝外，左臂摆动稍离开躯干。总之，弯道跑的蹬地与摆动都应与身体向圆心倾斜方向趋于一致（图 6-5）。从弯道跑进直道，应在弯道的最后几米，身体逐渐减小内倾程度，顺着惯性跑2~3步。

7）练习方法 练习蹲踞式起跑和加速跑的方法为：①学习安装起跑器的方法（直、弯道），让学生按普通式起跑器安装的要求进行练习；②学习"各就位"和"预备"技术；③集中注意力听发令起跑30~50m；④练习弯道起跑30~50m。

练习途中跑的方法：①学习摆臂技术，原地成弓箭步前后摆臂练习；②学习中等速度的反复跑60~100m，要求跑的动作放松、协调；③两人并列中速反复跑80~100m，体会摆臂和着地技术的动作要领；④快速跑80~100m，要求为加速—最大速度—放松—加速—放松；⑤沿弯道放松跑，体会弯道跑技术；⑥从直道进入弯道跑60~80m；⑦从弯道进入直道跑80~100m。

练习终点冲刺跑的方法：①加速跑30~40m冲过终点线；②在60~100m距离上每隔30~40m画一终点线，连续做撞线练习；③在终点拉上终点带，做冲刺撞线练习；④蹲踞式起跑30~40m做撞线练习。

练习全程跑的方法：①蹲踞式起跑60~120m；②计时跑50m、100m。

跑的专门性练习的目的是体会跑的技术动作要领，纠正动作错误，发展腿部力量和加快动作频率，是提高跑的能力的一种手段。①小步跑：体会扒地动作，以提高跑步频率。②高抬腿跑：增强抬腿肌肉力量，以提高跑步频率。③后蹬跑：体会用力顺序，发展后蹬力量。

（2）跨栏跑

1）基本技术 跨栏跑是在一定距离内跨越规定的高度和数量的栏架，是技术性较强的短跑项目。跨栏的全程跑技术可分为起跑至第一栏的技术、过栏技术、栏间跑技术、终点冲刺撞线技术四个部分。跨栏跑成绩取决于运动员的平跑速度、过栏技术以及跑跨结合的能力。下面主要介绍男子110m高栏技术。①起跑至第一栏的技术：起跑至第一栏的距离是13.72m，一般优秀运动员跑7~8步，我们可以根据自己的实际情况跑8~9步。这段距离跑的技术称为起跑至第一栏的技术。其任务是快速起动、积极加速，顺利平稳地跑向第一栏，创造准确的起跨点和较高的速度，为全程过栏奠定良好的速度和节奏基础。快而准确地完成起跑至第一栏的技术在完整技术中具有重要意义。起跑器的安装基本同于短跑。起跑后疾跑时，身体的前倾角度比短跑小，重心稍高，后蹬角度不宜过小，步幅增长较快，起跨前一步比倒数第二步小。②过栏技术：过栏是指从起跨脚踏上起跨点到过栏后摆动腿的脚下栏着地时的一大步，通常称跨栏步。起跨腿蹬离地面后，身体处于腾空状态，身体重心沿抛物线轨迹向前移动，摆动腿大腿继续高抬，膝关节放松，小腿向前伸展，脚尖勾起，开始做向下向后的压栏动作。在摆动腿下压的同时，起跨腿屈膝外展，收紧小腿，脚尖勾起，以大腿带动小腿经体侧向前提拉。起跨腿同侧臂向后摆动，摆幅比短跑要大，有助于起跨腿的提拉及维持身体平衡。在臀部快移过栏架瞬间，摆动腿积极准备着地。着地时，要用前脚掌着地，上体适当前倾，髋关节前移，使着地点尽量靠近身体重心投影点，以便顺利地进入栏间跑。③栏间跑技术：110m栏的栏间距为9.14m，用三步跑完。栏间跑的任务是以正确的节奏、最快速度跑过每一栏间距离，为过栏创造快的速度和准确的起跨点。栏间跑是在固定的距离上以固定的步数跑过，同时又要跨越栏架，所以在步长、速度及技术结构等方面与短跑途中跑技术有所不同，构成栏间跑特有的节奏。因此，合理的栏间跑表现为：栏间三步步长比例合理，身体重心高、起伏小、频率快、节奏稳定，更加接近平跑技术。④终点冲刺撞线技术：运动员在下倒数第二栏时，应发挥最大速度跑向最后一个栏，并用力跨过栏架。下栏后应加快频率，加大身体前倾角度和进行有力的前后摆臂，全力以赴冲向终点，撞线动作与短跑相同。

2）练习方法 摆动腿攻栏练习：①徒手原地攻摆、高抬、下压、扒地；②徒手跑动中的攻摆练习；③在栏侧做攻摆练习，注意与手臂的配合。

起跨腿过栏练习：①徒手原地起跨，大腿经后外展、前提落地；②扶肋木做栏侧提拉练习；③栏侧跑动练习，配合手臂。

过栏与栏间跑相结合练习：①反复过 3 ~ 5 个栏（可从低到高）；②改进栏间步节奏；③降低栏架高度、不缩短栏间距的跨栏跑；④不同栏间距离、不同栏架高度、变换栏间步数和步长的高速重复跨栏跑。

冲刺与全程跑练习：①过五栏与冲刺练习；②过低栏全程与冲刺结合练习；③起跑过全程栏练习（可以计时）。

（3）接力跑　接力跑是由短跑和传、接棒技术组成的集体项目。我国有 4 × 100m、4 × 200m、4 × 400m 接力等项目。

1）基本技术　接力跑技术包括短跑技术和传、接棒技术两个部分。接力跑成绩决定于：各棒队员的速度；传、接棒技术；传棒队员与接棒队员在接棒时的位置。下面以 4 × 100m 接力为例进行介绍。

持棒起跑是第一棒的起跑，在 400m 起点起跑。起跑时，应用右手握接力棒。握的方法是用中指、无名指和小指握着接力棒的后端，拇指和食指分开，并用这两个手指的指腹和其他三个手指的第二节的指背撑于地面。

传、接棒技术对动作要求既准确又迅速。通常采用上挑式和下压式两种方法。①上挑式：接棒人的手臂自然向后伸出。手臂与躯干成 40° ~ 45°，掌心向后，拇指与其他四指自然张开，虎口朝下。传棒人传棒时做随臂向前摆的动作，将小臂伸出，手腕放松，将棒由下向前上方送入接棒人的手中。②下压式：接棒人的手臂向后仰出，手臂与躯干成 50° ~ 60°，手腕内旋，掌心向上，拇指与其他四指自然张开，虎口朝后。传棒人传棒时做随臂向前摆的动作，将小臂伸出，手腕放松，将棒的前端由上向下送入接棒人的手中。

传、接棒配合：接力传接需掌握站位与配合时机，接棒人采用站立式并目视后方，或半蹲式并侧头观察的起跑姿势，位于接力区后端。当传棒人距自己 40 ~ 50m 时，接棒人启动加速，两人相距 1.5 ~ 2m 时传棒人发出信号，接棒人迅速伸手完成交接，整个动作需在 20m 接力区内高速完成。4 × 100m 接力采用不换手法：第一棒右手持棒沿内侧跑道传递，第二棒左手接棒后跑直道外侧，第三棒重复第一棒模式，第四棒延续第二棒方式。交接时需保持传棒手稳固推送，接棒手后伸虎口张开，利用余光判断距离，确保接力棒平稳过渡。训练中应注重加速区预跑节奏、标志线距离把控及传接动作定型，通过反复练习建立默契配合。

2）战术　接力跑的战术主要体现在队员分配上。接力赛全程有四个队员参与，因此，在比赛中应发挥每个运动员的特长，并根据队员的特长分配位置。一般来说，起跑好、善于跑弯道的队员跑第一棒；灵敏、协调性好和速度耐力好，且善于跑直道和传、接棒的队员跑第二棒；速度耐力好、善于跑弯道的队员跑第三棒；绝对速度好、意志顽强、冲刺好的队员跑第四棒。

练习方法为：原地摆臂传、接棒；在跑动中传、接棒；全速跑传、接棒。

2. 跳跃的基本技术

（1）跳高　跳高运动发展到现在经历了多次改革，大体上从剪式跳高、跨越式跳高、俯卧式跳高发展到现在的背越式跳高。这里重点介绍背越式跳高的基本技术。

1）背越式跳高基本技术　一般助跑的前段为直线，最后 3 ~ 5 步助跑转入弧线，与横杆夹角约为 70°。前段是普通加速跑，后段身体向圆心倾斜，并随着助跑节奏的加快和弧线曲率由小变大，身体的内倾程度也逐渐加大。在助跑的倒数第二步时，摆动腿积极下压扒地，使身体重心迅速前移，此时身体内倾达到最大程度。背越式跳高的助跑步点丈量方法很多，下面介绍一种简便易行的自然走步丈量法。首先确定起跳点，然后由起跳点沿横杆的平行方向向前自然走 4 ~ 5 步，再转体沿横杆的垂直方向自然走 5 ~ 6 步。以此点与起跳点相连画一弧线，即为最后 3 ~ 4 步助跑的弧线。直线段的丈量方法是用所要跑的步数乘以 2 倍的自然步数减去 2（图 6-6）。

当起跳腿脚跟着地时，摆动腿开始摆动，上体积极前移，当身体重心移到支撑点上方时，身体由倾斜迅速转为正直，摆动腿积极地蹬伸，完成起跳动作。

在腾空过程中身体逐渐转向背对横杆，摆动腿自然下放，肩向后伸展。头和肩先进杆，髋关节充分展开，身体呈"桥"与横杆成交叉姿势。当臀部越过横杆时，要最大限度向上高抬。过杆后，立即收腹。当腘窝靠近横杆时，两小腿积极向上甩起，两腿伸直成"L"状下落，以肩背部落于海绵垫上。

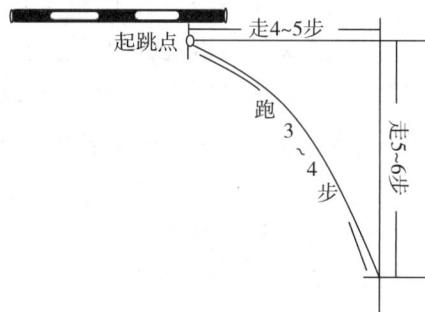

图 6-6　背越式跳高

2）练习方法　①练习弧线助跑接起跳动作：弧线助跑，起跳后手或头触及高悬物。②练习过杆落地动作：背对垫子站立，原地起跳做过杆落地模仿练习；慢助跑，过低杆或过橡皮筋做背越式跳高练习；完整的动作练习。

（2）蹲踞式跳远

1）基本技术　①助跑：助跑距离，男子为 35~45m，女子为 30~35m。开始时，上体前倾，充分后蹬，大腿积极前摆，两臂有力摆动，步频较快。随之上体逐渐抬起，上、下肢摆动幅度较大，蹬摆有力配合。最后的 6~8 步达到最大步长、最高步频，上体与地面垂直。②起跳：在助跑的最后一步，起跳腿前摆稍低，积极下压，接近直腿踏板，由脚跟着地迅速过渡到前脚掌踏板。上体正直或稍后仰，摆动腿折起迅速前摆。当身体重心移到起跳腿上方时，髋、膝、踝三关节迅速蹬伸，上体挺起，摆动腿大腿积极向前方摆到水平位置，小腿自然下垂。③腾空：起跳腾空后，摆动腿保持屈膝水平姿势，起跳腿自然放松地留在后面，成腾空步姿势。成腾空步后，头部微抬，上体保持垂直，摆动腿向前上方摆出，起跳腿一侧的髋部要充分伸展，两臂向前摆动。在接近最高点时，起跳腿开始向胸部提举，逐渐与摆动腿靠拢，形成空中蹲踞姿势，两臂由前向下向后摆动，随后完成落地动作。④落地：落地时，膝关节伸直，脚尖勾起，同时两臂向后摆。脚接触沙面时，迅速屈膝，髋部前移，两臂屈肘前摆，使身体迅速移过支撑点。为了避免后倒坐地，可采用向前倒或向侧倒的落地方法。

2）练习方法　①原地起跳模仿挺身式动作练习；② 6~8 步助跑，用体操助跳板做挺身练习；③完整技术动作练习。

（3）挺身式跳远

1）基本技术　①助跑：同蹲踞式。②起跳：同蹲踞式。③腾空：成腾空步姿势后，摆动腿大腿积极下放，小腿经前向下后做弧形摆动，收腹举大腿向前摆动。④落地：同蹲踞式。挺身式跳远的优点是能较充分地拉长体前肌群，有利于完成收腹举腿和落地伸腿动作；主要缺点是空中动作的形成和用力特点与助跑起跳的动作不太一致。因此，初学者较难做到助跑起跳和空中动作之间的衔接。

2）练习方法　①原地起跳模仿挺身式动作练习；② 6~8 步助跑，用体操助跳板做挺身练习；③完整技术动作练习。

（4）三级跳远

1）基本技术　①助跑：助跑的距离和方法与跳远大致一样，为 38~42m，跑 18~20 步。②第一跳（单脚跳）：踏板时，脚跟先接触，然后迅速滚动到前脚掌踏板，上体稍前倾。摆动腿大、小腿折叠快速前摆，起跳腿迅速伸髋、膝、踝三关节。起跳后成腾空步姿势，上体保持正直。摆动腿向下伸后摆，同时起跳腿自后屈膝向前上方提摆，做积极换步动作，然后做快速积极的扒地式动作转入第二跳。③第二跳（跨步跳）：摆动腿和两臂继续向上方积极摆动，同时与起跳腿的积极蹬伸动作相配合，上体稍微前倾。起跳后，仍形成腾空步姿势。接着，摆动腿的小腿开始前伸，随即做强有力的扒地式的下落动作，两臂配合向前做大幅度摆振，起跳也积极前摆，并为第三跳的起跳动作做好准备。④第三跳（跳跃）：摆动腿缓冲后迅速蹬伸，这时原起跳腿屈膝向前上方摆起，同时两臂配合向上摆。起跳腾空后，仍然保持腾空步姿势，随后动作与跳远一样。

2）练习方法　①立定三级跳练习；②连续的单足跳、跨步跳练习；③8～10步助跑三级跳练习；④完整动作练习。

3. 投掷的基本技术

（1）侧向滑步推铅球

1）基本技术　①握球和持球：握球方法（以右手为例），五指自然分开，把球放在食指、中指和无名指的指根上，大拇指和小指自然地扶在球的两侧，手腕背屈。持球时，将握好的球放在肩上锁骨窝处，贴着颈部，手稍外转，使掌心向前，右臂屈肘自然抬起。②预备姿势：侧对投掷方向，右腿弯屈，站在投掷圈后沿的直径线上，重心落在右腿上。左腿放松微屈，以前脚掌着地，置于右脚前约40cm，左臂动作因个人的习惯各有不同，一般采用上举，或者由肩上转向胸前。左臂动作的作用有以下几点：维持身体平衡、保持身体的扭紧、协助上体下俯。③滑步：滑步时，左腿微屈向投掷方向做一两次预摆，预摆结束左腿回摆的同时，右腿弯曲降低身体重心。当左腿回摆靠近右腿，准备继续前摆的同时，右腿开始做迅速蹬伸动作，以大腿带动小腿向投掷方向移动，右腿蹬直后迅速收拉右小腿，使脚掌沿地面向左滑动至圆圈中心附近。同时左脚积极下落，几乎与右脚同时落地。左脚前脚掌着地，与右脚跟在同一直线上，这时身体姿势基本同于预备姿势，为最后用力推铅球做好准备。④最后用力：最后用力是在滑步结束，左脚即将落地瞬间，右腿立刻蹬伸，向前上方转右髋，左腿着地后积极支撑，阻止重心水平前移，使重心上升到两腿之间。上体在转动中不断抬起，头和胸部转至投掷方向。左臂摆至体侧制动。随着两腿用力蹬地，右肩前送，右臂迅速而有力地做伸臂推球动作，沿38°～42°的投掷角推出。这时右肩高于左肩，右臂充分伸直，手腕迅速内转屈腕，利用手指的弹性拨球，给铅球增加最后的出手速度。⑤维持身体平衡：球出手刹那，右腿随势前摆，踏于左脚附近，左腿后摆，右腿承担全部体重，降低重心，以保持平衡。

2）练习方法　①原地推铅球练习：徒手或用实心球等轻器械做推球模仿练习；原地正面、侧面推球练习。②练习滑步推铅球：徒手侧滑步和连续侧滑步练习；徒手侧滑步推球练习；轻球侧向滑步投掷练习；完整技术动作练习。

（2）背向滑步推铅球（图6-7）

1）基本技术　背向滑步推铅球技术包含预备姿势、滑步、最后用力及维持平衡四个核心环节。①预备姿势：分为高、低两种。高姿势要求持球背对投掷方向，两脚前后站立，右腿伸直支撑体重，左臂自然上举；低姿势则两脚间距为50～60cm，上体前屈，左臂下垂，重心落于弯曲的双腿。②滑步：滑步阶段通过预摆与蹬摆配合实现重心转移：预摆时左腿向后上摆动，带动臀部后移，右腿积极蹬伸，左腿快速摆向抵趾板方向，右腿收至圈心附近，左腿迅速下落完成支撑。滑步强调蹬摆同步、重心平稳过渡，两脚落地时间间隔越短则越利于动作连贯。③最后用力：此阶段始于滑步结束，右腿蹬伸推动右髋向投掷方向转动，上体逐渐抬起形成"侧弓"姿态，躯干前移中左膝微屈，右肩前送配合两腿充分蹬伸，右臂快速推出铅球，手腕内转屈腕拨球。④维持平衡：出手后通过快速换步降低重心，维持身体平衡防止出圈犯规。整个技术流程需注重滑步与用力的衔接、髋部转动与上肢发力的协同，通过下肢蹬伸传递力量至躯干与手臂，形成自下而上的动力链，最终实现铅球高初速的抛物线。

2）练习方法　①徒手做背向滑步练习；②徒手做背向滑步推铅球完整技术练习；③持轻器械完整技术练习；④完整技术动作练习。

图 6-7 背向滑步推铅球

（3）铁饼

1）基本技术 ①握法：五指自然分开，拇指和手掌平靠铁饼，其余四指最末指节扣住铁饼边缘，铁饼的上沿在前臂上，持饼臂自然下垂于体侧。②预备姿势：背对投掷方向，站在圈内靠后沿处投掷中线两侧，两脚间隔稍大于肩宽。两脚齐平或左脚稍后，持饼臂自然下垂于体侧，眼平视。③预摆：目前常用的预摆方法有两种。第一种为左上右后摆饼，开始时，持饼臂在体侧前后摆动，当铁饼摆到体后时，右脚蹬地，用躯干带动持饼臂向左上方摆起，重心移向左腿，上体稍左转，为防止铁饼脱手，左手可以在下面把铁饼托住；回摆时，躯干带动持饼臂把铁饼摆到身体右后方最大限度的部位，身体向右扭转，随着摆饼动作重心又移到右腿上，上体稍前倾，两腿微屈，左臂自然屈于胸前，两眼平视。第二种为体前左右摆饼，开始时，持饼臂在体侧前后摆动，当饼摆到体后时，右脚蹬地，用躯干带动持饼臂把铁饼摆到身体左上方，防止脱饼，手掌翻转向上，右肩略低，体重大部分移到左腿上；回摆时把饼摆到身体的右后方，高度约与肩平，重心由左腿移至右腿，膝部微屈，上体微前倾并向右扭转，左臂自然屈于胸前，两眼平视。④旋转：旋转是掷铁饼完整技术中动作最复杂的部分。其动作过程是：双脚支撑—单脚支撑—腾空—单脚支撑—双脚支撑。在完成这些动作的过程中，要使身体保持良好的平衡。预摆结束时，弯屈的右腿蹬地，上体向左转动，左腿以前脚掌为轴使左膝外展，重心稍下降，身体向投掷方向倾斜，投掷臂在身后放松地牵引着铁饼，头部随身体的转动而转动。当左膝、左肩、头部将转向投掷方向时，右膝自然弯曲，以大腿带动的力量，用较大幅度的摆动绕左腿向投掷方向转扣（右脚不要离地过高），这时左髋低而右髋高，身体形成以左侧为轴的单腿支撑旋转。紧接着以左脚蹬地力量推动身体向投掷圈的中心移动，右腿右膝继续转扣，使身体右侧肌肉拉长，保持良好的超越器械姿势。当左脚蹬离地面，右腿快速内转下压时，左腿屈膝迅速向右腿靠拢，加速和保持下肢对上肢的超越。这时右肩内扣，上体稍前倾收腹。此后，上体也随之向左转动，右腿屈膝，在圆心附近用前脚掌着地并不停顿地继续旋转。此时，左肩处于右膝上方，体重落在弯曲着的右腿前脚掌上。接着左脚积极后摆，以脚掌的内侧着地，落在投掷圈中线的左侧投掷圈前沿稍后的地方，这时身体处于最大限度的扭转拉紧状态，铁饼处于身体后方，髋轴超越肩轴，形成最后用力前的有利姿势。⑤最后用力：最后用力是决定投掷远度的主要技术环节，它的任务是用全身的力量通过投掷臂和手的动作掷出铁饼。当左脚着地时，右脚还在继续转动，使右髋积极向投掷方向转动和前进，髋轴更加超越肩轴，进一步加大身体的扭紧程度。头向左转，左肩、左臂向投掷方向牵引，投掷臂带动铁饼以最大弧线向前快速运动。这时重心逐渐移向左腿，左膝微屈，右腿继续蹬伸用力，以爆发式的快速用力向前挺胸挥饼。与此同时，左腿迅速蹬伸，左肩制动，形成稳固的左侧支撑，使身体右侧继续向前移动，将全身的力量通过投掷臂和手作用到铁饼上使铁饼出手。铁饼离手的一刹那，由小指到食指要依次用力拨饼，使铁饼沿顺时针方向自转向前飞进。铁饼出手的适宜角度在30°～35°。⑥维持身体平衡：铁饼出手后，及时交换两腿并顺惯性向左转体，降低重心，保持身体平衡。

　　2）练习方法　①向地上或空中做拨饼练习；②原地正面或侧面投饼练习；③原地投不同重量的铁饼；④背向徒手旋转掷饼练习；⑤轻重量旋转掷铁饼；⑥完整技术动作练习。

　　（4）标枪

　　1）基本技术　标枪投掷技术由持枪助跑、投掷步衔接、最后用力及维持平衡四个核心环节构成。握枪方法常用斜掌式：标枪斜放于掌心，拇指与中指握把末端第一圈，食指自然弯曲，无名指与小指辅助握持。持枪姿势需保持放松，右臂屈肘90°举枪于肩部上方，枪尖略低，便于助跑中控制方

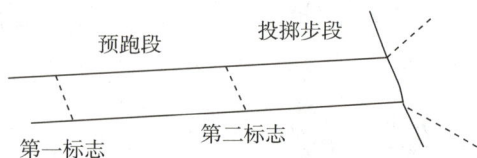

图6-8　助跑

向。助跑分为预跑和投掷步两个阶段（图6-8）：预跑阶段身体前倾，节奏逐渐加快，标枪随步伐自然摆动；投掷步阶段从右脚前迈开始，通过五步完成引枪、超越器械及发力准备。以跳跃式投掷步为例：第1步右脚前迈引枪，左臂摆至胸前；第2步左脚跟进，髋部右转完成引枪，枪尖指向右眉；第3步交叉步，形成下肢超越上肢的"弓形"姿态，右腿积极前摆，左腿强力蹬伸，枪身与手臂夹角最小化；第4步左腿快速前跨制动支撑，右膝微屈蓄力；第5步通过缓冲动作维持平衡。最后用力始于交叉步右腿落地，左腿制动支撑形成左侧动力链，右腿持续蹬伸推动髋部前移超越肩轴，躯干带动投掷臂形成"满弓"姿势。随即左腿弹性蹬伸，胸腹肌群收缩引发"鞭打"式爆发，力量经手臂传递至标枪纵轴，以30°～35°出手角掷出，手腕内旋使标枪顺时针自转增强飞行稳定性。标枪离手后，右腿主动跨步降低重心，左转身体避免出界犯规。技术核心在于助跑与发力的无缝衔接，通过下肢蹬伸、躯干扭转与上肢鞭打的动力链协同，实现力量沿标枪纵轴的高效传递。

　　2）练习方法　①通过看技术图片、录像、示范动作建立正确的技术概念。②学习原地掷标枪技术：学习握枪和持枪方法；原地正、侧面掷标枪。③学习引枪和投掷步技术：原地引枪练习；上两步和三步引枪练习；持枪做交叉练习。④助跑掷枪练习：持枪助跑练习；持枪助跑结合引枪和投掷步练习；中速短程助跑掷枪；全程助跑掷枪。

三、田径竞赛规则

1. 跑道上的阻挡　①运动员挤撞或阻挡其他运动员而妨碍其走或跑进时，应取消其该项比赛资格。在比赛中如发生此类被取消该资格的情况，裁判长有权命令除被取消资格的运动员外的其余运动员重赛。如发生于预赛，可令受损运动员参加下一赛次的比赛。②在分道径赛中，运动员应自始至终在各自分道内跑进。③运动员由于受他人推、挤或被迫跑出自己的分道，未从中获得实际利益，则不应取消其比赛资格。运动员在直道上跑出自己分道或在弯道上跑出自己的分道外侧分道线，未从中获得实际利益，也未阻挡其他运动员，则不应取消其比赛资格。除上述情况外，裁判长证实某运动员已跑出自己的分道，则应取消其比赛资格。④除分道接力赛跑外，运动员不得在跑道上做对他们有帮助的标记或沿跑道放置标志物。⑤参赛运动员数量过多，不能在一个赛次（决赛）进行比赛的径赛项目，应举行若干赛次的分组赛。所有运动员通过所有赛次，取得决赛资格。

2. 轮次　所有参赛运动员都试掷（跳）一次为一轮次。①在田赛的一次试跳（掷）中，由于任何原因运动员受阻，裁判长有权给予其重试机会。②在田赛或全能项目比赛中，运动员得到许可，在一位裁判员的陪同下，可以离开该项的比赛现场。回来后已错过的试跳（掷）顺序一律不补。③田赛项目

比赛时，运动员无故延误试跳（掷），即不准参加该次试跳（掷），以失败论处。如果在比赛中再次无故延误，即取消运动员继续比赛资格，但在此以前的所有成绩仍为有效。裁判员负责通知运动员一切准备就绪，试跳（掷）开始。该次试跳（掷）的时限，应从这一瞬间算起。如果运动员在此之后才决定免跳，而时限已过，仍应判为该次试跳失败。

各项目的时限一般如下：①跳高、跳远、三级跳远、铅球、铁饼、链球和标枪为1.5分钟；②撑杆跳高为2分钟，时间从根据运动员预先要求将架子调整好时算起；③在跳高和撑杆跳高（不包括全能项目）比赛的最后阶段，如只剩2或3名运动员，跳高试跳时限增至3分钟，撑杆跳高为4分钟；④同一运动员连续两次试跳（掷）之间的间隔时间，撑杆跳高不得少于4分钟，其他项目不得少于3分钟；⑤有关裁判长认为有必要变更比赛场地时，必须等待所有运动员试跳（掷）完同一轮次，再行变更。

3. 丈量与计算　①对跳高、撑杆跳高、跳远、三级跳远、推铅球等项的丈量，应以1cm为单位，不足1cm不计。跳高、撑杆跳高，应从地面垂直丈量到横杆上沿的最低点。②对铁饼、链球、标枪等项远度的丈量，应以2cm为单位，不足2cm不计，不能出现奇数，如40.31m应计40.30m。

4. 成绩相等

（1）按成绩录取时，任一赛次中如需确定进入下一赛次的运动员成绩是否相等，终点主裁判应考虑所记录的实际成绩。如果成绩相等，则有关运动员均应安排进入一下赛次；如实际条件不允许，则应抽签选出进入下一赛次的人选。决赛中出现第一名成绩相等时，裁判长有权决定这些成绩相等的运动员重新比赛，如无法重赛，则名次并列；其他名次相等时，也应并列。

（2）跳高及撑杆跳高项目：①在出现成绩相等的高度上，试跳次数较少者名次列前；②如成绩仍然相等，在包括最后跳过的高度在内的比赛中，试跳失败次数较少者名次列前；③如成绩仍相等，如涉及第一名，则令成绩相等的运动员在其最后失败的高度上，每人再试跳一次。如仍不能判定，则横杆应提升或降低，跳高为2cm，撑杆跳高为5cm，他们应在每个高度上试跳一次，直到决出名次为止。决定名次的试跳，有关运动员必须参加。

（3）在以远度判定成绩的田赛项目中，如成绩相等，应以其次优成绩判定名次。如次优成绩相等，则以第三较优成绩判定，以此类推。如仍相等，并且涉及第一名者，则令成绩相等的运动员按原比赛顺序进行新的一轮试跳（掷），直到决定名次为止。

（4）每名运动员应以最好一次试跳（掷）成绩，包括第一名成绩相等决定名次赛时的成绩，作为最后决定成绩。

5. 计时　①凡在跑道上举行的各项人工计时的成绩，都要进位换算成1/10秒。如10.11应进位为10.2。②计时应从发令枪发出的烟或闪光开始，直到运动员的躯干（不包括头、颈、臂、腿、手、脚）的任何部分抵达终点线后沿垂直平面的瞬间为止。

6. 起点与终点　①起点与终点应用宽5cm的白线标出，并与分道线垂直。赛跑的距离应从起跑线后沿（离终点远的边缘）量至终点线后沿（离起点近的边缘）。②各项径赛应用发令枪或类似器材朝天鸣放起跑。一旦运动员处于静止稳定状态，即应鸣枪。③在国际比赛中，发令员用本国语言或英语或法语发令"各就位""预备"，当运动员全部"预备"就绪，即可鸣枪。800m以上的项目，只用"各就位"口令，在所有运动员稳定时鸣枪；400m及400m以下各项径赛（包括4×200m和4×400m接力的第一棒和跨栏），运动员必须使用起跑器和蹲踞式起跑。在"各就位"口令之后，运动员必须完全在自己分道内和起跑线后做好准备姿势。双手和膝必须与地面接触，双脚必须接触起跑器。在"预备"口令之后，运动员应立即抬高重心做出最后的起跑姿势，此时运动员的双手仍须与地面接触，双脚不得离开起跑器（也就是蹲踞式起跑）。运动员已就位时，其双手或双脚不得触及起跑线或线前地面。④"各就位"或"预备"口令发出后，所有运动员必须立即做好"预备"姿势，不得拖延。经适当时间仍不服从命令者，以起跑犯规论。"各就位"口令下达后，如运动员用声音或其他方式干扰比赛中的其他运动员，以起跑犯规论。⑤对起跑犯规的运动员必须予以警告。对两次犯规有责任的运动员或在全能运动中对三次起跑犯规有责任的运动员应取消其比赛资格。⑥终点柱：如对终点摄影机没有干扰，可在终点延长线上距跑道两侧边缘至少30cm的地方分设两根白色柱子。终点柱应结构坚固，高约1.40m，宽8cm，厚2cm。⑦判定运动员名次，应以身体躯干（不包括头、颈、臂、腿、手、脚）任何部分到达终点后沿垂直平面的次序为准。

7. 跨栏跑

（1）距离　标准距离为男子110m、400m栏，女子100m、400m栏，每条分道设置10个栏架（表6-1）。

表6-1　栏架栏间距离

性别	距离	栏高	起点至第一栏	栏间距离	最后一栏至终点
男	110m	1.0067m	13.72m	9.14m	14.02m
	400m	0.914m	45m	35m	40m
女	100m	0.840m	13m	8.5m	10.5m
	400m	0.762m	45m	35m	40m

注：放置在跑道上的栏架，其底座的脚应指向运动员的跑来方向。

（2）栏架规格　①最大宽度为1.20m，底座最长为0.70m；②栏架总重量不得少于10kg；③栏架高度的公差为±3mm，此乃制作栏架允许的误差范围；④栏顶横木宽7cm，厚度1.0～2.5cm，顶部横木的边缘应抹圆，两端应固定。

（3）顶部横木应黑白相间，两端为白色条纹，条纹宽度至少为22.5cm。

（4）所有跨栏项目均为分道跑，运动员应自始至终跑在各自的分道内。

（5）运动员在过栏瞬间其脚或腿低于栏顶水平面，或者跨越他人的栏架，或者裁判长认为有意地用手或脚推倒栏架，应该取消其比赛资格。

（6）除本条第（5）款所述外，不得因碰倒栏架而取消比赛资格或不算纪录。

（7）创造世界纪录时使用的栏架，必须全部符合本条规则的规格。

8. 接力赛跑　所有接力项目需在跑道上清晰标注5cm宽的横线，标明各棒次起跑位置及接力区范围。4×100m和4×200m接力赛中，第二至第四棒运动员可在接力区外10m内的预跑线起跑，预跑线需明确标记。4×100m全程分道跑，4×200m和4×400m的第一弯道为分道跑，后续阶段允许离开分道，但需在抢道线后完成并道。4×400m接力的第三、四棒运动员需在裁判指挥下，按传棒运动员通过200m处的顺序由内至外排列站位，确定后不可更改。接力区为20m范围，传接棒必须在此区域内完成。运动员可使用胶布或钉鞋在分道内做临时标记，禁用粉笔等不可擦除材料。接力棒为空心圆管，需在接力区内完成传递，判定以棒的位置为准。若掉棒，须由掉棒者在不阻碍他人的情况下拾回，且不取消资格。在参赛要求方面，运动员必须持棒跑完全程，传棒后需留在本分道或接力区直至不影响他人；故意阻挡或助力推动将被取消资格。接力队每赛次最多替换两名候补队员，被替换者不得参与后续赛次。每赛次前需提交棒次顺序，确保竞赛公平。特殊规则中，4×400m接力第一接力区分道跑，第二棒起需在接力区内起跑；4×200m若参赛队≤3支，建议仅第一弯道分道跑。所有分道项目中不得越道干扰他队，违反者取消资格。候补机制与顺序声明确保赛事规范性，维护竞赛秩序。

9. 全能比赛　包含男子十项、五项及女子七项全能，按固定顺序分日进行，男子十项首日进行100m、跳远、铅球、跳高、400m，次日110m栏、铁饼、撑竿跳高、标枪、1500m；男子五项在单日完成跳远、标枪、200m、铁饼、1500m；女子七项首日100m栏、跳高、铅球、200m，次日跳远、标枪、

800m。赛程安排需保障运动员休息，单项间隔至少 30 分钟，首日与次日间隔不少于 10 小时。在竞赛规则方面，各单项采用国际田联标准，特殊条款包括：跳远及投掷项目，每名运动员仅 3 次试跳或试掷机会；径赛项目由三名计时员独立计时或使用全自动电子计时，两次起跑犯规即取消资格。分组编排由裁判长决定，径赛每组不少于 4 人，最后一项按积分排名分组，其他项目抽签决定。积分系统依据国际田联评分表，每项赛后公布单项得分与累计总分，全程使用单一计时方式（电子计时优先）。若某组无电子计时成绩，则采用手计成绩，但混合成绩不被认证为纪录。总积分最高者获胜，同分时比较单项高分数量，仍平局则以单项最高分为准。运动员缺席任一项目即视为弃权，不计总成绩。特殊情况下，裁判长可调整分组以确保公平。全能比赛强调运动员综合能力与持续竞技状态，要求严格遵守竞赛规程，确保赛事公正性与规范性。通过多项目积分累加，最终决出全能优胜者。

10. 推铅球

（1）运动员试掷顺序应抽签决定。

（2）运动员超过 8 人，应允许每人试掷 3 次。前 8 名运动员可再试掷 3 次。倘若第 8 名成绩相等，成绩相等的运动员也应允许再试掷 3 次。当比赛人数只有 8 人或少于 8 人时，每人均可试掷 6 次。注：此处成绩相等系指达到相同远度。

（3）在比赛场地，每名运动员在裁判监督下最多能练习试掷 2 次，练习试掷应按抽签决定的顺序进行。

（4）一旦比赛开始，运动员无论持器械与否，均不得使用投掷圈或落地区以内地面练习投掷，也不能持器械练习。

（5）铅球应从圈内推出。运动员必须从静止姿势开始进行试掷。允许运动员触及铁圈和抵趾板的内侧。

（6）铅球应从肩部用单手推出。当运动员进入圈内开始试掷时，铅球应抵住或靠近下颌，在推球过程中，持球手不得降到此部位以下。铅球不得置于肩轴线后方。

（7）不允许使用任何装置对运动员在投掷时进行任何帮助，例如使用带子将两个或更多的手指捆在一起。除了开放性损伤需要包扎以外，不得在手上使用绷带或胶布。不允许使用手套。为了能更好地持握铅球，运动员可使用某种物质，但仅限于双手。为防止脊柱受伤，运动员可系一条皮带或其他合适材料制成的带子。运动员不许在圈内或鞋底喷洒任何物质。

（8）运动员进入圈内并开始投掷后，如果运动员身体的任何部位触及圈外地面，或触及铁圈和抵趾板上面，或以不符合规定的方式将铅球推出，均为一次试掷失败，不计成绩。

（9）倘在试掷中未违反上述规则，运动员可中止已开始的试掷，可将器械放在圈内或圈外，并可离开投掷圈。在恢复静止姿势和重新开始试掷之前，运动员如要暂时离开投掷圈必须符合（12）款中的规定。

（10）铅球必须完全落在落地区角度线内沿以内，试掷方向为有效。

（11）每次有效试掷后，应立即进行丈量。从铅球着地的最近点与圆心之间的直线量至投掷圈内沿。

（12）运动员在器械落地后方可离开投掷圈。离开投掷圈时，最先接触到的铁圈土沿或圈外地面必须完全在圈外白线的后面，圈外白线的后沿理论上应通过圆心［见（17）款］。

（13）器械应运回到投掷圈，决不许扔回。

（14）每名运动员应以其最好的一次试掷成绩，包括第一名成绩相等决名次时的试掷成绩，为其最后的决定成绩。

（15）铅球投掷圈结构：圆圈应用铁板、钢板或其他合适材料制成，其顶端应与外部地面齐平。圈内地面应用混凝土、沥青或其他坚硬而不滑的材料修建。圈内地面应为水平，并低于铁圈上缘 1.4 ～

2.6cm。符合上述规定的活动投掷圈也可使用。

（16）铅球投掷圈规格：投掷圈内沿直径应为 2.135m（±5mm）。铁圈上沿至少应厚6mm并漆成白色。

（17）从金属圈顶两侧向外各画一条宽5cm、长至少为75cm的白线。此线可用油漆画出，或用木料或其他合适材料制成。白线后沿应为一条通过圆心的理论直线的延长线，并与落地区中心线垂直。

（18）抵趾板结构：抵趾板应漆成白色并用木料或其他合适材料制成，其形状应为弧形，以便使其内缘与铁圈内沿相重合。它应安装在落地区两条白线之间的正中位置，并固定于地面。注：国际田联以前规定的抵趾板仍然可用。

（19）抵趾板规格：抵趾板宽度为 11.2 ~ 30cm，内沿弧长 1.21 ~ 1.23m，高出圈内地面 9.8 ~ 10.2cm。

（20）铅球结构：铅球应用实心的铁、铜或其他任何硬度不低于铜的金属制成，或由此类金属制成外壳，中心灌以铅或其他金属。铅球的外形必须为球形，表面必须光滑。

（21）铅球规格：见表6-2。

（22）铅球落地区应用煤渣或草地及其他合格材料铺成，铅球落地时应能形成下落痕迹。

（23）整个铅球落地区向投掷方向上的向下倾斜度不得大于1∶1000。

表6-2 铅球规格

铅球规格参数	男子	女子
承认纪录的最低重量	7.260kg	4.000kg
比赛所使用的重量	7.260kg	4.000kg
最小直径	11cm	9.5cm
最大直径	13cm	11cm

（24）铅球落地区应用宽5cm白线标出，其延长线应能通过投掷圈圆心，圆心角40°。

（25）可用醒目的旗帜或标志物标出每个运动员的最好成绩，但在放标志物时，应沿白线方向放置在白线外侧。应用醒目的旗帜或标志物标出最新的世界纪录，在合适场合也可标出最新的洲或国家纪录。

11. 掷铁饼

（1）铁饼投掷圈结构　投掷圈应用带状钢铁或其他合适材料制成，圈的顶端应与圈外地面齐平。圈内地面应用混凝土、沥青或其他坚硬而不滑的材料修建。圈内地面应为水平并低于铁圈上缘 1.4 ~ 1.6cm。

（2）规格　投掷圈内沿直径应为 2.50m（±5mm）。铁圈上缘至少应厚6mm，并应漆成白色。

（3）从金属圈顶两侧向外各画一条宽5cm、长至少为0.75m的白线。此线可用油漆画出，或用木料或其他合适材料制成，白线后沿应为圆圈直径的延长线并垂直于落地区中心线。

（4）铁饼结构　铁饼的饼体应用木料或其他合适的材料制成，周围镶以金属圈，金属圈边缘应呈圆形。外缘横断面为标准圆形，半径约为6mm。铁饼两面中央可镶有与饼体齐平的圆片，也可不装金属圆片，但相应部位应呈平面。铁饼的大小和总重量应符合规格。铁饼的两面必须相同，制造时不得带有凹陷、凸起或尖缘。从金属圈边缘弯曲处至饼心的边缘，应呈直线倾斜，饼心的半径为25 ~ 28.5mm。

12. 掷标枪

（1）标枪应握在把手处。从肩部或投掷臂上方投出，不得抛甩，不得采用非传统姿势。只有标枪的金属枪尖先于枪的其他部位触地，试掷方为有效。运动员试掷时，在标枪出手以前，身体不得完全转向背对投掷弧。

（2）运动员开始试掷以后，如果身体或任何部位触及投掷弧、助跑道边界线和助跑道以外地面，或在试掷时标枪出手不符合规定，均为试掷失败。

（3）在试掷中倘未违反上述规则，该运动员可终止已开始的试掷，可将器械放在助跑道内侧或外侧，在返回助跑道重新开始试掷之前，可以离开助跑道。

（4）如果标枪在试掷时或在空中折断，不应算为试掷失败。根据本规则，运动员可离开助跑道。离开助跑道时，首先接触的助跑道两侧平行线或线外地面必须完全在投掷弧及两端延长线后面。

（5）助跑道长至少应为30m，至多为36.5m，条件许可时应不短于33.5m。助跑道应用宽5cm的两条平行线标出。试掷应在投掷弧后面完成，圆弧半径为8m。投掷弧可用油漆画出，或用木料或金属制成，弧宽7cm。投掷弧应漆成白色，与地面齐平。弧两端应画出限制线，与助跑道平行线成90°角，线宽7cm，长0.75m。

（6）用5cm宽的白线将落地区标出，白线在理论上通过投掷弧与助跑道平行线的交点和投掷弧圆心。

（7）助跑道左右倾斜度最大为1∶100。

（8）标枪结构：标枪由三部分组成，枪头、枪身、缠绳把手。枪身由金属制成，并装有尖形金属枪尖。标枪枪身表面不得有小窝、凸起、沟槽、突脊、空洞、粗糙，枪尾必须自始至终平滑。

（9）把手应包绕重心，其直径不得超过枪身直径8mm。把手表面应为规则的不光滑形，但不得有任何种类的绳头、结节或呈锯齿形。把手的厚度应均匀。

（10）标枪规格：见表6-3。

表6-3 标枪规格

标枪规格参数		男子	女子
承认纪录的最小重量（包括把手）		800g	600g
比赛所使用的重量		800g	600g
全长	最短	2.60m	2.20m
	最长	2.70m	2.30m
金属枪尖长度	最短	25cm	25cm
	最长	33cm	33cm
枪尖至重心距离	最短	0.90m	0.80m
	最长	1.60m	0.95m
枪身最大直径	最小	2.5cm	2.0cm
	最大	3.0cm	2.5cm
把手宽度	最小	15cm	14cm
	最大	16cm	15cm

（11）标枪不得有可移动部分或者投掷时可以改变其重心或投掷性能的装置。

（12）枪尖张角不得大于40°。距枪尖15cm处枪头直径不得超过枪身最大直径的80%。重心至枪尖的中点处的直径不得超过枪身最大直径的90%。

（13）重心至枪尾末端的中点处的直径，男枪不得小于枪身最大直径的90%，女枪不得小于枪身最大直径的70%。距枪尾末端15cm处的直径，男枪不得小于枪身最大直径的40%，女枪不得小于枪身最大直径的30%。枪尾末端直径不小于3.5mm。

13. 跳高 跳高比赛由抽签决定试跳顺序。赛前裁判公布起跳高度及每轮升高计划（每轮至少2cm），直至仅剩一名选手或出现并列第一。除非仅剩一人且已夺冠，否则每轮横杆提升幅度不得减少或增加。运动员须单脚起跳，禁止赛中练习。试跳失败判定：横杆因试跳动作掉落；身体任何部位在过杆前触及立柱间延长线外的地面或落地区。选手可自选起跳高度，任一高度连续三次失败即淘汰（决赛名次加跳除外）。允许在某一高度失败后免跳后续试跳，但不得恢复该高度试跳（除非并列加赛）。比赛中需遵守起跳区使用规范，确保公平竞技。

14. 跳远　跳远比赛试跳顺序由抽签决定，参赛人数超过 8 人时，每人试跳 3 次，成绩前 8 名可再试跳 3 次（若第 8 名成绩并列，则均获资格）；不足 8 人时每人可试跳 6 次。试跳失败判定包括：身体任何部位触及起跳线外地面；从起跳板两端外侧起跳；落地时区外触地点比区内最近点更靠近起跳线；完成后向后走出落地区；采用空翻动作。有效试跳成绩以身体着地最近点至起跳线的垂直距离为准，取最佳成绩为最终成绩。场地规范方面，助跑道长度≥40m，宽 1.22～1.25m，左右及总倾斜度≤1%，可用胶布或组委会提供的标志物辅助助跑。起跳板长 121～122cm、宽约 20cm、厚 10cm，白色涂装，埋入地面与助跑道齐平，前沿设置橡皮泥或 10cm 宽的 30°斜面沙带用于检测犯规。起跳板距落地区远端≥10m，近端安装于距落地区 1～3m 处。落地区宽 2.75～3m，填充湿沙且沙面与起跳板平齐，确保落地安全与测量准确性。比赛中禁止使用助跑道练习，运动员需遵守起跳规范与区域限制，确保竞赛公平与技术规范性。

15. 三级跳远　三级跳远由单足跳、跨步跳和跳跃三部分构成。跨步跳中，摆动腿触地不视为失败。起跳板距落地区远端≥21m，国际赛事中男子起跳板距近端≥13m，女子≥11m，其他赛事根据水平调整。起跳板规格、助跑要求及试跳规则均与跳远一致。比赛中禁止在试跳区练习，运动员需按顺序完成三跳动作，最终成绩以最优试跳距离为准。

思考题

1. 田径运动的主要国际赛事有哪些？
2. 田赛、径赛的主要项目有哪些？
3. 为什么短跑比赛必须使用起跑器？

第六节　中长跑

一、概述

现代马拉松的起源可追溯至公元前 490 年的希波战争。传说雅典士兵菲迪皮德斯奔跑了约 40km，从马拉松战场返回雅典传递胜利消息后力竭而亡。但历史学家认为，这个故事可能有多个版本混合，真实历史中菲迪皮德斯可能是一位专业传令兵，执行过多次长距离奔跑任务。1896 年第一届现代奥运会就设立了马拉松项目，比赛距离约为 40km。1908 年伦敦奥运会为方便英国王室观赛，将终点设在温莎城堡前，最终确定比赛距离为 42.195km，并沿用至今。20 世纪 50—60 年代被称为中长跑的黄金时代。捷克运动员埃米尔·扎托佩克在 1952 年赫尔辛基奥运会上同时赢得 5000m、10000m 和马拉松三枚金牌，至今无人复制这一壮举。

二、技术内容篇

1. 跑步技术
（1）起跑技术　采用站立式起跑，身体前倾 10°～15°，前脚距起跑线 30～40cm，后脚掌抬起至前脚弓位置。起跑信号发出后，前腿髋关节伸展角度需达 160°～170°，后腿蹬地力量集中于前脚掌，避免过早直立造成加速滞后。

（2）途中跑技术　保持躯干前倾 5°～7°，以减少空气阻力；摆臂角度为前摆至下颌线、后摆至髋关节后方，肘关节弯曲 90°；着地时足中部触地，膝关节弯曲角度在 140°～150°，触地时间控制在 200～220 毫秒。呼吸模式采用"2：2 节奏"，深度腹式呼吸使潮气量提升至 2.5～3.0L，血氧饱和度维持在≥95%。

（3）战术执行　领跑者需将速度波动控制在每 400m±2 秒，避免过早消耗糖原储备；跟随跑者应处于前侧方 1～1.5m "低压区"，可减少空气阻力 5%～8%；终点冲刺阶段，提前 200～300m 启动，步频增加至每分钟 10～15 步，躯干前倾增至 10°，激活快肌纤维募集。

（4）常见错误与矫正　①跨步过大：通过绳梯训练限制步幅，强制步频提升。②摆臂失衡：使用 0.5～1kg 腕部负重进行摆臂专项训练，增强神经肌肉协调性。③呼吸紊乱：佩戴呼吸节奏传感器，实时监测并反馈吸呼比。

2. 常见训练方法　以下是中长跑常见训练方法的系统性总结，综合运动生理学原理与训练实践经验。

（1）基础耐力训练　①持续匀速跑：以 60%～75% 最大心率进行 45 分钟至 2 小时的匀速长跑，重点提升心肺功能和肌肉毛细血管密度。建议每周安排 2～3 次，距离从 8km 逐步增至 20km。马拉松运动员常采用 25～32km 的长距离慢跑（LSD）训练强化基础耐力。②法特莱克变速跑：在自然地形中进行速度与强度自由切换的混合训练，如 1km 快跑接 500m 慢跑交替，增强机体适应多变节奏的能力。该训练特别适合青少年运动员发展能量代谢灵活性。

（2）专项强度训练　①间歇训练法：短间歇：200～400m 重复跑，强度达 90%～95% 最大心率，组间休息与训练的时间比例为 1：1，以提升最大摄氧量。长间歇：800～1200m 段落跑，强度达 85%～90% 最大心率，休息 3～5 分钟，强化乳酸耐受能力。②阈值强度跑：以乳酸阈值强度持续 20～40 分钟，如 10km 比赛配速跑，可显著提升乳酸清除效率。建议每周进行 1 次，占总跑量 10%～15%。

（3）综合能力强化　①山坡重复训练：选择 200～400m、坡度 4%～6% 的坡道进行 6～8 组冲刺，上坡发展腿部爆发力，下坡训练制动离心力量。例如莫·法拉赫常采用 5% 坡度、300m×8 组的山地训练。②力量循环训练：结合药球抛掷、跳箱和单腿硬拉等动作，每周 2 次，每次 30 分钟，可提升跑步经济性达 5%～8%。典型组合：深蹲跳×15 次 + 弓步走 20m + 波比跳×10 次，循环 3 组。

（4）技术优化训练　①节奏控制跑：使用节拍器或智能手表进行步频专项训练，将步频稳定在每分钟 180～190 步。例如用 185 步频完成 5×1km 间歇，组间分析触地时间对称性。②视频反馈训练：通过高速摄像机捕捉跑姿，重点优化躯干前倾角和摆动腿折叠角度。

（5）恢复与监测　①冷热交替疗法：高强度训练后采用冷水浴与热水浴交替 3 个循环，可加速肌肉恢复。②血氧饱和度监测：使用穿戴设备跟踪晨起静息血氧饱和度，低于 92% 时应调整训练负荷。优秀中长跑运动员的静息心率可达每分钟 40～50 次。

3. 中长跑动态热身流程　中长跑热身旨在提升核心温度至 37.5～38℃，激活下肢肌群协同能力，优化踝关节灵活性，预防运动损伤。

（1）流程　分为四个阶段。①基础激活（5 分钟）：以慢跑起始，速度由慢渐快，结合高抬腿和后踢腿激活髂腰肌与股四头肌，动态监测心率至 100～110 次/分。随后进行动态伸展：侧弓步触地打开髋内收肌，手足爬行强化肩胛稳定，蝎式摆腿提升胸椎活动度。②专项强化（8 分钟）：下肢动力链训练包括单腿硬拉接提膝激活臀肌与髋屈肌，跳跃弓步强化离心缓冲。跑姿预演可通过跨步弹跳与快速垫步高抬腿优化跑动效率。③系统整合（5 分钟）：多向移动训练包含侧向交叉步与倒退跑，提升敏捷性与腘绳肌控制。呼吸协同练习结合变速折返跑和听信号反应冲刺，强化神经募集与节奏适应。④环境适应（2分钟）：模拟沙地或草地短跑，调整足底受力，穿戴40～45℃护膝促进关节润滑。

（2）常见错误与修正　①动作代偿：易犯错误为弓步时躯干前倾＞10°，应手持木棍顶于头－骶骨间强制直立。②强度失控：易犯错误为热身末期RPE＞7，应插入1分钟慢走＋箱式呼吸。③节奏紊乱：易犯错误为摆臂与步伐不同步，应佩戴节拍器。④环境适配建议：当PM2.5＞50时，改用室内跳绳替代慢跑；在海拔＞1500m地区，血氧饱和度需维持在≥92%。

（3）注意事项　中长跑热身需遵循科学原则，以渐进方式提升强度。初始阶段采用低强度慢跑，使核心温度每5分钟上升0.5～1℃，避免心率骤增。动作从基础激活逐步过渡至专项强化，自觉强度从3级升至6级。热身动作需符合跑步生物力学特征，优先选择动态伸展，替代静态拉伸，动态拉伸可提升肌肉力量输出5%～8%。专项动作如单腿硬拉接提膝模拟蹬伸发力，倒退跑强化腘绳肌离心控制，注重动作与跑姿的协同性。环境适应方面，低温情况下需延长慢跑至8分钟，穿戴加热护膝促进关节润滑。

需避免常见错误：避免硬质路面的高强度弹跳，选择塑胶跑道或缓冲垫预防胫骨骨膜炎；未进行神经激活易导致起跑延迟0.1～0.3秒，建议加入2～3组反应训练。科学化热身通过渐进激活、动作适配及环境补偿，构建从肌肉到神经的"预负荷"状态，可降低损伤风险至5%以下，提升能量代谢效率与动作精准度，为训练或比赛奠定最佳生理基础。

4. 中长跑运动呼吸方法与体力分配综合策略　中长跑运动中，呼吸与体力分配的协调是提升表现的关键。呼吸方法方面，建议采用节奏性呼吸模式，如"两步一吸、两步一呼"或"三步一吸、三步一呼"，通过呼吸与步伐的同步稳定供氧。初期可通过节拍器辅助训练形成习惯，同时注重腹式呼吸，延长呼气时间以提升氧气交换效率，减少运动中的"极点"反应。寒冷环境下可用"舌抵上颚呼吸法"预热空气，高湿时改用"鼻吸口吐"减少水汽吸入，降低呼吸负担。体力分配需科学分段：起跑阶段保持最高速度的80%～85%，避免过早消耗糖原；途中阶段维持匀速，每200m配速波动不超过3秒，可通过心率监测调整强度；冲刺阶段逐步提升至无氧强度，保留5%体力用于最后50m步频爆发。地形应对中，上坡缩短步幅20%，配合高频呼吸对抗阻力；下坡利用惯性滑步，加大呼气深度、加速乳酸代谢。

综合策略需根据个体差异调整，如最大摄氧量、血乳酸阈值等指标，通过系统训练可提升8%～12%的续航能力。注重呼吸与动作的协同、地形适应及环境变量管理，帮助运动员在复杂条件下保持高效能量利用，为比赛奠定坚实基础。

5. 中长跑战术　中长跑战术是体能、策略与心理博弈的综合运用，需根据赛事距离、对手特点及环境动态调整。领跑控制战术适用于逆风、低温或赛道狭窄场景，通过前400m配速波动≤±2秒的稳定节奏消耗对手耐心，配合放大呼吸声传递心理压迫感，但需极高有氧阈值以防后程崩盘；跟随伺机战术可节省5%～8%能耗，保持0.5～1m距离观察对手，弯道切入内道第二位以减少离心力影响，典型案例为2024年巴黎奥运会西凡·哈桑通过连续变道超越夺冠。动态博弈中，变速消耗战通过每200～400m突然加速3～5秒迫使对手提前进入无氧代谢，需依托高乳酸耐受训练强化混氧能力；集团协作战术则利用主副攻手配合，主攻手交替领跑保存体力，副攻手卡位封锁对手超越，通过手势暗号沟通战术，但需避免违反IAAF规则第163条的不当阻挡行为。

环境与赛道特化战术强调适应性调整：高温高湿环境下每2km向颈部喷洒冰水以降低核心体温0.3～0.5℃，并选择阴影侧跑动以减少太阳直射；逆风时组队形成人链破风阵型，缩小步幅10%并提升步频5%。地形利用中，上坡时主动加速迫使对手进入无氧状态，采用前脚掌着地结合躯干前倾15°减少重力损耗；下坡时展开双臂保持平衡，利用惯性快步频跑法降低关节冲击。终点决胜阶段需科学选择冲刺时机：若最后 400m 用时 <60 秒，可提前至 300m 发力，后程保持力强者可延迟至 150m 爆发，同时监控血乳酸浓度；弯道超越需在顶点前 2 秒切入内道利用向心力加速，外侧超越时增大步幅 10% 以抵消离心力，并确保横向距离 >0.5m 合规。

战术训练需结合科技手段：应用虚拟现实系统模拟对手变速与卡位动作，8 周训练可提升 22% 决策效率；生物反馈通过实时监测肌氧饱和度与心率变异度来优化心理稳定性。科学运用战术可使同等体能水平下成绩提升 3%~5%，但需至少 12 周情景模拟训练形成本能反应。运动员应记录每场比赛的决策节点，结合生理指标持续优化策略，例如赛前分析对手历史数据并制定优先级，赛后复盘环境因素影响并针对性强化。需注意的是，战术成功依赖体能基础与心理韧性，日常训练需同步提升有氧耐力、混氧能力及变速抗压性，确保身体精准响应战术指令，在复杂竞赛中最大化实力。

6. 运动拉伸

（1）大腿后侧肌群拉伸 ①站姿前屈拉伸：双脚与肩同宽站立，缓慢俯身向下，双手触碰脚踝或地面，保持膝盖微屈以避免过度牵拉。重点感受大腿后侧的伸展感。②坐姿单腿伸展：坐于地面，一腿伸直，另一腿屈膝，身体前倾，双手抓脚掌，背部保持平直。可缓解腘绳肌紧张。

（2）大腿前侧肌群拉伸 站姿股四头肌拉伸：单腿站立，另一侧脚后跟贴近臀部，同侧手抓住脚踝，保持身体直立。可通过扶墙增强稳定性，避免腰部代偿。

（3）臀部肌群拉伸 仰卧屈膝，将一侧脚踝交叉放置于另一侧大腿，双手环抱下方大腿向胸部拉近，感受臀部深层肌肉的牵拉。

（4）小腿肌群放松 面对墙壁一腿后撤，脚跟贴地，前腿屈膝，身体前倾直至小腿后侧有拉伸感。可调整后撤距离以控制强度。

（5）髋部与腰部放松 从弓箭步姿势开始，前腿膝盖不超过脚尖，后腿伸直，双手撑地，沉髋向下。此动作同时拉伸髋屈肌与腰方肌。

（6）背部与肩部放松 跪姿四足支撑，吸气抬头挺胸，呼气含胸拱背，循环 5~8 次，可缓解跑步时肩颈紧张。

（7）注意事项 拉伸以轻微紧绷感为宜，避免疼痛；保持缓慢深呼吸，呼气时加深拉伸；可先做 5 分钟低强度动态拉伸，再进入静态拉伸；使用泡沫轴滚动大腿外侧和臀部，提升放松效果。

（8）科学依据 研究显示，跑后系统拉伸可降低延迟性肌肉酸痛发生率约 30%，并改善关节活动度。建议将拉伸纳入跑步训练的标准恢复流程，长期坚持可提升运动表现并减少损伤风险。

7. 极端天气训练注意事项

（1）高温天气（>32℃） 调整训练时间，避开高温时段，选择清晨或傍晚训练，即地表温度降低时进行。单次训练时长控制在常规训练的 70% 以内，心率不超过最大心率的 85%。在防护与补给方面，应穿戴速干透气面料服装，搭配空顶帽与紫外线防护臂套；每 20 分钟补充 150~200ml 含电解质饮品，避免低钠血症。在应急措施方面，应随身携带降温喷雾，发现头晕、恶心等中暑前兆立即停止训练。训练后采用 15~20℃ 冷水浸泡小腿，加速核心体温下降。

（2）严寒天气（<-5℃） 应做到三层穿衣法，底层吸湿速干、中层保暖、外层防风，并使用加厚跑步手套及羊毛保暖护耳。呼吸时应采用"两步一吸 + 一步一呼"节奏，通过鼻腔加热冷空气，必要时佩戴运动口罩，避免张口呼吸引发咽喉炎，可含服润喉片保持呼吸道湿润。若遇到冰雪路面，应选择鞋底带 3mm 以上防滑钉的跑鞋，步幅缩短 15%~20%，着地角度增大至 85°。训练后立即更换干燥衣物，重点揉搓耳廓、手指等易冻伤部位。

（3）特殊气象（暴雨、雾霾、大风） 在暴雨天气时，应穿戴防水系数在 5000mm 以上的冲锋衣，避免棉质内衣吸水增重。避开低洼积水路段，雷暴时立即停止训练，寻找封闭建筑避险。遇雾霾污染，

AQI > 150 时转为室内跑步机训练，保持空气净化器 PM2.5 浓度 < 35μg/m³；必须户外训练时佩戴运动款电动送风口罩。遇大风天气，逆风跑时应身体前倾 5°~8°，步频提高至每分钟 190 步以上以减小阻力；顺风跑时避免过度加速，配速增幅控制在 ±10s/km，预防肌肉拉伤。

（4）通用安全原则　最好佩戴光电心率手环，设置高温预警及低温报警。在极端天气时补充维生素 C 500mg、维生素 E 400IU，增强抗氧化能力。提前规划 3 条应急撤离路线，随身携带 GPS 定位器及急救哨。

8. 运动与营养　中长跑运动对能量代谢和营养补给有特殊需求，需结合运动生理特点与营养学原理制定科学方案。

（1）能量代谢特征与营养基础　①碳水化合物为核心燃料：中长跑以有氧代谢为主，肌糖原储备直接影响耐力表现。每日摄入量应达 6~10g/kg 体重，优先选择低 GI 值的复合碳水，辅以运动前后快糖补充。②蛋白质防肌分解：长时间跑步导致肌肉蛋白分解，每日需 1.2~1.6g/kg 优质蛋白，运动后 30 分钟内补充 20~30g 蛋白 + 碳水组合加速修复。③脂肪适度摄入：占总热量 20%~25%，以不饱和脂肪为主，避免高脂饮食延缓胃排空。

（2）关键营养素的针对性补充　①电解质动态平衡：每小时补充 500~800ml 含钠、钾、镁的饮料，高温环境下可增加至 1L。自制电解质水配方：1L 水 + 1/4 茶匙盐 + 柠檬汁 + 蜂蜜。②铁与抗氧化物质：女性跑者每日需 18mg 铁，通过血红素铁与非血红素铁 + 维 C 组合提升吸收。补充维 E、维 C 中和自由基，降低肌肉炎症。

（3）训练与比赛期的营养时序　①赛前 72 小时：实施糖原负荷法，逐步将碳水摄入增至 8~10g/kg，减少高纤维食物以预防腹胀。②赛中补给：小于 1 小时时，每 20 分钟补水 150~300ml；大于 1 小时时，每小时补充 30~60g 碳水 + 电解质，避免单次 >10% 浓度以防胃痉挛。③赛后恢复：黄金 30 分钟补充 1.2g/kg 碳水 +0.3g/kg 蛋白，2 小时内补充正餐。

（4）特殊场景应对策略　①胃肠脆弱者：选择低 FODMAP 食物，如白米、土豆等，避免乳糖和高纤维食材。赛中用含多重转运糖的饮品提升吸收率。②素食跑者：通过螺旋藻、营养酵母补充维生素 B$_{12}$，亚麻籽 + 奇亚籽提供 ω–3 脂肪酸。

（5）实践建议与误区规避　①个性化调整：使用汗液测试仪确定钠流失量，调整补盐量；通过血乳酸检测指导碳水摄入阈值。②常见误区：过度依赖能量棒导致微量营养素缺乏；忽视睡眠期间肌糖原合成窗口；空腹晨跑诱发低血糖。科学的中长跑营养方案需结合训练强度、环境与个体差异动态调整。

9. 中长跑大众跑者运动补剂　基于生理需求与训练强度，为大众跑者定制安全、实用的补剂方案。

（1）基础能量与耐力补剂　①碳水化合物复合剂：其作用为快速补充肌糖原，维持血糖稳定，延缓疲劳。其类型是葡萄糖 + 果糖混合补剂、麦芽糊精粉末。用法为：训练前 1 小时补充 30g 碳水，长距离跑中每 45 分钟补充 20~30g。②电解质动态平衡剂：核心成分是钠、钾、镁。

（2）耐力提升与代谢优化　①维生素 B 族复合剂：功能是促进糖、脂肪代谢，缓解运动后疲劳。其剂量为每日复合补充。②咖啡因增效剂：机制为刺激中枢神经，提升脂肪氧化效率。其禁忌是避免睡前 6 小时服用，高血压患者需谨慎。③甜菜根浓缩汁：使用方法为赛前 2 小时饮用 500ml。

（3）特殊人群针对性补充

1）女性跑者补铁方案　①血红素铁：动物肝脏、红肉提取物。②非血红素铁：菠菜、扁豆 + 维生素 C。

2）中老年关节保护剂　①葡萄糖胺 + 软骨素：促进软骨修复。②维生素 D$_3$ + 维生素 K$_2$：增强骨密度。

（4）补剂使用原则与误区

1）时序协同法则　①晨跑前：碳水 + 咖啡因；②夜跑后：蛋白 + 抗氧化剂。

2）自然食补优先　①能量胶的替代方案：香蕉＋蜂蜜。②蛋白粉的替代方案：希腊酸奶＋坚果。

3）风险管控　①避免过量：长期高剂量咖啡因致心悸。②定期检测：每半年查肝肾功能、铁蛋白水平。

（5）大众跑者补剂周期化方案　见表6－4。

表6－4　大众跑者补剂周期化方案

场景	核心补剂组合	目标
日常训练（5～10km）	碳水复合剂＋电解质＋B族维生素	基础能量与代谢支持
长距离拉练（15km＋）	能量胶＋甜菜根汁＋咖啡因	耐力强化与延迟疲劳
赛后恢复期	乳清蛋白＋姜黄素＋胶原蛋白肽	肌肉修复与炎症控制

（6）执行建议　①从基础补剂起步，逐步按需添加；②记录体感，调整剂量；③优先通过天然食物满足需求，补剂作为效率化补充。科学补剂需匹配个体差异，建议结合血液检测制定个性化方案，避免"跟风式"补充。

10. 损伤预防及预后处理

（1）损伤预防策略

1）科学训练规划　①遵循"10%原则"，每周跑量增幅不超过10%，避免突然增加强度引发应力性骨折或肌腱炎。初跑者建议采用"跑走结合"模式，逐步提升耐力，降低肌肉劳损风险。②交叉训练：融入游泳、骑自行车等低冲击运动，减少单一动作对膝关节的重复负荷。

2）生物力学优化　①选择缓冲性跑鞋，鞋底磨损达500km时必须更换，避免因足弓支撑不足导致足底筋膜炎。可在沙地或泥土路上进行部分训练，利用自然地形增强足踝稳定性。②纠正跑姿：保持躯干直立，步幅控制在1m以内，着地时前脚掌先触地，减少胫骨应力。

3）肌力与柔韧性平衡　①强化臀中肌：侧卧抬腿、单腿深蹲等动作每周3次，预防髂胫束摩擦综合征。②每日进行动态拉伸预热，训练后做静态拉伸维持肌肉弹性。

（2）常见损伤预后处理

1）急性期处理（24～48小时内）　RICE原则改良版如下。①Rest：暂停跑步，使用拐杖分担患肢负重。②Ice：用湿毛巾包裹冰袋冷敷，每次15分钟，间隔2小时。③Compression：弹性绷带自下而上缠绕肿胀部位，压力梯度促进淋巴回流。④Elevation：平躺时垫高患肢超过心脏水平，睡眠时用枕头支撑。

2）亚急性期恢复（72小时后）　①热敷与按摩：用40℃热毛巾敷于肌肉酸痛部位，配合拇指按压腓肠肌、比目鱼肌交界处，缓解迟发性肌肉酸痛（DOMS）。②草药外敷：将生姜切片焙热后贴敷膝关节，或使用艾草煮水熏洗，促进局部血液循环。

3）功能重建阶段　①疼痛减轻后，从快走过渡到慢跑，配合"台阶适应性训练"：用15cm台阶进行单腿上下练习，每日3组×10次，重建踝关节本体感觉。②利用自重训练恢复肌力：靠墙静蹲强化股四头肌，蛙式开合改善髋外展能力。

（3）特殊场景应对　①髌股疼痛综合征：暂停下坡跑，改用台阶侧向上下练习，同时用泡沫轴滚动放松股外侧肌，每日2次×5分钟。②跟腱炎：赤足踮脚行走，逐步增加跟腱离心负荷；夜间使用睡眠袜保持踝关节中立位。

11. 装备推荐　以下推荐基于不同阶段跑者的核心需求，聚焦功能性参数而非品牌，兼顾科学训练与运动保护。

（1）入门级跑者（每次0～5km）　①跑鞋：选择缓震型鞋款，中底厚度8～12mm，后跟包裹性强，鞋底需具备基础防滑纹路。优先考虑透气网面材质，单只重量建议控制在 280g 以内。②服装：速干短袖与七分裤组合，接缝处需采用平缝工艺避免摩擦，腋下与后背增加透气孔设计。夜间跑步建议选择带反光条的款式。③袜子：涤纶＋氨纶混纺短袜，脚掌与脚跟部位加厚至 2mm，袜口弹性需满足 5cm 延展无勒痕。④配件：基础款臂包，搭配手机固定带；轻量空顶帽。⑤电子设备：入门级光电心率手环，具备步频、配速监测功能，续航时间≥7 天。

（2）进阶级跑者（每次 5~15km）　①跑鞋：竞速训练鞋，中底嵌入弹性片结构，前后掌落差 6~8mm，鞋面采用单层贾卡网布以提升透气性。建议备两双轮换：一双侧重回弹，一双侧重稳定。②服装：压缩长袖与三分裤套装，肌肉支撑区采用梯度压力设计。冬季可搭配防风马甲。③袜子：五趾分体式跑步袜，足弓部位编织弹性束带，前掌厚度 3mm 配合防滑硅胶点。④配件：可调节水袋腰包，搭配快速取水软管；运动墨镜。⑤电子设备：双频 GPS 手表，支持乳酸阈值检测，搭配跑步动态传感器。

（3）顶级跑者（每次不少于 15km）　①跑鞋：全掌碳纤维板竞速鞋，中底采用超临界发泡材料，鞋楦宽度分标准或宽版定制。大底前掌配置三角形钉状纹路，湿滑路面抓地力提升 40% 以上。②服装：无缝激光切割背心＋短裤，关键散热区使用 37.5® 活性粒子技术，湿度调节效率提升 3 倍。雨天训练选择防水指数 10k 以上的冲锋长裤。③袜子：定制压力梯度袜，分 9 个压力区域，采用铜离子纤维抑菌。④配件：可折叠软水壶，紧急情况下可作冰敷袋；超轻防风手套。⑤电子设备：多频多星定位手表，支持血氧饱和度监测，搭配肌电传感器实时反馈肌肉负荷。

12. 女性跑者运动训练的注意事项　女性跑者运动训练需结合生理特点与训练科学进行针对性调整，具体可从以下方面展开。

（1）训练强度与周期管理

1）激素波动适配训练计划　女性月经周期中雌激素和孕激素水平变化会影响体能状态。建议在月经后 1~14 天安排高强度间歇训练，月经后 15~28 天侧重耐力维持训练，避免在经期前 3 天进行大负荷训练。可结合心率变异率监测身体恢复状态，动态调整训练量。

2）骨密度保护策略　长期大强度跑步可能增加应力性骨折风险，需通过以下措施预防：①每周穿插 2 次抗阻训练，增强骨骼肌支撑力；②每日补充 1200mg 钙＋800IU 维生素 D，优先从乳制品、深绿色蔬菜中摄取；③每年进行骨密度检测，重点关注腰椎和股骨颈指标。

（2）营养与代谢调控

1）铁元素动态补给机制　女性因月经失血更易出现缺铁性贫血，建议：①每周摄入 3 次高铁食物，搭配维生素 C 促进吸收；②晨跑前避免饮用浓茶，减少单宁酸对铁吸收的抑制；③每 3 个月检测血清铁蛋白，维持在 30μg/L 以上。

2）能量平衡监控　采用"三重评估法"防止能量不足：①通过体脂秤监测体脂率，不低于 17%；②记录经期规律性，出现闭经立即调整训练量；③使用 My Fitness Pal 等 APP，确保每日摄入热量≥基础代谢率×1.6。

（3）损伤预防与恢复体系

1）生物力学优化　①通过 3D 步态分析定制跑鞋，旋前过度者选择稳定型跑鞋，高足弓者选择缓震型；②强化臀中肌训练，降低髂胫束摩擦综合征发生率。

2）再生恢复组合方案　①冷热水交替浴以加速乳酸代谢；②使用筋膜枪对股四头肌、腓肠肌进行深度振动放松，频率控制在 30Hz 以下；③睡眠期间穿戴压缩腿套，促进静脉回流。

（4）环境与装备选择

1）温度适应性训练　在高温环境下跑步时：①提前 10 天进行热适应训练；②可穿戴含银离子纤维的速干衣，比纯棉材质降温效率提升 40%。

2）运动内衣科学选配 根据乳房体积选择支撑等级：①A 或 B 罩杯，选择中等支撑压缩式内衣；②C 或 D 罩杯，选择交叉背带 + 宽下围结构；③每半年更换新内衣，弹性衰减超过 30% 即需淘汰。

通过多维度的科学管理，女性跑者可在提升成绩的同时有效规避健康风险。

三、中长跑竞赛规则

国际田联 2025 版规则规定，中长跑比赛采用集体站立式起跑，发令口令为"各就位"—鸣枪，抢跑判定以运动员在枪响后 0.1 秒内产生向前位移为依据，首次抢跑进行全体警告，二次抢跑直接取消犯规者资格。800m 比赛首个弯道需分道跑，运动员须在特定区域后方可并道，违规切入者成绩无效；1500m 及以上项目全程允许并道，但禁止推挤或阻挡对手。计时采用电子系统，精确至 0.001 秒，以躯干到达终点垂直面的顺序为准；大型赛事中使用芯片计时，误差率≤0.03 秒。比赛用鞋前掌钉数不得超过 6 枚，鞋底厚度≤40mm，鞋跟差需在 5～10mm，且禁止穿戴流线型附加装置。运动员如对成绩有异议，可在公布后 30 分钟内提交书面抗议，仲裁委员会需在 2 小时内复核不低于 1000 帧/秒的视频及传感器数据，并发布最终裁决。所有规则旨在确保竞赛公平性，运动员需在训练中熟悉技术细节与判罚标准，避免因装备违规或战术失误影响成绩。

思考题

1. 马拉松的起源？
2. 应如何进行有效热身？
3. 夏日训练时应注意些什么？

第七节 二十四式太极拳

一、概述

太极拳作为中国传统武术的重要分支，融合了哲学、医学与力学智慧，是以"阴阳辩证"为核心、以"松静自然"为准则的身心修炼体系。二十四式太极拳是在传统杨氏太极拳基础上，于 1956 年由国家体委组织专家创编的简化套路，其动作去繁就简、结构严谨，既保留了太极拳"虚领顶劲、沉肩坠肘、含胸拔背"等核心要领，又适应现代体育教学需求，成为高校推广中华传统文化与全民健身的理想载体。

本课程选取的二十四式太极拳，以"柔和缓慢、圆活连贯"为显性特征，通过"起势"至"收势"的二十四组动作循环，系统训练学生的身体协调性、平衡能力与呼吸控制能力。从运动科学视角分析，套路中"野马分鬃""搂膝拗步"等典型动作可激活人体核心肌群并增强下肢稳定性，其心率变化区间符合中等强度有氧运动标准，而"云手""单鞭"等螺旋缠绕动作则能有效刺激本体感觉神经，提升关节活动度。

在教学实践中强调"形意结合"原则：外形上要求"立身中正、步法虚实分明"，内在注重"以意导气、劲力节节贯穿"。研究表明，持续练习能显著改善大学生心肺功能、降低焦虑水平，同时培养专注力与情绪调节能力。课程设计遵循"循序渐进"规律，初期以动作规格化训练为主，后期逐步融入"掤捋挤按"等劲法体验，使学生在掌握运动技能的过程中，同步领悟"以柔克刚""动静相生"的东方运动哲学。

二、技术内容篇

1. 起势　①身体自然直立，两脚开立，与肩同宽，脚尖向前；两臂自然下垂，两手放在大腿外侧；眼向前平视。要点：头颈正直，下颏微向后收，不要故意挺胸或收腹；精神要集中（起势由立正姿势开始，然后左脚向左分开，成开立步）。②两臂慢慢向前平举，两手高于肩平，与肩同宽，手心向下。③上体保持正直，两腿屈膝下蹲；同时两掌轻轻下按，两肘下垂与两膝下相对；眼平视前方。

要点：两肩下沉，两肘松垂，手指自然微屈，屈膝松腰，臀部不可凸出，身体重心落于两腿中间；两臂下落和身体下蹲的动作要协调一致。

2. 左、右野马分鬃　①上体微向右转，身体重心移至右腿上；同时右臂收在胸前平屈，手心向下，左手经体前向右下划弧放在右手下，手心向上，两手心相对成抱球状；左脚随即收到右脚内侧，脚尖点地；眼看右手。②上体微向左转，左脚向左前方迈出，右脚跟后蹬，右腿自然伸直，成左弓步，同时上体继续向左转；左、右手随转体慢慢分别向左上、右下分开，左手高于眼平（手心斜向上），肘微屈，右手落在右胯旁，肘也微屈，手心向下，指尖向前；眼看左手。③上体慢慢后坐，身体重心移至右腿；左脚尖翘起，微向外撇；随后脚掌慢慢踏实，左腿前弓，身体左转，身体重心再移至左腿；同时左手翻转向下，左臂收在胸前平屈，右手向左上划弧放在左手下，两手心相对成抱球式；右脚随即收到左脚内侧，脚尖点地；两眼视左手。④右腿向右前方迈出，左腿自然伸直，成右弓步，同时上体右转；左、右手随转体分别慢慢向左下、右上分开，右手高于眼平（手心斜向上），肘微屈，左手落在左胯旁，肘也微屈，手心向下，指尖向前，眼看右手。⑤与③解同，只是左右相反。⑥与④解同，只是左右相反。

要点：上体不可前俯后仰，胸部必须宽松舒展。两臂分开时要保持弧形，身体转动时以腰为轴。弓步动作与分手的速度要均匀一致。做弓步时，迈出的脚先是脚跟着地，然后脚掌慢慢踏实，脚尖向前，膝盖超过脚尖可以后蹬调整。野马分鬃式的弓步，前、后脚的脚跟要分在中轴线两侧，它们之间的横向距离（即以动作进行的中线为纵轴，其两侧的垂直距离为横向）应该保持在 10～30cm。

攻防含义：野马分鬃的手法是下采前靠，对方打来，用一手擒握对方手腕向下采引，同时上步插入对方身后，另一前臂随之插入对方腋下，用转腰分靠之力使对方仰倒。

3. 白鹤亮翅　①上体微向左转，左手翻掌向下，左臂平屈胸前，右手向左上划弧，手心转向上，与左手成抱球状；眼看左手。②右脚跟进半步，上体后坐，身体重心移至右腿，上体先向右转，面向右前方，眼看右手；然后左脚稍向前移，脚尖点地，成左虚步；同时上体再微向左转，面向前方，两手随转体慢慢向右上、左下分开，右手上提停于右额前，手心向左后方，左手落于左胯前，手心向下，指尖向前；眼平视前方。

要点：完成姿势时胸部不要挺出，两臂上、下都要保持半弧形，左膝要微屈。身体重心后移和右手上提、左手下按要协调一致。

攻防含义：对方双掌攻来时，急用两手上下分开对方双掌，化解其攻势；对方右手攻来时，用左手擒住其右腕，右臂插入对方右腋下，用转腰横之力使其前扑。

4. 左、右搂膝拗步　①右手从体前下落，由下向后上方划弧至右肩外侧，肘微屈，手与耳同高，手心斜向上；同时上体先微向左再向右转；左脚收至右脚内侧，脚尖点地；眼看右手。②上体左转，左脚向前（偏左）迈出成左弓步；同时右手屈回由耳侧向前推出，高与鼻尖平，左手向下由左膝前搂过落于左胯旁，指尖向前；眼看右手手指。③右腿慢慢屈膝，上体后坐，身体中心移至右腿，左脚尖翘起微向外撇，随后脚掌慢慢踏实，左腿前弓，身体左转，身体重心移至左腿；右脚收到左脚内侧，脚尖点地；同时左掌向后向上划弧至左肩外侧，肘微屈，手与耳同高，手心斜向上；右手随转体向上，向左下划弧落于左胸前，手心斜向下；眼看左手。④与②同解，只是左右相反。⑤与③同解，只是左右相反。

⑥与②同解。

要点：前手推出时，身体不可前俯后仰，要松腰松胯。推掌时要沉肩垂肘，坐腕舒掌，同时须松腰、弓腿上下协调一致。搂膝拗步成弓步时，两脚跟的横向距离保持约30cm。

攻防含义：一手搂开对方攻来的手或脚，另一手向前推打反击。

5. 手挥琵琶 右脚跟进半步，上体后坐，身体重心转至后腿上，上体半面向右转，左脚略提起稍向前移，变成左虚步，脚跟着地，脚尖翘起，膝部微屈；同时左手由左下向上挑举，高与鼻尖平，掌心向右，臂微屈；右手收回放在左臂肘部里侧，掌心向左；眼看左手食指。

要点：身体要平稳自然，沉肩垂肘，胸部放松，左手上起时不要直臂上挑，要由左向上、向前，微带弧形；右脚跟进时，脚掌先着地，再全脚踏实；身体重心后移和左手上起、右手回收要协调一致。

攻防含义：手挥琵琶的手法是合手撅臂。当对方右手打来时，用右手握其腕部，顺势向后牵引；同时左手贴于对方肘关节处，然后两手左右用力内合，采用反关节擒拿方法，使对方右臂伤折。

6. 左右倒卷肱 ①上体右转，右手翻掌（手心向上）经腹前由下向后上方划弧平举，臂微屈，左手随即翻掌向上；眼的视线随着向右转体先向右看，再转向前方看左手。②右臂屈肘折向前，右手由耳侧向前推出，手心向前，左臂屈肘后撤，手心向上，撤至左肋外侧；同时左腿轻轻提起向后（偏左）退一步，脚掌先着地，然后全脚慢慢踏实，身体重心移到左腿上，成右虚步，右脚随转体以脚掌为轴扭正；眼看右手。③上体微向左转，同时左手随转体向后上方划弧平举，手心向上，左手随即翻掌，掌心向上；眼随转体先向左看，再转向前方看右手。④与②解同，只是左右相反。⑤与③解同，只是左右相反。⑥与②解同。⑦与③解同。⑧与②解同，只是左右相反。

要点：前推的手不要伸直，后撤手也不可直向回抽，随转体仍走弧线。前推时，要转腰松胯，两手的速度要一致，避免僵硬。退步时，脚掌先着地，再慢慢全脚踏实，同时，前脚转体以脚掌为轴扭正。退左脚略向左后斜，退右脚略向右后斜，避免使两脚落在一条直线上。后退时，眼神随转体动作先向左右看，然后再转看前手。最后退右脚时，脚尖外撇的角度略大些，便于接"左揽雀尾"的动作。

攻防含义：倒卷肱是在退守中反击。以右倒卷肱为例：当对方右手攻来时，用左手接住，顺势退步牵引，右手乘势向前击打对方胸部。

7. 左揽雀尾 ①上体微向右转，同时右手随转体向右后上方划弧平举，手心向上，左手放松，手心向下；眼看左手。②身体继续向右转，左手自然下落，逐渐翻掌经腹前划弧至右肋前，手心向上；右臂屈肘，手心转向下，收至右胸前，两手相对成抱球状；同时身体重心落在右腿上，左脚收到右脚内侧，脚尖点地；眼看右手。③上体微向左转，左脚向左前方迈出，上体继续向左转，右腿自然蹬直，左腿屈膝，成左弓步；同时左臂向左前方推出（左臂平屈成弓形，用前臂外侧和手背向前方推出），高与肩平，手心向后；右手向左下落放于右胯旁，手心向下，指尖向前，眼看左前臂。要点：出手时，两臂前后均保持弧形。分手、松腰、弓腿三者必须协调一致。揽雀尾弓步时，两脚跟横向距离不超过10cm。④身体微向左转，左手随即前伸翻掌向下，右手翻掌向上，经腹前向上向前伸至左前臂下方；然后两手下捋，即上体向右转，两手经腹前向右后上方划弧直至右手手心向上，高与肩齐，左臂平屈于胸前，手心向后；同时身体重心移至右腿；眼看右手。要点：下捋时，上体不可前倾，臀部不要凸出，两臂下捋须随腰旋转，仍走弧线；左脚全掌着地。⑤上体微向左转，右臂屈肘折回，右手附于左手腕里侧（相距5cm），上体继续向左转；双手同时向前慢慢挤出，左手心向后，右手心向前，左前臂要保持半圆；同时身体重心逐渐前移变成左弓步；眼看左手腕部。要点：向前挤时，上体要正直，挤的动作要与松腰、弓腿相一致。⑥左手翻掌，手心向下，右手经左腕上方向前、向右伸出，高与左手齐，手心向下，两手左右分开，宽与肩同；然后右腿屈膝，上体慢慢后坐，身体重心移至右腿上，左脚尖翘起；同时两手屈肘回收至腹前，手心均向前下方；眼向前平视。⑦上势不停。身体重心慢慢前移；同时两手向前、向上按出，掌心向前；左腿前弓成左弓步；眼平视前方。要点：向前按时，两手须走曲线，手腕部高于肩平，两肘微屈。

攻防含义：揽雀尾包括太极拳中最基本的四种攻防方法。①掤手的含义是屈臂迎架住对方的来手，以观其变。它在外形上与野马分鬃相似，其含义则完全不同。后者是以分靠手法进攻，掤手则是筑起一道防线，接住对方来手，静观对方反应，以应其变。术语称为"听劲"。②捋的含义是当对方攻来时，一手附于其腕，另一手附于其肘关节，顺势向后牵引，同时转腰侧身，使其扑空。它与强拉不同之处在于不以力胜，而是借力巧取，引进对手使其落空。③挤的手法是当对手感到落空，急欲抽身退后之际，用前臂贴紧对方，用快速挤压之力攻击对手。④按的原意是向下用力。但在太极拳中常在向前用力发放之前，先向下牵引对方使其向上反抗，重心升高，立脚不稳，再快速发力前推，取得更大效果。这种变化的用力称为按或前按。它比单纯的用力前推更为巧妙。

8. 右揽雀尾　①上体后坐并向右转，身体重心移至右腿，左脚尖里扣；右手向右平行划弧至右侧，然后由右下经腹前向左上划弧至左肋前，手心向上；左臂平屈胸前，手掌向下与右手成抱球状；同时身体重心再移至左腿上，右脚收至左脚内侧，脚尖点地；眼看左手。②同"左揽雀尾"③解，只是左右相反。③同"左揽雀尾"④解，只是左右相反。④同"左揽雀尾"⑤解，只是左右相反。⑤同"左揽雀尾"⑦解，只是左右相反。

要点：均与"左揽雀尾"相同，只是左右相反。

攻防含义：同左揽雀尾。

9. 单鞭　①上体后坐，身体重心逐渐移至左脚上，右脚尖里扣；同时上体左转，两手（左高右低）向左弧形运转，直至左臂平举，伸于身体左侧，手心向左，右手经腹前运至左肋前，手心向后上方；眼看左手。②身体重心再渐渐移至右腿上，上体右转，左脚向右脚靠拢，脚尖点地；同时右手向右上方划弧（手心由里转向外），至右侧方时变勾手，臂与肩平；左手向下经腹前向右上划弧至右肩前，手心向里；眼看左手。③上体微向左转，左脚向左前方迈出，右脚跟后蹬，成左弓步；在身体重心移向左腿的同时，左掌随上体继续左转，慢慢翻转向前推出，手心向前，手指与眼齐平，臂微屈；眼看左手。

要点：上体保持正直，松腰。完成式时，右臂肘部稍下垂，左肘与左膝上下相对，两肩下沉；左手翻掌向前推时，要随转体边翻边推出，不要翻掌太快或最后突然翻掌；全部过渡动作上、下要协调一致，如面向南起势，单鞭的方向（左脚尖）应向东偏北（大约15°）。

攻防含义：用右勾手刁住对方的手腕，再用左手出击，像一条钢鞭一样给对方有力打击。

10. 云手　①身体重心移至右腿上，身体渐向右转，左脚尖里扣；左手经腹前向右上划弧至右肩前，手心斜向后，同时右手变掌，手心向右；眼看左手。②上体慢慢左转，身体重心随之逐渐左移；左手由脸前向左侧运转，手心渐渐转向左方；右手由右下经腹前向左上划弧，至左肩前，手心斜向后；同时右脚靠近左脚，成小开立步（两脚距离10~20cm）；眼看右手。③上体再向右转，同时左手经腹前向右上划弧至右肩前，手心斜向后；右手向右侧运转，手心翻转向右；随之左腿向左横跨一步；眼看左手。④同②解。⑤同③解。⑥同②解。

要点：身体转动要以腰脊为轴，松腰松胯，不可忽高忽低。两臂随腰的转动而运转，要自然圆活，速度要缓慢均匀。下肢移动时身体重心要稳定，两脚掌先着地再踏实，脚尖向前。眼的视线随左、右手掌移动。第三个"云手"，右脚最后跟步时脚尖微向里扣，便于接"单鞭"动作。

攻防含义：云手是防守动作，用前臂或手拨开对方的进攻，也可以用右手拨开对方的右手后，左手插入对方腋下，向右横捌进攻。

11. 单鞭　①上体右转，右手随之向右运转至右侧方时变成勾手；左手经腹前向右上划弧至右肩前，手心向内；身体重心落在右腿上，左脚脚尖点地；眼看左手。②上体微向左转，左脚向左前侧方迈出，右脚跟后蹬，成左弓步；在身体重心移向左腿的同时，上体继续左转，左掌慢慢翻转向前推出，成"单鞭"式。

要点：与前"单鞭"式相同。

12. 高探马　①右脚跟进半步，身体重心逐渐后移至右腿上；右勾变成掌，两手心翻转向上，两肘微屈；同时身体微向右转，左脚跟渐渐离地；眼看左前方。②上体微向左转，面向前方；右掌经右耳旁向前推出，手心向前，手指与眼同高；左手收至左侧腰间，手心向上；同时左脚微向前移，脚尖点地，成左虚步；眼看右手。

要点：上体自然正直，双肩要下沉，右肘要下垂。跟步移换中心时，身体不要起伏。

攻防含义：当对方右拳或右掌攻来时，用左前臂外旋，压住其腕或前臂，并顺势向下、向后引带，右手乘势直击其面。故高探马又称扑面掌。

13. 右蹬脚　①左手手心向上，前伸至右手腕前背面，两手相互交叉，随即向两侧分开并向下划弧，手心斜向下；同时左脚提起向左前侧方进步（脚尖略外撇），身体重心前移，右腿自然蹬直，成左弓步；眼看前方。②两手由外圈向里圈划弧，两手交叉合抱于胸前，右手在外，手心均向后，同时右脚向左脚靠拢，脚尖点地；眼平看右前方。③两臂左右划弧分开平举，肘部微屈，手心均向外；同时右腿屈膝提起，右脚向右前方慢慢蹬出；眼看右手。

要点：身体要稳定，不可前俯后仰；两手分开时，腕部与肩齐平；蹬脚时，左腿微屈，右脚尖回勾，劲使在脚跟；分手和蹬脚须协调一致，右臂和右腿上下相对，如面向南起势，蹬脚方向为正东偏南（约30°）。

攻防含义：用手分开对方的进攻，随即用脚蹬踹对方。

14. 双峰贯耳　①右腿收回，屈膝平举，左手由后向上、向前下落至体前，两手心均翻转向上，两手同时向下划弧分落于右膝盖两侧；眼看前方。②右脚向右前方落下，身体重心渐渐前移，成右弓步，面向右前方；同时两手下落，慢慢变拳，分别从两侧向上、向前划弧至面部前方，成钳形状，两拳相对，高与耳齐，拳眼都斜向内下（两拳中间距离为10～20cm）；眼看右拳。

要点：完成式时，头颈正直，松腰松胯，两拳松握，沉肩垂肘，两臂均保持弧形。双峰贯耳式的弓步和身体方向与右蹬脚方向相同。弓步的两脚跟横向距离同"揽雀尾"式。

攻防含义：两拳自腰间同时向前上方划弧摆打，横击对方太阳穴。

15. 转身左蹬脚　①左腿屈膝后坐，身体重心移至左腿，上体左转，右脚尖里扣；同时两拳变掌，由上向左、右划弧分开平举，手心向前；眼看左手。②身体重心再移至右腿，左脚收到右脚内侧，脚尖点地；同时两手由外圈向里圈划弧合抱于胸前，左手在外，手心均向后；眼平视左方。③两臂左右划弧分开平举，肘部微屈，手心均向外；同时左腿屈膝提起，左脚向左前方慢慢蹬出；眼看左手。

要点：与右蹬脚式相同，只是左右相反。左蹬脚方向与右蹬脚成180°（即正西偏北约30°）。

攻防含义：转身拨开对方的进攻，随即用左脚蹬踹对方。

16. 左下势独立　①左腿收回平屈，上体右转；右掌变成勾手，左掌向上向右划弧下落，立于右肩前，掌心斜向后；眼视右手。②右腿慢慢屈膝下蹲，左腿由内向左侧（偏后）伸出，成左仆步；左手下落（掌心向外）向左下顺左腿内侧向前穿出；眼看左手。要点：右腿全蹲时，上体不可过于前倾；左腿伸直，左脚尖须向里扣，两脚脚掌全着地，左脚尖与右脚跟踏在中轴线上。③身体重心前移，以左脚跟为轴，脚尖尽量向外撇，左腿前弓，右腿后蹬，右脚尖里扣，上体微向左转并向前起身；同时左臂继续向前伸出，手腕抬起立掌，掌心向右，右勾手下落，勾尖向后；眼看左手。④右腿慢慢提起平屈，成左独立式；同时右勾手变掌，并由右后下方顺右腿外侧向前弧形摆出，屈臂立于右腿上方，肘与膝相对，手心向左；左手落于左胯旁，手心向下，眼视右手。

要点：上体要正直，独立的腿要微屈，右腿提起时脚尖自然下垂。

攻防含义：对方左手打来时，用右勾手刁住其腕，随之蹲身下势，左腿、左掌插入对方裆下，将对方掀起；对方左手击来时，用右掌向上挑开对方，随即右腿屈提，用膝关节向前顶撞对方。

17. 右下势独立 ①右脚下落于左脚前，脚掌着地，然后左脚以前脚掌为轴转动脚跟，身体随之左转，同时左手向后平举成勾手，右掌随着转体向左侧划弧，立于左肩前，掌心斜向后；眼视左手。②同"左下势独立"②解，只是左右相反。③同"左下势独立"③解，只是左右相反。④同"左下势独立"④解，只是左右相反。

要点：右脚尖触地后必须稍微提起，然后再向下仆腿。其他均与"左下势独立"相同，只是左右相反。

攻防含义：同左下势独立。

18. 左右穿梭 ①身体微向左转，左脚向前落地，脚尖外撇，右脚跟离地，两脚屈膝成半坐盘式；同时两手在左胸前成抱球状（左上右下）；然后右脚收到左脚的内侧，脚尖点地；眼视左前臂。②身体右转，右脚向右前方迈出，屈膝弓腿，成右弓步；同时右手由脸前向上举并翻掌停在右额前，手心斜向上；左手先向左下再经体前向前推出，高于鼻尖平，手心向前；眼视左手。③身体重心略向后移，右脚尖稍向外撇，随即身体重心再移至右腿，左脚跟进，停于右脚内侧，脚尖点地；同时两手在右胸前成抱球状（右上左下）；眼视右前臂。④同②解，只是左右相反。

要点：完成姿势面向斜前方（如面南起式，左、右穿梭方向分别为正西偏北和正西偏南，均为30°）。手推出后，上体不可前俯。手向上举时，防止引肩上耸。一手上举、一手前推要与弓腿松腰上下协调一致。做弓步时，两脚跟的横向距离同搂膝拗步式，保持在30cm左右。

攻防含义：对方出手打来时，一手向上挑架，同时另一手向前出击。

19. 海底针 右脚向前进半步，身体重心移至右腿，左脚稍向前移，脚尖点地，成左虚步，同时身体稍向右转；右手下落经体前向后向上提抽至肩上耳旁，再随身体左转，由右耳旁斜向前下方插出，掌心向左，指尖斜向下；与此同时，左手向前向下划弧落于左胯旁，手心向下，指尖向前；眼视前下方。

要点：身体要先向右转，再向左转；完成姿势，面向正西；上体不可太前倾，避免低头和臀部外凸；左腿要微屈。

攻防含义：当对方右手打来时，用左手搂开对方右手，右手直插对方裆部，用指尖戳击对方。

20. 闪通臂 上体稍向右转，左脚向前迈出，屈膝弓腿成左弓步；同时右手由体前上提，屈臂上举，停于右额前上方，掌心翻转斜向上，拇指朝下；左手上起经胸前向前上推出，高与鼻尖平，手心向前；眼视左手。

要点：完成姿势时上体自然正直，松腰松胯；左臂不要完全伸直，背部肌肉要伸展开，推掌、举掌和弓腿动作要协调一致。弓步时，两脚跟横向距离同"揽雀尾"式（不超过10cm）。

攻防含义：用右手捋对方右腕，左手推击对方肋部。两手同时推撑，腰、腿、臂同时发力。"闪"形容快如闪电，"通臂"或"通背"是指劲力通达于两臂或肩背，全身形成一个整体。

21. 转身搬拦捶 ①上体后坐，身体重心移至右腿上，左脚尖里扣，身体向右后转，然后身体重心再移至左腿上；与此同时，右手随着转体向右向下（变拳）经腹前划弧至左肋旁，拳心向下；左掌上举于头前，掌心斜向上；眼看前方。②向右转体，右拳经胸前向前翻转撇出，拳心向上；左手落于左胯旁，掌心向下，指尖向前；同时右脚收回后（不要停顿式脚尖点地）即向前迈出，脚尖外撇；眼看右拳。③身体重心移至右腿上，左脚向前迈一步；左手上起经左侧向前上划弧拦出，掌心向前下方；同时右拳向右划弧收到右腰旁，拳心向上；眼看左手。④左腿前弓成左弓步，同时右拳向前打出，拳眼向上，高与胸平，左手附于右前臂里侧；眼看右拳。

要点：右拳不要握得太紧，右拳收回时，前臂要慢慢内旋划弧，然后再外旋停于右腰旁，拳心向上。向前打拳时，右肩随拳略向前引伸，沉肩垂肘，右臂要微屈。弓步时两脚横向距离同"揽雀尾"式。

攻防含义：对方左手打来时，用右搬拳格挡阻截，并旋臂右带；对方右手打来时，复以左掌拦阻，以左手向右推开对方左臂，截断对方攻势；随即用右拳直击对方。

22. 如封似闭 ①左手由右腕下向前推出，右拳变掌，两手手心逐渐翻转向上并慢慢分开回收；同时身体后坐，左脚尖翘起，身体重心移至右腿；眼看前方。②两手在胸前翻掌，向下经腹前再向上向前推出，腕部与肩平，手心向前；同时左腿前弓成左弓步；眼看前方。

要点：身体后坐时，避免后仰，臀部不可凸出。两臂随身回收时，肩、肘部略向外松开，不要直接抽回。两手推出宽度不要超过两肩。

攻防含义：当对方双手推来时，两手交叉插入其两臂之间，顺势引进，同时旋臂分手化解对方攻势，使其落空。当对方欲抽退摆脱时，随即双手前按，乘势追击。

23. 十字手 ①屈膝后坐，身体重心移至右腿，左脚尖里扣，向右转体；右手随着转体动作向右平摆划弧，与左手成两臂侧平举，掌心向前，肘部微屈；同时右脚尖随着身体稍向外撇，成右侧弓步；眼看右手。②身体重心慢慢移至左腿，右脚尖里扣，随即向左收回，两脚距离与肩同宽，两腿逐渐蹬直，成开立步；同时两手向下经腹前向上划弧交叉合抱于胸前，两臂撑圆，腕高与肩平，右手在外，成十字手，手心均向后；眼看前方。

要点：两手分开和合抱时，上体不要前俯。站起后，身体自然正直，下颌稍向后收。两笔合抱时须圆满舒适，沉肩垂肘。

攻防含义：双手胸前合抱，既是封闭防守，又是伺机出发，以应付对方攻击。

24. 收势 两手向外翻掌，手心向下，两臂慢慢下落，停于身体两侧；眼看前方。

要点：两手左右分开下落时，要注意全身放松，同时气也徐徐下沉（呼气略加长），呼吸平稳后，左脚收至右脚旁。

三、二十四式太极拳竞赛规则

1. 二十四式太极拳竞赛规范与评价体系 以中国武术协会颁布的《传统武术套路竞赛规则》为基准，结合大学生身体素养特点，制定适用于高校公共体育课的专项评价标准。竞赛内容聚焦套路演练质量，要求参赛者在 5~6 分钟内完成二十四式完整动作，场地标准为 14m×8m 的长方形区域，选手需身着传统太极服，遵循"起势—收势"的完整性原则，动作路线需覆盖场地对角线及核心区域。裁判组由 5 人构成，采用百分制评分法，其中动作规格分占 60%，演练水平分占 40%，最终得分去除最高分与最低分后取平均值。

2. 技术评分细则与常见扣分项 动作规格评分严格参照国际武术联合会《国际武术套路竞赛规则》，重点监测二十四式中八大核心动作的标准化程度。例如"左右搂膝拗步"要求前腿膝关节投影不超过脚尖，后腿髋关节下沉角度为 135°±5°；"左右蹬脚"需达到腰部以上高度，支撑腿膝关节弯曲度≤10°。常见扣分情形包括：动作方向偏离规定角度超过 15°，每处扣 0.1 分；重心起伏超过 5cm，每次扣 0.2 分；定势停顿时间不足 1 秒或超过 3 秒，每处扣 0.3 分。演练水平评估侧重"形神兼备"，对呼吸与动作脱节、眼神涣散无焦点、劲力断续不连绵等现象实施阶梯式扣分，最高单次扣分可达 2 分。

思考题

1. 在"起势"动作中,为何要求两臂下按与屈膝下蹲需同步进行?列举该动作的三个核心要领。

2. 竞赛评分时,"搂膝拗步"动作出现哪些常见错误会导致扣分?至少说明两种情形及对应扣分值。

3. 持续练习二十四式太极拳三个月后,人体哪些生理指标可能发生显著变化?结合教材数据,简述其健康效益。

第八节 散 打

一、概述

1. 散打的演变 作为中华传统武术体系中实战对抗的核心形态,散打(亦称散手)脱胎于源远流长的徒手格斗技艺。这项运动在历史长河中历经演变,不同时期分别以相搏、手搏、白打等名称流传,始终承载着传统技击文化的精髓。在当代体育竞技框架下,散打运动通过系统性规范化改造实现了质的提升:根据《武术散打竞赛规则》明确界定有效攻击部位、禁用技术及合规战术动作,对传统实战技法进行科学筛选与体系重构。这种竞技化转型既保留了传统武术的格斗本质,又严格遵循现代体育竞赛规范,最终将实用搏击术升华为具备完善安全标准和竞技价值的体育运动项目。

2. 散打运动的特点和作用

(1)散打的特点 ①体育性:散打是两人运用踢、打、摔等基本技法,按照规定的场地、时间、条件进行的一项较技、斗智的激烈对抗的体育项目。在现代社会中,散打与其他运动项目基本相同,属于体育的范畴,但它又突出地反映出武术的特殊本质——"技击性",同时明显区别于使人致伤致残的技击术。20年散打比赛的实践证明,散打对人体的健康不仅没有伤害,而且能增强人的体质。②对抗性:徒手对抗格斗是散打运动的基本特征。这种对抗,是在双方掌握了散打的基本动作和基本技术,经过一段的训练,在没有固定格式的情况下,在规则规定的范围内进行较技、斗智,一分上下。③民族性:散打是中国传统武术的内容之一,具有鲜明的民族特色。如在擂台上进行比赛,就是沿袭了中国古代"打擂比武"的遗风;散打技术是拳打、脚踢、摔跤等技术的并用,也反映了中国武术的历史传统。

(2)散打的作用 ①健体防身:散打是一项体育运动,通过学习和训练,能够发展人的力量、耐力、柔韧、灵敏等素质;同时散打又是一项对抗性体育运动,可以发展人的心智,使人的身心得到全面的锻炼。坚持散手训练,可强筋骨、壮体魄。散打是以双方互相对抗为运动形式,这就要求习者在实践中正确把握进攻的时机,防守要到位,反击要及时,从而建立正确的条件反射;同时还要针对不同的对手和双方临场的变化,提高应变能力,以及提高击打和抗击打的能力,这一切都完全起到掌握防身自卫和克敌制胜技能的作用。②锻炼品质:散打训练,从开始的基本动作、基本技术练习,到条件实战以至全面实战的练习过程中,每个阶段和每个层次都对人的意志品质具有不同程度的考验和锻炼。③竞技观赏:武术搏击之所以有很强的生命力,能延续到现在,除与社会文化背景以及运动的本身特点有极大关系外,其搏击形成所具备的较高观赏性也起到了一定的作用。在历史上,擂台比武、除霸安良已传为佳话,当今不仅练习散打的多,而且观看散打比赛、对散打抱有极大热情的观众也日益增多,说明散打比赛不仅刺激、激烈,而且斗智、斗勇,具有较高的观赏价值。④竞技交流:中国武术徒手搏击,早在1000多年前就传到日本,当时称"唐手",后来改称"空手"。现在,有许多国家的武术爱好者不仅喜爱中国套路武术，而且也喜欢散打运动。通过与各国选手较技，不仅可以促进国际武艺交流，将中国散打运动推向世界，而且也可以增进各国运动员之间的了解和友谊，促进国际文化交往。

二、技术内容篇

1. 散打的预备姿势 散打基础预备姿势是攻防体系的战术原点，其结构设计融合了人体运动学与实战需求。该姿势通过合理的重心分布形成稳定支撑，膝关节自然微屈保持身体弹性，脊柱略微前倾创造攻防势能。双手呈前后错落式布局，前手稍抬护住面部中线，后手贴近下颌强化头部防护，双肘自然下垂遮蔽肋部要害。整体姿态在确保躯干暴露面最小化的同时，赋予肢体快速响应的动力学优势——前脚掌的弹性支撑便于瞬间启动位移，肩背肌群的预紧状态为拳腿技术储备爆发力。这种兼具隐蔽性与机动性的战术站位，既可作为攻防转换的枢纽，又能通过微调重心比例实现战术意图的精准表达。预备势分为左势和右势两种：一般来说，左手左脚在前、右手右腿在后的为"左势"，右手右腿在前、左手左腿在后的为"右势"；在本书中，除特别说明外，均以左预备势为例。

（1）身体各部位的动作姿势 ①下肢姿势：前脚掌内旋30°形成稳定支撑面，后脚前掌着地保持弹性势能储备，双膝微屈形成肌肉预张力。两脚横向间距约15cm，前脚跟与后脚尖纵向距离接近肩宽，重心分配后置，为滑步突进或撤步闪避做准备。②躯干及上肢姿势：躯干呈15°前倾角配合右转10°，左肩前探形成攻防中线遮蔽。左臂屈肘90°，拳峰高度与鼻尖平齐，构成前侧防御；右臂屈肘45°紧护下颌，双肘内收贴合肋部，形成胸腹要害的三维防护网络，能够有效遮蔽的面积大于85%。③头部姿势：颈椎保持功能性中立位，下颌内收15°避免下颌暴露。双目采用"焦点-余光"复合视觉模式：主视野聚焦于对手的锁骨三角区，余光覆盖其髋膝关节动态。

（2）注意事项 ①下肢保持动态张力，确保攻防转换的爆发势能储备；②维持膈肌弹性呼吸模式，避免胸廓过度扩张导致的肌张力失衡；③上肢保持战术松弛态，通过非对称位移实施战术欺骗，优化打击动能传导效率；④建立视觉威慑机制，通过瞳孔聚焦强化战术压迫感。

2. 散打的步法 散打实战中步法技术的运用对攻防效果起着决定性作用。灵敏迅捷且变化多端的移动能力不仅是实施攻守动作的基础条件，更是掌控攻防节奏、占据战术位置的核心要素。通过精确控制移动速度、位移幅度及落点精度，既能有效组织有效攻击和防御反击，又能动态调节身体重心以保持稳定性。步法训练作为提升实战水平的关键突破口，其熟练掌握程度直接决定进攻与防守的实际效果，因此，系统化的步法学习与强化训练是每个习练者必须重视的必修课程。基本步法如下。①进步：左脚稍提起向前进一步，右脚迅速蹬地跟进同样距离。要点：步幅不宜过大，重心平稳，上体姿势不变。②退步：右脚稍提起向后退一步，左脚迅速蹬地后退同样距离。要点：步幅适中，重心平稳，上体姿势不变。③上步：右脚微离地面向前上一步，身体左转，即左脚以前脚掌为轴内转，同时左、右拳前后交换成预备势。要点：右脚要擦地前行，重心平稳，两手交换与上步要同时进行。④侧跨步：A. 左侧跨步，左脚向左侧横跨一步，右脚掌内侧蹬地迅速向左侧跟进同样距离；B. 右侧跨步，右脚向右侧横跨一步，左脚脚掌内侧蹬迅速向右侧跟进同样距离。要点：跨步动作要快速敏捷，重心平稳，上体姿势不变，步幅可大可小。

3. 散打的拳法 散打握拳技术要求四指并拢内卷握紧，拇指屈扣于食指与中指第二关节处。其拳法体系通过拳臂的伸缩摆击形成多样技术形态，典型技法包括直线冲拳、横向掼拳、上挑抄拳及旋转鞭拳等类型。散打的拳法在实战中以爆发力强、动作灵敏为显著特征，能够通过最小位移实现快速精准打击。拳法不仅可形成连续组合攻势，还能灵活衔接腿法、摔法等各类技术，成为攻防体系中的核心要素。实施拳法攻击时必须注重步眼身法的协调配合，确保发力顺畅、落点精确以强化打击效果。实战过程中需坚持攻防同步原则，形成出拳时非攻击手自然护住要害的本能反应，以此构建攻守兼备的技术体系。

（1）冲拳

1）左冲拳　左冲拳时以右脚微蹬推动重心左移，同步腰髋向右适度扭转，带动左拳沿直线前冲。触敌瞬间拳部骤然紧锁，力量贯注于拳峰，拳心朝下或拳眼上翻保持拳背与腕部水平对齐。整个动作需实现蹬地转髋发力与出拳轨迹的时空协同，在动态平衡中完成劲力传导，确保击打精准性与爆发力高效输出。要点：蹬腿、转髋、拧腰要快速连贯；拳要弹性击打，快打快收。

2）右冲拳　右冲拳时由右脚蹬地内扣触发腰髋协同扭转，动能链通过肩部顺延传导至右拳形成直线冲拳，拳峰定向瞬间完成力量凝聚。左拳同步收至颚侧形成防护，拳体形态保持拳心向下或拳眼上翻的规范姿态。技术核心在于支撑轴转换与躯干旋转的联动效应，通过蹬地产生的反作用力经髋关节旋转放大，最终实现从下肢到拳锋的完整动力传递，确保击打动作兼具速度爆发与结构稳定双重特性。要点：快速连贯，用力顺达；上体不可过于前倾，注意保持身体平衡。

简释：冲拳作为格斗体系的核心攻击技术，凭借其直线轨迹特性展现出快速精准的打击优势，主要针对对手头部实施攻击。该拳法通过蹬地发力形成动力链传导，力量经腰髋旋转、肩肘推送最终凝聚于拳峰，实现全身劲力整合输出。

左冲拳因其攻击路径最短且虚实变化灵活，常作为先锋拳用于战术干扰与防御突破，既可通过高频轻击扰乱对手节奏，也可在捕捉战机时形成有效重击；右冲拳则因攻击半径长、打击势能强，多作为主力拳在战术铺垫后发动决定性攻击，尤其在对手防御失位或反击间隙发挥强力突破作用。两种拳法在实战中形成战术互补，通过虚实配合既能创造进攻条件，又能根据战局变化实现攻防转换，其有效运用需结合步法位移与身体协调，确保打击精度与力量输出的完美统一。

（2）掼拳

1）左掼拳　左掼拳时躯干微向右旋产生初始扭矩，左臂抬肘引导前臂内旋沿弧线轨迹向中线横击，拳体呈下翻状态确保拳峰聚力。攻击过程中大臂与小臂形成约130°战术夹角以平衡攻击范围与发力效能，同步右拳始终稳定护于颌部完成攻防协同。该动作通过躯干旋转与前臂内旋的复合运动构建弧形打击动能，在保持上肢结构稳定的前提下实现横向冲击力的最大化释放，形成兼具角度突防与力量渗透的战术攻击效果。要点：力从腰发，上体绕身体纵轴向右转动助力，击至身体正中线时"制动"并快速回收。

2）右掼拳　右掼拳发力过程中，右脚蹬地内扣触发腰髋联动，带动右臂抬肘前旋形成向心弧线攻击。通过腰胯协同扭转产生的旋转动能，驱动前臂沿内收轨迹完成横向击打，拳峰聚力时保持拳心向下且大小臂维持130°战术夹角。左拳全程护颌形成攻防同步机制，确保躯干旋转与手臂摆击形成动力闭环，在"腰马合一"的力学传导中实现横向冲击力的最大化释放，使弧线攻击兼具角度隐蔽性与力量穿透性。要点：右脚蹬地内扣、转腰、合胯与掼击要协调一致，击至身体正中线时迅速"制动"并回收。

简释：掼拳作为中距离战术重击手段，主要针对敌方头部与肋部实施打击。其打击动能源于下肢蹬转与腰胯合力的协同作用，通过肩臂摆动的动力链整合形成强力横向冲击。执行时需实现躯干旋转、重心转移与肢体摆动的三维同步，在触敌瞬间配合拳面螺旋加速及延伸击打轨迹的过目标技术，强化穿透破坏效果。战术运用需精准把控攻击窗口，因动作轨迹较长易产生防御空档，故要求完成击打后迅速做出回防架势。该拳法在组合连攻或反击战术中能有效形成二次杀伤，实战中应结合虚实节奏变化，在保持攻防转换流畅性的前提下释放其重击特性。

（3）抄拳

1）左上抄拳　左上抄拳时身体左倾伴随重心下沉形成初始势能，左拳顺势下引蓄力后同步左脚蹬地触发躯干右转，通过腹肌收缩推动左髋前送形成三维动力链。左臂屈肘90°沿垂直面向上弧线抄击，拳心内收聚力于拳峰，击打轨迹终点定位于鼻尖高度，同步右拳稳定护颌构建攻防协同。该动作整合了重心起伏、躯干旋转与髋部推送的复合发力模式，在蹬转送髋的扭矩生成过程中完成由下至上的螺旋劲力传导，既保证了上肢关节角度的战术优势，又通过身体轴向偏转增加攻击隐蔽性，形成具备突防能力的上勾式打击。要点：蹬地、转体、挺腹、抄击要连贯协调；击至鼻尖平时，制动并快速回收。

2）右上抄拳 右上抄拳时躯干微右倾蓄势，右拳伴随前臂外旋自然下引。通过右脚蹬地触发膝胯协同向左扭转，驱动右臂屈肘90°沿垂直弧线完成上勾式击打，拳心内收聚力于拳峰至鼻尖高度。动作全程贯穿蹬转送髋的动能传导机制：下肢蹬地产生的反作用力经膝胯扭转转化为躯干旋转势能，通过腹肌收缩推动右臂形成三维螺旋轨迹的上勾冲击。左拳同步护颌构建攻防同步体系，确保上肢在释放上勾动能时维持中线防护，使该技术兼具隐蔽突防与结构稳定的双重战术优势。要点：要借助右脚蹬地、扣膝转胯、身体拧转的助力击打，用力要顺达，上、下要协调一致。

简释：抄拳作为近战重击体系的核心技术，通过上挑、下砸、平扫及斜向变轨等多维度攻击模式展现战术多样性。其动力链整合了躯干侧倾与下肢蹬转的复合发力机制，在关节角度随攻击距离动态调整中实现力量最大化输出。上抄拳锁定胸腹下颌区域，平抄拳侧重侧面部打击，攻击轨迹的斜向变体更可拓展战术突防维度。该技法需通过系统训练掌握不同间距下的角度适配，在组合连攻或反击战术中形成突进式杀伤。实战运用强调主动近身创造攻击窗口，配合虚实节奏突破对手防御，同时注重攻防姿态转换的流畅性，使重拳冲击与战术机动形成有机配合，在动态对抗中把握最佳击打时机。

4. 散打的腿法 散打腿法技术体系包含屈伸性、直摆性与扫转性三大类动作结构，充分体现了"手如门户，腿定乾坤"的技击哲学。其战术价值源于攻击距离优势与力量传导特性：下肢长度赋予中远距离打击能力，髋关节大肌群联动形成的爆发力可对头、躯干、下肢等多区域形成穿透性攻击。腿法运用需精准把握距离节奏，在蹬地转髋、重心位移的动态平衡中实现全身力量传导，通过"超目标"踢击技术强化打击动能。实战中需注重虚实转换与攻防协同，踢击瞬间保持上肢防护姿态以应对"起腿空当"风险，同时借助步法调整确保动作连贯性与身体稳定性。优秀腿法实施需整合瞬时爆发力、落点精度及战术欺骗性，在踢击轨迹的隐蔽突袭与复合变线中构建多维攻击体系，既能作为独立得分手段，也可在组合技中形成决定性重击效果。

（1）蹬腿

1）左正蹬腿 左正蹬腿时通过重心后移形成动力蓄积，攻击腿屈膝蓄势保持膝部前顶与足尖勾起的预备姿态。支撑腿在膝关节微屈状态下建立稳定基座，随后髋关节前推驱动攻击腿沿直线轨迹完成蹬击动作，动能聚焦于脚跟形成穿透性打击。技术核心在于重心后撤与前蹬发力的时序配合，通过脊柱—骨盆—下肢的动力链整合实现力量高效传导。完成打击后需迅速收腿复位，在保持支撑腿动态稳定的基础上实现攻防姿态快速转换，该动作完美诠释了直线腿法"快发快收"的战术特性，既可确保攻击爆发力最大化，又有效规避了因动作滞留导致的失衡风险。要点：快速连贯；髋要前送，充分挺膝发力；上体姿势基本不变。

2）右正蹬腿 右正蹬腿技术通过重心前移触发动力势能，攻击腿屈膝蓄势保持膝部前顶与足尖勾起的预备姿势。支撑腿稳固承载身体重量形成发力支点，配合躯干左转协调发力，驱动右腿沿直线轨迹完成爆发式蹬击，打击动能聚焦于脚跟形成穿透性攻击。动作全程强调重心迁移与转髋送胯的力学协同，在支撑腿动态稳定的力学框架下实现核心肌群力量向攻击末端的精准传导。完成蹬击后即刻复位，通过膝关节弹性回收与重心回撤的联动机制，保障技术动作的连贯性与攻防转换效率，该直线腿法完美融合了前冲势能与结构稳定性，既强化了打击破坏力，又优化了动作风险控制。要点：屈膝高抬，爆发用力；抬腿、发力、送髋要一气呵成。

（2）侧弹腿

1）左侧弹腿　身体先稍右倾将重心后移至右腿支撑，左腿屈膝提髋、膝部内扣侧向抬起，脚背绷直蓄力，随即以胯部的转动驱动大腿带动小腿向左前侧方迅猛弹击，力点精准集中于脚背，触敌瞬间爆发鞭打式劲力；支撑腿保持微屈稳固重心，腰腹协同收紧控制身体平衡，完成弹击后迅速屈膝收腿还原预备姿态，确保动作连贯如弹簧压缩后瞬间释放，强调"蓄力隐蔽、弹击快脆"的战术特性，同时注意攻防转换时上肢同步护住中线要害。要点：动作连贯、协调，以腰带腿充分挺膝发力，要保持自身平衡。

2）右侧弹腿　身体稍左倾将重心移至左腿支撑，右腿屈膝提髋、膝部内扣侧向抬起，脚背绷直蓄力，随即转胯发力带动大腿向右前侧方迅猛弹击，力点集中于脚背，触敌瞬间髋关节外展配合腰腹拧转，形成鞭打式穿透劲力；左支撑腿保持微屈稳固重心，上肢同步护住中线，弹击后迅速屈膝收腿还原实战姿势，强调"转胯送髋快如轴，弹击脆收稳如钉"的战术要求，确保动作隐蔽性与爆发力兼备，同时避免重心偏移导致失衡风险。要点：动作要快速连贯，一气呵成，以腰带腿充分挺膝发力。攻击到位后，迅速摆成右势。

简释：侧弹腿作为高效战术腿法，凭借其快速变线特性与广泛攻击范围，既能在主动进攻中通过手法虚晃制造攻击窗口，也可衔接其他技术形成连续压制。防守反击时通过侧闪步法精准避开对手攻势，同步发动弹腿实现攻防转换。实战运用需强化动作的瞬时爆发与落点控制，遵循"脆发快收"原则防止被控腿反制，同时注重躯干中轴稳定与上肢防护的协同机制，在动态位移中保持结构平衡，确保腿法攻击既具突袭性又兼顾防御效能，通过虚实节奏变化突破对手预判，最大化战术突防效果。

（3）侧踹腿

1）左侧踹　身体稍右倾重心移至右腿支撑，左腿屈膝提髋，脚掌外展蓄力，随即转髋送胯推动左腿沿直线迅猛踹击，力达脚跟或脚掌外侧；支撑腿蹬直稳固重心，上体后仰协同发力形成"弓背蹬踹"之势，踹击瞬间拧腰展髋充分释放爆发力，触敌后快速屈膝收腿复位，保持上肢护头、收腹含胸的防御姿态，强调"提膝隐蔽如拉弓，转髋送腿似利箭"的发力节奏，确保踹击兼具穿透力与结构稳定，同时避免因过度前倾导致失衡。要点：提膝、展髋、踹击快速连贯；在击中目标前的瞬间要骤然拧腰、送髋，以形成爆发力。攻击对手头、胸高位目标时，上体可侧倾，但要注意保持身体的平衡。

2）右侧踹　身体稍左倾重心移至左腿支撑，右腿屈膝提髋蓄力，脚掌外展锁定目标方向，随即以左腿蹬地发力推动转髋送胯，右腿沿直线轨迹迅猛踹出，力贯脚跟或脚掌外侧；支撑腿微屈稳固重心，上体后仰协同形成"反弓"发力结构，踹击瞬间拧腰展髋如拉满之弓，触敌后快速屈膝收腿复位，同步保持上肢护头、含胸收腹的防御姿态。强调"提膝转髋一气呵成，踹击如枪直刺中线"，确保动作兼具爆发穿透力与身体动态平衡，避免因踹击惯性导致重心失控，实战中需配合步法调整距离，做到"踹中即收，攻守无缝衔接"。要点：同左侧踹。此外，踹击后迅速摆成右势。

简释：侧踹腿作为屈伸性腿法核心技法，通过前腿、后腿及转身三种攻击维度配合高、中、低三段打击层次，构建覆盖头、躯干、下肢的全方位攻击体系。其战术价值体现在中远距离的突进式直线踹击，既可配合进退步法形成单腿连续打击或左右交替连攻，也能在攻防转换中灵活切换主动压制与反击模式。执行时需精准控制支撑腿旋转角度与髋部骤然拧转的协同发力，通过脚跟内收增强踹击延伸距离与穿透强度，同时保持上体后仰含胸的防御姿态。实战中强调"踹如利刃刺，收似弹簧缩"的战术节奏，在爆发式踹击后迅速收腿复位，既避免动作滞留导致的失衡风险，又能无缝衔接后续攻防动作，实现力量输出与身体控制的动态平衡。

（4）横踢腿

1）左横踢腿　身体稍右倾重心移至右腿支撑，左腿屈膝提髋、脚背绷直蓄力，以右腿为轴快速转髋拧腰，驱动左腿沿水平弧线向左前方横向扫击，力达脚背或小腿胫骨；支撑腿脚跟外转协同发力，腰腹收紧控制身体旋转幅度，触敌瞬间展胯送腿形成鞭打式劲力，击打后迅速屈膝收腿还原实战姿势，上肢同步护头、护肋维持中线防御，强调"提膝转髋如拧簧，横扫鞭击脆如雷"的爆发节奏，确保扫踢力量从腰胯经大腿传导至攻击末端，在动态平衡中实现力量穿透与攻防转换的无缝衔接。要点：以转体带动扫踢，动作连贯、快速。

2）右横踢腿　身体稍左倾重心移至左腿支撑，右腿屈膝提髋蓄力，脚背绷直，以左腿为轴快速转髋拧腰，驱动右腿沿水平弧线向右前方横向打击，力达脚背或小腿胫骨；支撑腿脚跟外转协同发力，腰腹收紧控制身体旋转幅度，触敌瞬间展胯送腿形成鞭打式穿透劲力，击打后迅速屈膝收腿还原实战姿势，上肢同步护头、护肋维持中线防御，强调"转髋如拧轴，横扫似鞭抽"的发力节奏，确保扫踢力量从腰胯经大腿传导至攻击末端，在动态平衡中兼顾攻击速度与身体稳定，避免因过度旋转导致重心偏移，实战中需配合步法调整距离与角度，做到"攻中带守，收放一体"。要点：以转体带动扫踢，动作连贯、快速。

5. 散打的摔法　散打摔法作为近身格斗核心技术，通过力学原理与战术预判实现快速制敌，在攻防对抗中既能有效得分，又可瓦解对手体能及战术部署。其实施需精准捕捉对手姿态与发力趋势，以借力打力为核心原则，在攻防转换瞬间完成抱摔、别腿等复合技术，强调"顺势控轴、快摔连打"的战术思维。实战中需融合踢打技法形成立体攻势，在主动压制或反击时通过步法切入破坏对手重心结构，以爆发式发力配合关节锁控实现瞬间失衡。摔法运用需兼顾战术突然性与自身防护，在控制与反控制博弈中构建攻防一体化体系。本教材聚焦实战高频快摔技术，解析其力学传导机制与战术适配逻辑。

（1）抱双腿过顶摔　近身瞬间迅速下潜降低重心，双臂成环扣状锁抱对手双腿膝窝处，头部紧贴其躯干中线防止反击；双腿蹬地发力挺腰上扛，同步收腹提肩将对手重心拔离地面，利用腰腹核心与下肢爆发力形成杠杆效应，以髋为轴向后上方抛摔，同时身体侧转或后仰引导对手过顶失衡；动作全程需保持双臂箍紧、重心前压的控制状态，强调"下潜贴靠如闪电，蹬扛抛摔似崩山"的连贯发力，触地瞬间迅速抽手撤步转入压制位，避免反关节僵持。实战中需精准捕捉对手重心前倾的时机，配合步法切入破坏其支撑结构。要点：潜闪、上步要快，抱腿要紧；整个动作迅速连贯，一气呵成。

（2）抱双腿前顶摔　近身时突进下潜，双臂快速环抱对手双腿膝窝处，同时肩部顶住其髋腹区域，双腿蹬地前冲发力，挺腰前顶形成向后的爆发推力，配合头部贴紧对手躯干防止反击；动作核心在于利用蹬地前冲的惯性破坏对手重心，通过腰腹前顶与双臂锁扣的合力将对手向后推倒，触地瞬间迅速跟进压控或衔接地面打击。该摔法强调"下潜贴靠快如电，蹬顶发力似推山"的战术节奏，需精准捕捉对手重心前移的破绽，双臂锁扣与肩部前顶同步发力，确保动作一气呵成，避免因发力脱节导致反制风险。要点：抱腿要紧；手拉、肩顶协调一致，迅猛有力。

（3）抱单腿挫膝摔　近身瞬间下潜贴近，单手锁扣对手小腿后侧，另一手控其膝窝形成杠杆支点，同时肩部下压顶住其大腿根部；支撑腿蹬地转腰发力，提拉对手小腿同步横向挫压膝关节，利用腰胯旋转与上肢提挫的合力破坏对手重心，使其失衡侧倒。该摔法强调"锁腿如钳控轴心，转腰挫膝破平衡"的战术思维，需在贴靠瞬间完成锁腿、转体、发力的连贯爆发，触地后迅速跟进压制，注意保持自身重心前压防止反缠。实战中需精准预判对手单腿承重时机，以突然性与爆发力实现快速制敌。要点：变手要快，拉腿、压肩脆快有力。

（4）锁臂过顶摔　近身时迅速抓握对手前臂并锁扣其肘关节，同时上步切入其腋下，转腰沉髋降低重心，以肩背为支点形成杠杆结构；双腿蹬地发力配合腰腹爆发性上挺，同步提拉锁扣之臂，利用躯干旋转与上肢提拽的合力将对手重心拔起，沿肩背弧线过顶摔出。该摔法强调"锁臂如绞盘，转体似旋风"的发力节奏，需在控臂瞬间完成转体、提拉、抛摔的连贯爆发，触地后迅速跟进压制，注意护头、含胸防止砸击反噬。实战中需精准捕捉对手伸臂攻击的破绽，以突然性和核心力量破坏其平衡结构，达到"控一点而制全身"的战术效果。要点：抓手要紧；整个动作要快速连贯，爆发用力。

三、散打竞赛规则

1. 基础竞赛规范与场地装备要求　散打竞赛严格执行《武术散打竞赛规则》，比赛场地为 8m×8m 的正方形擂台，台面铺设缓冲层并设置弹性围绳，四角立柱包裹防撞软垫；运动员须佩戴经认证的护具及拳套，禁用金属饰品与硬质护具。比赛采用三局两胜制，每局净打 2 分钟，局间休息 1 分钟，体重分级涵盖男子 48～100kg 和女子 44～78kg，赛前 48 小时称重超重 0.1kg 即取消资格。允许技术动作为直拳、摆拳、勾拳三类拳法，鞭腿、踹腿、蹬腿等七种腿法，以及非抱腿类摔法；禁用肘击、膝顶、反关节技及主动倒地攻击。

2. 得分体系与违规行为判定　有效得分区域为头部、躯干，电子计分系统与裁判组协同判定：拳法击中得 1 分，腿法击中躯干得 2 分，高鞭腿击中头部得 3 分；成功摔法致对手倒地得 2 分，若同时造成对手 3 秒内无法反击，追加 1 分。禁击部位包括后脑、颈部、裆部及膝关节内侧，违规击打直接判罚警告并扣 2 分。禁止行为分为技术性违规与纪律性违规，累计两次警告扣 1 分，三次取消资格。优势胜利条件包括分差达 12 分、对手被强制读秒两次或无法继续比赛，确保竞技安全与效率平衡。

3. 裁判系统与申诉机制　裁判体系由主裁、边裁、技术仲裁组构成，主裁拥有即时判罚权，边裁通过高速摄像与压力感应拳套数据辅助判定击打有效性。争议判罚可启动录像回放系统，仲裁委员会依据多角度生物力学轨迹分析终裁。赛后申诉需 30 分钟内提交书面材料并附医学监测报告，仲裁组结合肌电信号强度与三维动作捕捉数据进行技术复核，申诉成功则撤销判罚并返还保证金，失败则没收保证金以遏制滥用申诉。

思考题

1. 根据教材内容，简述散打运动的三个主要特点并说明其体育价值。
2. 列举散打基本步法中的两种，并说明其在实战中的作用。
3. 结合竞赛规则解释：为什么散打比赛要严格规定"禁击部位"和"禁用方法"？

第九节　速度滑冰

一、概述

速度滑冰是人们穿着冰鞋，在冰上特殊的环境中进行速度滑行的一项冰上竞速运动。它作为冬季体育运动项目之一，深受大学生的喜爱。

经常坚持速度滑冰锻炼，不但能增进身体健康，预防疾病，提高人体的抗寒能力，而且能够培养勇敢、顽强的意志品质。

二、技术内容篇

1. 陆上模仿动作

（1）滑跑的模仿姿势　两脚稍分开，屈膝深蹲，重心适中，上体前屈，肩高于臀，头微抬起，目视前方，两手在背后互握。

（2）直道诱导练习　①深蹲姿势单腿后引练习动作要领：由深蹲姿势开始，一腿后引，另一腿保持原姿势支撑身体。重心落在支撑腿上，膝盖位于胸下，尽量前弓，后引大腿与身体重心投影线成10°~15°，小腿与地面近似平行，脚尖自然下垂，动作放松，收腿以大腿带动小腿。动作过程中始终保持深蹲姿势。②深蹲姿势单腿侧出练习动作要领：由深蹲姿势开始，一腿向侧蹬冰，重心放在支撑腿上，膝盖位于胸下。蹬冰脚要轻擦地面，腿要伸直。收回时，以大腿带动小腿。注意放松，蹬冰脚脚尖与支撑腿脚尖在一条直线上。③深蹲姿势单腿侧出接后引练习动作要领：由深蹲姿势开始，单腿向侧出后，划1/4弧由侧位向后引，成单腿后引姿势。重心放在支撑腿上，支撑腿膝盖位于胸下，然后将腿收回并拢。侧出接后引，要以大腿带动小腿来完成，动作应连贯。

（3）弯道诱导练习　①弯道左腿侧出练习动作要领：从两腿深蹲的姿势开始，左腿向右腿后伸直成交叉步，用左脚外刃蹬冰。身体重心落在右脚上，肩部稍向右摆，臀部向左用力。②左腿向左侧出、右腿向右蹬直的练习动作要领：从深蹲姿势开始，左腿在右腿后方交叉蹬出，重心放在右腿上。左腿侧蹬要伸直，外刃蹬冰，保持深蹲，收回后向左侧出，呈左腿深蹲支撑、右腿向右侧蹬直姿势。

2. 初学者冰上练习

（1）直道练习　①穿冰鞋在冰上做自然站立姿势练习动作要领：站立时两刀用平刃支撑，两脚与肩同宽，呈外八字站好，上体稍前倾，两臂自然下垂，身体重心适中。②两脚与肩同宽，两刀平行，用平刃支撑做蹲起练习动作要领：两脚与肩同宽，两刀平行，平刃支撑，两腿弯曲，膝前弓，上体稍前倾，肩、背要稍高于臀，身体呈半蹲姿势，重心放在两腿之间，起立放松。③两脚与肩同宽，两刀平行，用平刃支撑做踏步练习动作要领：身体自然站立。两脚与肩同宽，两刀平行，用平刃支撑。重心放于两腿之间，踏步时身体重心移至支撑腿上。④两脚成外八字平刃站立，做向前外八字走的练习动作要领：身体自然站立，两刀呈外八字，用平刃支撑，身体重心放于两腿之间，左（右）脚向前迈半步，用平刃着冰同时用右（左）刀内刃蹬冰，把重心移到左（右）腿上。接着右（左）腿向前迈一步，用平刃着冰，同时用左（右）刀内刃蹬冰，把重心移到右（左）腿上。⑤单足蹬双足滑练习动作要领：右脚用内刃蹬冰，将重心推送到向前滑进的左腿上，右脚蹬冰后，迅速与左脚并拢成两刀平刃滑进。当速度下降时，接着用左脚内刃蹬冰，将重心移至右腿上，之后迅速与右脚并拢成两刀平刃滑进。⑥单足蹬单足滑练习动作要领：上体前倾，两臂自然下垂，两脚稍分开，用平刃支撑，呈外八字站立，重心放在右（左）腿上。用右（左）脚内刃蹬冰，左（右）脚用平刃向前滑出，伴随蹬冰动作结束将重心移至左（右）腿上，左（右）腿成半蹲支撑惯性滑进，接着向前收右（左）腿，同时左（右）腿蹬冰，伴随左（右）腿蹬冰动作的结束将重心移至成半蹲支撑惯性滑进的右（左）腿上。⑦移动重心练习动作要领：上体前倾，双手互握于背后，重心放在半蹲的右（左）支撑腿上，用平刃支撑，左（右）腿用刀内刃向侧蹬直，两刀平行，向前滑进。动作开始时，用右（左）腿将体重推送到左（右）腿上（重心要平行移动）。两腿成半蹲平刃支撑滑进。⑧初步体会直道滑行方法动作要领：上体前倾，肩背稍高于臀部，两手互握于背后或自然摆动，腿部弯曲，上体与冰面成15°~20°，膝关节成90°~110°，踝关节成50°~70°。按上述姿势做单脚蹬冰单腿支撑滑进练习。

（2）弯道练习　①向左移步的练习动作要领：上体稍前倾，两膝微屈，用两刀平刃站立，与肩同宽，重心放于右脚，左脚向左跨半步，重心移到左脚上，右脚向左脚靠拢呈开始姿势，重复练习。②在任意半径的圆弧上做用左脚支撑、右脚连续蹬冰练习动作要领：从站立姿势起，左刀支撑，右刀向侧蹬冰，左刀向前滑行一段后，两刀并拢，在右刀没做下一次蹬冰前，左刀先向左稍微改变一下方向，接着右刀再向侧蹬冰，如此重复练习，逐步做到左刀用外刃滑行、右刀用内刃连续蹬冰。③在圆弧上做不连续的弯道交叉步练习动作要领：在圆弧上用直线滑行步伐，插入不连续的弯道交叉步。当左脚有稳定的平衡时，右刀向左脚前交叉迈一小步；当右刀有一短暂滑进之后，左刀迅速从右腿后方向左收回，同时右刀向右蹬冰，左刀着冰向前滑行。④弯道滑行动作要领：上体前倾、腿部弯曲，在任意的圆弧上做弯道交叉步练习。在做交叉步时，左脚冰刀用外刃支撑滑行和蹬冰，右脚冰刀用内刃支撑滑行和蹬冰，整个身体与冰刀成一个倾斜角向左侧倾倒，保持这种姿势在圆弧上做不断的弯道交叉压步滑行。

（3）停止法　①内八字停止法动作要领：停止时，上体稍前倾，两膝微屈内扣，上体后坐，重心下降，用两刀内刃压冰，刀跟逐渐分开呈内八字形。②向左（右）转体内外刃停止法动作要领：两腿并拢，两刀平行向左（右）转体90°，同时后坐，上体前倾，身体向左（右）倾斜，用右（左）刀内刃、左（右）刀外刃逐渐用力压切冰面。③向右转体右脚外刃停止法动作要领：在滑行中，身体逐渐成直立姿势，用右脚支撑左脚抬离冰面，重心落在右腿上，此时身体与右刀同时逐渐向右转动，重心稍下降，身体向右侧倾斜，用右刀外刃压切冰面。

3. 直道滑跑

（1）滑跑姿势　直道滑跑姿势是速滑的基本技术。合理的滑跑姿势应是：上体放松前倾，自然团身与冰面平行或肩背略高于臀部，腿部深屈，膝关节成90°~110°，踝关节成50°~70°，两臂放松置于背后，两手互握放在臀部上，头微抬起。滑跑姿势根据个人形态素质特点、滑跑距离、冰场条件、天气情况等而有所不同。直道滑跑，关键在于能掌握适宜的蹬冰时间，获得牢固的支撑点。用最大力量蹬冰时机，应是两腿交接体重的刹那间。为了利用体重蹬冰，倾倒时应把体重牢牢地压在支撑腿上，不要过早交接体重。收腿动作要利用蹬冰后的反弹力立即放松回收，积极靠拢支撑腿，不要有停顿和后引的动作。下刀动作应注意膝关节领先，与前进方向一致，向前提拉要快，着冰动作要轻巧。

（2）蹬冰动作　速度滑冰的蹬冰动作是推动滑行的核心动力，其技术优劣直接影响滑行速度。蹬冰过程分为三个阶段：开始阶段从平刃滑进过渡到内刃滑行时，身体倾斜并伸展髋关节、前压膝盖、缩小踝关节以启动蹬冰；用力阶段冰刀侧出，身体倾斜至最佳角度后迅速伸展髋、膝、踝关节；结束阶段三关节完全伸直完成动力传递。技术细节方面，蹬冰方向需始终垂直于冰刀支撑点，起蹬角度根据速度变化调整，蹬冰角需精准控制——长距离滑跑初始角70°~75°，过早或过晚都将影响推进的效率。蹬冰步幅与身体重心位移相关，低姿势滑行可增大关节屈伸幅度，延长蹬冰距离从而提升加速效果。

（3）收腿动作　蹬冰腿完成蹬冰动作后，抬离冰面处于放松状态，称为浮腿。将浮腿从蹬冰结束后的侧位到后位，由后位到冰刀着冰时的前位动作称为收腿动作。收腿动作的作用是：利用收腿的过程，充分放松浮腿；积极收腿动作有助于移动重心；积极摆动收腿有助于增加蹬冰力量和惯性冲滑力。在收腿过程中，浮腿要以大腿带动小腿将腿拉回，膝关节自然弯曲，做自然内压弧形摆动。从后位向前位收腿时，浮腿是从后向前摆拉收腿，浮腿摆收速度应大于支撑腿冰刀运动速度，浮腿向前移位是靠该腿的重量和向前摆动动作实现的，小腿积极摆动下落。在冰刀着冰前，完成收腿动作。

（4）下刀动作　下刀动作正确与否，直接影响惯性滑进动作和蹬冰动作质量。在滑跑中将浮腿收回靠近支撑腿的内侧，冰刀着冰点在支撑腿前一脚远的距离着冰，先用刀尖外侧着冰，下刀动作要快而轻，开角较小，而后滚动到全刀着冰，这时体重仍放在蹬冰腿上，着冰腿似乎悬在冰面上，只有在蹬冰一瞬间，迅速把体重推移到着冰腿上。正确的下刀动作是身体在向浮腿方向倾倒的状态中，双腿膝盖与双脚冰刀几乎靠拢，右脚刀很自然地用外刃与冰面接触。下刀方向应与运动者重心移动方向一致，注意浮腿的位置应控制在胸下方。下刀过早会影响利用体重蹬冰和产生反支撑；下刀过晚，或下刀动作过猛，易出现切下动作和侧跨，影响动作协调，造成滑跑节奏紊乱。

（5）惯性滑进动作　惯性滑进动作是在一腿蹬冰结束之后，另一腿蹬冰开始之前，用单腿支撑借助惯性向前滑进的过程。惯性滑进动作因滑跑项目不同，持续的时间及技术动作也不同。在滑跑长距离时，惯性滑进动作持续的时间比短距离长，一般约占一个单步幅的1/2。其刀刃变化是下刀的外刃变到平刃，最后到内刃至蹬冰前止。在短距离滑跑时，惯性滑进动作持续的时间比长距离短得多，一般约占一个单步幅的 1/3。其滑跑频率较快，所以从较短的平刃支撑迅速转变到较长时间的内刃支撑和蹬冰。适当缩短惯性滑进时间，有助于提高滑跑的速度。

（6）全身配合动作　全身配合是实现正确滑跑技术和创造高速度滑跑的重要因素。①两腿动作的配合：两腿的配合是由 4 个时期、8 个动作组成 1 个复步，反复循环而构成的。②上体、臀部与腿的配合：在蹬冰、收腿、惯性滑进、下刀动作过程中，运动者的上体和臀部应保持与滑跑方向相一致。进入蹬冰阶段，惯性滑进动作中由平刃滚动到内刃之后，重心放在蹬冰腿上，上体、臀部向蹬冰相反方向水平移动（利用体重蹬冰），在蹬冰结束的刹那间重心才移到新的支撑腿上，上体沿着新的方向随同支撑腿向前运动。尽量挖掘身体各部合理动作，与身体协调配合，创造更大的加速度。③两臂与两腿的配合：在滑跑时，臂的摆动速度稍快于两腿的动作速度。摆臂动作，手的移动轨迹有三个位向点，即前高点、后高点、下垂点。当左臂位于前高点时，右臂位于后高点，这时左腿正位于要结束蹬冰阶段，右腿正处于滑进时要由平刃变内刃的阶段；当左臂位于下垂点时，右臂也正位于下垂点，这时左腿处于收腿结束阶段，右腿恰是要开始蹬冰阶段；当左臂位于后高点时，右臂正在前高点，此时，右腿正处于要结束蹬冰阶段，左腿正处在滑进时要由平刃变内刃的阶段。

（7）摆臂动作　正确的摆臂动作有助于增强蹬冰力量，有助于迅速移动重心和提高滑跑频率。摆臂是顺着身体纵轴前后加速摆动，当两臂向上摆动时就增加蹬冰腿的蹬冰力量。两臂摆动越快，则重心移动越快。要提高滑跑频率，则要采用快摆臂和缩小振幅。摆臂有单摆臂、双摆臂，前者多用于中、长距离滑跑，后者多用于短距离滑跑及中、长距离滑跑的终点冲刺。现代一些优秀运动员在中长距离滑跑时也都采用双摆臂技术。直道摆臂方法：前摆时与滑行方向一致，微屈肘，手摆至与肩同高的位置；后摆时臂伸直，稍高于肩，整个动作协调，肩关节放松，积极有力。

4. 弯道滑跑

（1）弯道滑跑姿势　弯道滑跑姿势是采用身体向左倾斜的姿势，这是由于身体沿圆周运动产生向心力作用所决定的。在弯道滑跑时，整个身体成一直线向左倾斜，双腿在完成蹬冰动作时，也应尽量与身体倾斜面一致，上体和支撑腿的冰刀在圆弧的切线上。在滑跑中身体重心应居中稍偏前，整个弯道滑行应有加速感。身体倾斜度与弯道半径和滑行速度有密切关系，如半径小、速度快，身体倾斜度就大。掌握好身体倾斜度与弯道弧度的关系，是提高弯道滑跑速度的重要因素。

（2）弯道滑跑蹬冰动作　弯道滑跑蹬冰采用交叉步伐来滑跑，右脚用内刃、左脚用外刃向右侧蹬冰。弯道滑跑是沿圆弧的切线运动，因而每个步幅不能过长，直道一个单步幅是 7m 左右，而弯道却只能是 5m 左右。蹬冰动作在一个单步幅中比直道大，惯性滑进时间比直道短，右脚尤为短暂，在短距离滑跑中几乎不存在惯性滑行阶段。蹬冰动作快且及时，弯道滑跑的频率高于相同距离直道滑跑的频率。蹬冰动作，当左脚刀尖拉收到右支撑腿刀跟时，右脚进入开始蹬冰阶段。当右腿"压收"要越过左腿冰刀时，左腿进入开始蹬冰阶段。蹬冰腿继续伸展，蹬冰动作就进入用力阶段，此时浮足"悬"在新的切线上，整个体重牢牢地压在蹬冰腿上，蹬冰的方向要与蹬冰腿滑进的切线相垂直。做到这一点要注意"挤、送、蹬"的技术要领，提高蹬冰效果。在左腿结束蹬冰时，给人以"前、送、蹬"的感觉。同时上体配合左腿迅速推弹蹬冰，使左肩稍低于右肩，左臂低于右臂，呈身体向左倾斜姿势，有利于增大左腿蹬冰幅度，从而提高蹬冰效果。

（3）弯道收腿动作　蹬冰结束后，进入收腿动作，其作用是充分放松浮腿，加速移动重心，增加蹬冰力量，创造更大的滑跑速度。右腿结束蹬冰以后，以大腿带动小腿，膝盖领先，向左支撑腿靠近，继续向左侧移动着冰。完成右腿收腿动作，在浮足准备着冰时（左、右脚一样）要使刀尖向右偏离雪线，收右腿时要以"压收"方法来完成。"压收"就是采取积极有力摆收右腿，并与左腿形成剪刀内压的动作。左腿蹬冰结束之后，以大腿带动小腿，膝盖领先，向支撑腿靠近，收到右支撑腿里侧稍前方准备着冰，完成收左腿动作。收摆左腿时要用拉收的方法完成。收右腿时应比收左腿快速、积极。

（4）弯道下刀动作　弯道正确的下刀动作应是右刀收回时，左刀跟向左内压，刀尖偏离雪线，以刀尖内刃开始着冰，而后滚动到全内刃着冰。右刀着冰时，小腿不要向前摆跨，保持右刀跟与左刀尖的最近距离，并要注意膝盖前弓，使下刀的右腿与身体的倾斜度一致。左腿以"拉收"方法收回后，下刀时贴近右腿内侧着冰，刀尖偏离雪线，保持小腿向里倾斜并与身体的倾斜度相一致。

（5）弯道全身配合动作　弯道滑跑技术要求尽量挖掘身体各个动作的潜力，创造更大的加速度，主要表现在上体配合摆动收腿，摆臂动作与蹬冰动作的协调配合。当蹬冰动作结束，整个身体和肩部沿着新的滑跑方向做积极的移动动作，使左腿惯性滑进动作获得更大的冲滑力和稳定的动力平衡，随着右腿"压收"动作使左肩稍向右摆动，加大臀部向左倾斜，加速重心移动，为左腿蹬冰创造良好的条件。当左腿蹬冰结束，形成明显的交叉步时，肩部的方向与右刀前进的方向相吻合。这种姿势又使右腿支撑惯性滑进动作获得较好的平衡条件。

（6）弯道摆臂动作　弯道摆臂动作的作用与直道摆臂相同，双臂的摆动与直道不同。右臂的摆动方向比直道滑行时更靠前，同时稍微向侧后方摆动；左臂上臂贴着上体，做前后摆动，摆幅小于右臂，起协调作用。

5. 起跑　起跑的任务是使身体由静止状态，在最短的时间内，用较省力的方法获得最理想的速度。起跑技术由预备姿势、起动、疾跑、衔接四个部分构成。

（1）预备姿势　预备姿势有两种，即侧面起跑法和正面起跑法的预备姿势。①侧面起跑法预备姿势：当听到发令员喊"各就位"时，运动员以直立姿势站好。当听到"预备"口令时，侧身面向起跑方向，使两刀平行，与肩同宽，用内刃着冰，将有力腿放在后面，两刀与起跑线成20°~30°，身体重心均匀地放在两刀上，两腿微屈，膝盖内压，上体前倾，前臂自然下垂，后臂侧后平举，高度不超过肩，目视前方8~10m处。当听到枪声即跑出。②正面起跑法预备姿势："各就位"时，运动员正对起跑方向，成直立姿势站在预备线后。"预备"时，两脚跟距离比肩稍窄，内刃压冰，两刀成外八字形站好。角度为90°~120°，两膝微屈并前弓，身体重量均匀地放在两腿上，身体重心投影点位于两刀前内侧方。上体稍前倾，如右腿是有力腿，左臂于体前自然下垂，右臂侧后平举不超过肩，目视前8~10m处。当听枪声立即跑出。此法优点是起动快。

（2）起动　起跑的第一步即是起动，起动的好坏将决定起跑的效果。侧面起跑时：当听到枪声后，将前脚冰刀微离冰面迅速外转，同时用力蹬直后腿，身体前倾，配合下肢动作，小振幅地摆动双臂。外转的前刀，用内刃以踏切动作使刀跟落于前进方向的中线上，臀部前送，重心的投影点位于两刀的稍前内侧方，伸直后腿的蹬冰角为45°左右。

（3）疾跑　从起动后到达最高速度这段距离的滑跑为疾跑。

1）疾跑方法　有切跑式、滑跑式和扭滑式三种。①切跑式疾跑法：类似踏切动作，完成疾跑阶段，两刀角度变化不大。这种方法适合于腿部力量强、灵活性好的人；缺点是消耗体力大，起跑与滑跑不好衔接。②滑跑式疾跑法：类似短距离直道滑跑动作。这种方法常在长距离滑跑中运用，适合反应慢、灵敏度差的人。优点是稳，消耗体力小，疾跑与正常滑跑之间好衔接；缺点是起速较慢。③扭滑式疾跑法：即切跑与滑跑结合的疾跑方法，具有前两种方法的优点。

2）疾跑技术　当第一步踏出之后，就进入疾跑阶段。第二、三步均以踏切动作来完成，从第四步起切滑结合（随着步数增加，滑的成分逐渐增加，切的成分减少）。手臂振幅要小而有力，步距以小为佳，下刀动作位于身体重心投影点上。从第五至六步开始，身体姿势由高变低，蹬冰逐渐向侧，滑跑步伐由小变大，摆臂振幅逐渐增大。两刀分开角由大变小，身体重心的投影点由前向后移动到正常滑跑时重心投影点上。

（4）衔接 疾跑后采用 3 ~ 4 个单步，利用惯性，把疾跑中获得的速度转移到正常滑跑中去，这时要由明显的平刃滑行过渡到内刃支撑。

6. 冲刺 冲刺是全程滑跑的组成部分，是在全程的最后阶段采用的保持速度的合理技术。运动员要到达终点时，应尽全力保持前一段完整技术和已经取得的速度滑完全程。一般在冲刺时采用摆双臂、弓箭步冲过终点线，冲刺距离根据比赛距离长短、训练水平决定。一般训练水平越高，冲刺距离越长。

三、速度滑冰竞赛规则

1. 速度滑冰竞赛规则

（1）逆时针滑跑与交换跑道 ①速滑比赛是按逆时针方向滑跑；②内道起跑的运动员在滑到换道区的直道时要转入外道滑跑，同样，外道起跑的运动员要转入内道滑跑，违者将被取消比赛资格；③只有在 400m 标准跑道上比赛，1000m 或 500m 在换道区起跑时不换道，在其他规格跑道举行的比赛项目按上述相应规定处理。

（2）起跑 ①在"各就位"口令发出后，运动员应到起跑线与预备线之间直立静止站好，在听到"预备"的口令后，应立即做好起跑姿势并保持这种姿势到鸣枪。预备到鸣枪间隔 1 ~ 1.5 秒；②如果运动员在"预备"口令下达前就做好起跑姿势或鸣枪前改变起跑姿势，均判起跑犯规，将被警告；③在同一组的一名或两名运动员有意拖延做起跑姿势，将被判为起跑犯规，并给予警告；④用二次鸣枪或吹哨召回起跑犯规的运动员；⑤起跑一次犯规将被警告，如再犯规，将被取消比赛资格。同组队员同时犯规将同时警告，若其中一运动员抢跑引起另一队员跟跑，只警告首先抢跑的队员。

（3）到达终点 ①只有运动员的冰刀触及终点线才被认为完成该项比赛；②如果运动员在终点线前摔倒，只要冰刀触及终点线的前沿或前沿的垂直面，或终点线的延长线时，即为到达终点。

（4）重新滑跑的规定 ①若运动员因跑道上出现障碍或其他事故而不能滑完全程，将允许其重滑；②运动员经裁判长同意重滑后，应距第一次滑跑有 30 分钟休息时间。

（5）参加部分项目比赛的规定 ①比赛两项以上只授一奖的比赛，冠军应是滑跑完所有规定项目，并取得半数以上项目的第一名的运动员；②若有一个以上运动员并列某项第一名，则他们均为该项冠军；③如果没有人获得多数项目的第一名，或所举行的项目第一名分别被几个运动员获得，则比赛项目积分最少者为冠军。

（6）计算分数的方法 ①500m 成绩秒数即为该项的分数；②1000m 按每 2 秒得一分计算，即滑跑成绩除以 2；③1500m 按每 3 秒得一分计算，即滑跑成绩除以 3；④3000m 按每 4 秒得一分计算，即滑跑成绩除以 4；⑤5000m 按每 10 秒得一分计算，即滑跑成绩除以 10；⑥10000m 按每 20 秒得一分计算，即滑跑成绩除以 20。

2. 室内短道速度滑冰跑道规格 标准跑道的规格如下。①室内短道速度滑冰使用椭圆形、周长为 111.12m 的跑道，直道宽不少于 4.75m，弯道弧顶到防护板墙的距离不少于 4m。②弯道半径为 8.25m，直道长为 28.07m。弯道弧度应是均匀对称的，每条弯道要与两条直道均匀衔接。③跑道的起点、终点用线标志，弯道用点标志：每个弯道标 7 个标志点，点间相距弧长 4.32m。在标志点上放置标志物块。标志物块的形状、质地必须由竞赛委员会批准后才能使用。起、终点线为红色实线，起点预备线为蓝色虚线，线宽 5cm。④场地周围要设有防护墙及防护垫。防护垫紧贴板墙，高不得低于 1m，要盖住板墙，厚不得少于 0.15m，再用 0.50m 高垫子，放置在板墙的前部。垫子的自重必须压在冰面上。

3. 比赛

（1）比赛项目 ①个人项目：短距离分别为 400m、500m、800m、1000m，长距离分别为 1500m 和 3000m。②接力项目：男子为 3000m、5000m，女子为 2000m、3000m。③全国锦标赛项目为 500m、

1000m、1500m、3000m，其中男子接力5000m，女子接力3000m。

（2）会期　①全国锦标赛至少要进行2天。比赛顺序：第一天1500m和500m，第二天1000m和3000m。接力比赛的预赛和决赛要在个人项目结束后进行。②如果会期超过2天，比赛项目顺序安排相同。③前一个项目未进行完半决赛，不能开始下一项比赛。

（3）出发形式　集体出发：400m至800m的复赛和决赛，每组不能多于4人；1000m和1500m的复赛和决赛，每组不能多于6人。每组起跑时，横排不超过6人。

（4）比赛办法　①500m、1000m、1500m、接力比赛，根据报名人数、队数采用淘汰制办法，以预、次、复、决赛方式进行。②各轮次（预、次、复赛）中，每组第一名运动员有权参加下一轮次的比赛。若不足人数，从该轮次中的各组第二、三名内按计时成绩排列，优者进入下一轮次比赛。③预赛与各轮次比赛的编排均由检录长负责。1500m预赛，根据规程规定和各队报的运动员排列顺序，采用公开方式，分批抽签进行编组（1号为一批，2号为一批，依此类推）。500m预赛，以运动员参加1500m比赛累积分数多少顺序编组。1000m预赛，以运动员参加1500m、500m比赛累积分数多少顺序编组。累积分数相同的运动员，按就近一轮得分高者优先。如仍相等，以就近一轮成绩高者优先。蛇形排列确定分组。同一单位的运动员尽量不编在一组；如不可能，同一单位积分高的运动员不编在一组。编组后，各组累积分总和要基本相等。④只有各单项决赛累积分进入前8名或并列第8名的运动员才有资格参加3000m比赛。3000m比赛只进行一次决赛。⑤保证运动员在两次比赛之间最少有20分钟的休息时间。⑥如遇本规则对抽签、编排没有说明的问题，由检录长协助裁判长做出决定。

（5）计分办法　①运动员参加每轮次比赛，根据本组名次按5、3、2、1分计算得分。②只有参加决赛才能得分。决赛各单项前四名按5、3、2、1分计算分数。③如有并列名次，按如下办法处理：某项比赛两个第一名，则各得4分，以下名次分别为2分、1分。某项比赛两个第二名，则各得2.5分，以下名次为1分。某项比赛两个第三名，则各得1.5分，以下名次不得分。某项比赛两个第四名，则各得0.5分。

（6）冠军的确定　冠军为获得3或4项第一名者。如果无人获得3或4项第一，或者有多人同获3或4项第一，则决赛得分多者为冠军。如果有多人得分为第一名，则并列冠军。以下名次亦同样评定。

4. 滑跑规则

（1）运动员参加比赛的规定　①参加比赛的运动员，须经所属单位审查、批准后，方可报名参加。②参加比赛者，必须按大会竞赛规程的规定办理报名手续。③运动员必须按报名单上填写的姓名及大会注册的号码参加比赛，不得冒名顶替，否则取消比赛资格。④参加比赛的运动员必须将大会发给的号码布牢固地佩戴在胸前及背上，否则不得参加比赛。号码字高不少于20cm，笔画粗3cm。

（2）运动员的服装及冰刀　①凡参加比赛的运动员，一律身穿长袖连身服、戴皮质（或合成革）防护手套及硬壳头盔，否则不准参加比赛。②参加接力比赛的队，全队的服装颜色必须统一。③运动员参加比赛用冰刀的刀跟应为圆弧形。裁判长有权不准使用不合乎要求的冰刀。

（3）点名　①参加比赛的运动员，在每项、每轮次比赛前必须按时到检录处报到，如两次点名不到，则被认为弃权；②运动员不得无故弃权，无故弃权者将被取消全部比赛成绩，并按规定缴纳罚款。

（4）超越　超越时，必须保证被超越者表现出正常动作，如发生阻碍或碰撞，由超越者负责。

（5）阻碍　①不允许运动员用身体任何部位阻挡或推撞他人；②任何运动员，若不正常地减速，造成其他运动员减速或发生碰撞，将被取消比赛资格；③运动员不得有意影响他人（如不正常地横穿跑道或用任何方式干扰其他运动员），也不得与其他运动员串通，影响比赛的真实成绩，否则将被取消比赛资格。

（6）援助　在比赛中，运动员不得接受他人的外力援助，否则将取消比赛资格。但在接力赛中，同队队员的接触动作不在此限。

（7）缩短距离　运动员两脚冰刀必须始终保持在跑道标志物外侧滑跑，否则将被取消比赛资格。

（8）取消资格　①副裁判长发现某个运动员犯规时，等该组比赛结束后报告裁判长，由裁判长做出判定。②在每组比赛后，必须将取消资格的判罚决定告知犯规运动员、教练员、领队，并用广播通知观众。只取消犯规项目的分数，不影响已比赛过的项目的成绩。③裁判长和有关副裁判长商讨后，决定某组重新滑跑时，该组被取消比赛资格的运动员不得参加重新滑跑。起跑后到弧顶前，运动员如有意犯规和故意摔倒，应判罚取消比赛资格。

（9）扣圈　①任何运动员被扣圈时，裁判长或副裁判长要通知该运动员沿外道滑行，并不准阻碍其他运动员的正常滑跑。此条也适用于接力比赛。②任何接力队或运动员被扣两圈后，应退出比赛，但有竞争能力者除外。

（10）接力赛　①每个队由 4 名队员和 1 名替补队员组成。4 名队员必须参加比赛。②接力赛采用接触方式，必须有明显的接触方为完成接力动作，否则取消该队比赛资格。③接力队员一经上场比赛，必须滑跑到另一队员接替为止。④接力赛中，任何时候都可以接替，但最后两圈必须由一人完成，否则取消比赛资格。还剩三圈时，发令员要鸣枪告示。⑤在接力赛中，若有队员损坏了冰刀或受伤，经裁判长确认不能继续参加比赛，可以由替补队员上场进行剩余的比赛。但一经替换必须参加到底，中途不得换回。

（11）意见　①只有领队或指定的教练员才有权提出有关意见。有关意见应在成绩公布后 20 分钟内以书面形式提交裁判长，否则不予受理。②所有有关讨论意见的会议，要在不公开场合下进行。③若对有些意见不能立即做出裁决，则允许运动员参加比赛，但必须在成绩公布及发奖前做出决定。④若运动员直接或间接对大会的决定或对裁判员的裁决表现出不正常行为，仲裁委员会有权停止该运动员参加比赛并取消其比赛资格。

（12）禁止使用兴奋剂　严令禁止、严格检查、严肃处理。

（13）全国纪录　①承认全国纪录的项目：男子 500m、1000m、1500m、3000m，5000m 接力；女子 500m、1000m、1500m、3000m，3000m 接力。②新纪录的申请与审查：新纪录由运动员所在单位认真填写室内短道速滑成绩证明书，经省、自治区、直辖市体育部门审查属实，签署意见，并附有破全国纪录成绩证明单及有关资料，上报国家体育总局审批。比赛结束后，限 10 日内全部报送完毕。

思考题

1. 在直道滑跑中，蹬冰动作的三个阶段及其技术要领分别是什么？
2. 根据竞赛规则，速滑运动员在换道区应如何正确换道？违反此规则将面临何种判罚？
3. 起跑后的衔接阶段应如何调整滑跑姿势和动作节奏，以高效过渡到正常滑跑？

第十节　游泳运动

一、概述

水上运动项目中的游泳是指通过协调身体各部位如头部、躯干、四肢的配合动作，使人体能够在水中保持移动或前进的技术活动。该运动主要划分为竞赛性游泳和实用性游泳两大类别，各类别下又包含多种特定泳姿和专业技术规范。值得关注的是，其他相关水上运动项目如高台跳水、团队水球、深潜运动以及艺术游泳等，其技术基础均建立在游泳的核心技能体系之上，但需要先掌握游泳的基本功才能进行专项训练。

1. 游泳运动的起源与发展　　现代游泳运动的发源可追溯到英国。17 世纪 60 年代，游泳在约克郡地区逐渐兴起。1828 年，利物浦乔治码头率先建造了人类历史上首个室内恒温泳池。随着体育组织的发展，1837 年伦敦组建了首个游泳管理机构，并同步开展了该国首次正规游泳赛事。1869 年是游泳运动组织化的重要节点——伦敦成立了后来演变为英国业余游泳协会的大城市游泳俱乐部联盟组织。在近代奥林匹克发展史上，1896 年雅典首届夏季奥运会首次将竞技游泳纳入正式竞赛单元，初期采用不限泳姿的"自由式"赛制，仅设置 100m、500m 和 1200m 三个距离项目，此后，竞技游泳逐步形成了系统化的赛事标准。随着时间推移，1900 年巴黎奥运会将仰泳纳入竞赛体系；1904 年圣路易斯奥运会增设蛙泳项目；1908 年伦敦奥运会期间，国际游泳界迎来重大发展——国际业余游泳联合会（FINA）正式成立，该组织随即着手确立世界纪录认证标准及竞赛规程；1912 年斯德哥尔摩奥运会首次引入女子游泳竞赛单元；1956 年墨尔本奥运会最终将蝶泳确立为独立竞赛项目。经过六十年的演变，竞技游泳在1956 年正式定型为蝶泳、仰泳、蛙泳和自由泳四大技术体系，这一基础分类标准历经一个多世纪的发展，仍作为国际泳坛的核心竞赛规范沿用至今。

2. 游泳运动的特点　　①该运动对参与者的体能储备有较高标准：参与者需具备较强的心肺耐力与肌体持久力方能持续完成训练。作为典型的有氧运动，其能量代谢特点决定了参与者必须保持良好身体状态。②运动实施的场地适应性较强：既可在标准室内泳池开展，也可选择具备安全条件的江河湖海等自然水域。这种开放性使其成为跨年龄层、无性别限制的全民健身项目，具有广泛参与基础。③技术门槛相对较低：参与者只需掌握基本动作规范，配合良好的体能储备即可进行常规训练。相较于需要复杂技巧的运动项目，其动作结构的可模仿性降低了初学者的入门难度。④游泳运动的竞技属性使其具备显著的心理塑造功能：不同距离和泳姿的竞赛不仅考验身体素质，更能通过高强度训练培养参与者的坚韧品质与竞争意识，在提升运动表现的同时实现意志力的全面强化。

3. 游泳运动的分类　　游泳运动体系可划分为三个主要维度：竞赛型游泳、实用型游泳及大众化游泳。在竞技体育范畴内，竞赛型游泳包含多个子项：高空跳水、团队水球、艺术游泳及标准泳姿竞赛。实用游泳领域包含侧向泳姿、水下潜游、反向蛙泳、踩水技术、水上救援及负重泅渡等实用技能。大众游泳则聚焦于康复治疗性游泳、休闲娱乐性游泳及健身养生性游泳等非竞技性活动。国际赛事体系方面，奥运会与世锦赛的游泳竞赛单元由四大板块构成：标准泳姿竞赛、跳水、水球和艺术游泳。其中标准泳姿竞赛细分为蝶泳、仰泳、蛙泳、自由泳、混合泳及接力赛六大类别，共设 32 个具体竞赛项目，具体包括：①自由泳项目，男女 50m、100m、200m、400m，另设女子 800m 与男子 1500m；②仰泳项目，男女 100m、200m 双项；③蛙泳项目，男女 100m、200m 双项；④蝶泳项目，男女 100m、200m 双项；⑤个人混合泳，男女 200m、400m 双项；⑥自由泳接力，男女 4×100m、4×200m 组合；⑦混合泳接力，男女 4×100m 单项。

2008 年北京奥运会新增男女 10km 公开水域游泳项目作为正式竞赛单元。除竞技游泳外，实用型游泳侧重功能性应用，主要包括军事领域及生产作业中的特殊泳法；大众游泳则强调体质提升与文化娱乐功能，通过多样化形式促进全民健康。三类游泳形态共同构成现代游泳运动的完整生态系统，既保持了竞技体育的专业性，又拓展了社会服务功能。

4. 竞技游泳比赛场地的设施

（1）国际标准游泳池规格　　标准长池长度为 50m，两端电子触板间的测量误差不超过 ±0.01m。宽度为 21～25m，单条泳道宽度 2.5m±0.05m。泳池全程水深 2m 以上，推荐 3m，确保水波衰减率符合竞赛公平性要求。泳池的水温恒定在25～28℃，池水循环系统要求保持透明度至少30m可见距离。

（2）浮标分道线结构　　分道线是由聚乙烯浮筒串联成线，直径5～15cm，并做防滑处理。分道线的首尾5m为红色浮标，中间每5m交替红、黄双色。浮筒底部设置涡轮状导流片，有效吸收85%以上水波能量。

（3）出发台　　出发台的尺寸为台面50cm×50cm，前缘高出水面0.5～0.75m，后倾角不足10°；由碳纤维复合材料制作而成，表面覆3mm防滑橡胶层。仰泳握手器安装于水下0.3～0.6m处，直径3～5cm，水平延伸不少于40cm。

二、技术内容篇

1. 蛙泳的基本技术和练习技巧

（1）蛙泳的基本技术

1）身体姿势控制　　在蛙泳中，俯卧水面时的静态姿势是构建高效游进的基础。此时，躯干需保持平直，宛如一块平滑的木板，这能使身体在水中的投影面积最小化，有效减少水的阻力。头部自然沉入水中，让脊柱与水面平行，如同一条隐藏在水中的直线，维持着身体的平衡与稳定。双臂前伸时，肩部前送，仿佛要将身体前方的水轻轻推开，为前进开辟通道。同时，微收下颌，使颈部处于中立位，避免头部过度上扬或下探，确保身体的流线型不受破坏。臀部略微上抬，让身体的水平轴线保持平稳，就像一艘平稳航行的船只，减少不必要的晃动。保持这些正确的静态姿势，能够显著降低水对身体的阻力。当身体呈现完美的流线型时，水能够顺畅地从身体两侧流过，减少了水流的紊乱和漩涡的产生，从而使游泳者能够更轻松地在水中前进，节省体力，提高游泳效率。

在蛙泳的游进过程中，身体的动态姿势变化至关重要。身体起伏并非随意的上下波动，而是如同波浪般有节奏地传导。肩髋联动是实现这种波浪式前进的关键，肩部和髋部协同运动，使身体在水中形成连续的推进力。收腿时，髋关节适度屈曲至150°～160°，这个角度既能保证腿部有足够的收缩空间，又能避免过度弯曲导致身体重心不稳定。蹬夹完成后，身体需迅速恢复平直姿态，这一动作能够及时减少形状阻力，使身体再次呈现良好的流线型。在这个动态变化过程中，身体的起伏和姿态调整不仅产生了推进力，还巧妙地减小了水的阻力。通过合理的肩髋联动和姿态控制，游泳者能够在水中实现高效的前进，仿佛一条灵动的鱼儿在水中自由穿梭。

2）腿部动作技术　　在蛙泳的腿部动作中，收腿阶段是关键的起始环节。收腿时，脚跟需沿着臀部方向缓慢回收，如同钟摆般平稳而有序。双膝间距要严格控制在肩宽以内，从而能确保腿部动作的高效性和稳定性。同时，小腿与水面需形成约120°的夹角，从而为后续的动作提供良好的基础。错误的收腿动作会带来诸多危害：若双膝间距过大，会增加水的阻力，使游泳者在水中前进时更加费力，就像一艘船在水中行驶时船身过宽，受到的水流阻力增大；若小腿与水面形成角度不当，可能导致后续的蹬夹动作无法充分发挥作用，影响推进力的产生，进而降低游泳的速度和效率。

外翻阶段是蛙泳腿部动作中极具技巧性的部分。在这个阶段，脚掌要主动外旋至与胫骨成100°～110°，形成类似蛙足的对水面。这种独特的对水面能够极大地增加蹬水的面积，就像船桨在水中划动时，桨面越大则产生的推力就越大，通过形成这样的对水面，游泳者在蹬水时能够获得更大的反作用力，从而推动身体向前。为了更好地掌握外翻动作，可以进行一些针对性的练习。例如，在浅水区站立，双脚缓慢外旋，感受脚掌和小腿的发力方式；也可以在水中进行辅助练习，借助浮板等工具，专注于腿部的外翻动作，逐渐提高动作的熟练度和准确性。

蹬夹阶段是蛙泳腿部动作产生推进力的核心环节。此阶段由髋关节驱动，就像发动机为汽车提供动力一样，髋关节为蹬夹动作提供了最初的力量源泉。大腿内旋带动小腿沿弧形轨迹向后外侧爆发式蹬出，这个动作轨迹如同一个优美的弧线，能够充分利用腿部的肌肉力量。在蹬出的过程中，大腿和小腿的肌肉协同发力，当末端双膝并拢时，脚背绷直完成鞭状夹水。鞭状夹水的动作就像鞭子抽打一样，能够将腿部的力量集中释放，产生强大的推进力。这种推进力是蛙泳前进的关键动力，它能够推动游泳者在水中快速前进，使身体在水中如箭一般穿梭。

3）臀部动作联动　在蛙泳收腿阶段，臀部扮演着为蹬夹动作蓄能的重要角色。此时，髋关节前屈约30°，这一精确的角度变化带动骨盆前倾。从力学原理来看，髋关节前屈使得臀部肌群拉伸，就如同拉伸弹簧一样，储存了弹性势能。骨盆前倾则调整了身体的重心和姿态，为后续蹬夹动作创造了有利的发力条件。当髋关节前屈时，身体的一部分重量向后转移，使得腿部在收腿过程中更加顺畅，同时也为蹬夹时向前的推进力做好了准备。然而，错误的收腿时臀部动作会影响整个游泳的效率和姿态。若髋关节前屈角度过大或过小，骨盆前倾的幅度就会失调，导致身体在水中的平衡被打破。比如，髋关节前屈角度过大，会使身体过度下沉，增加水的阻力；角度过小，则无法充分为蹬夹动作蓄能，使得蹬夹的推进力不足。

蹬夹阶段是蛙泳前进的关键发力时刻，臀部肌群在此过程中协同发力，推动躯干向前上方发生位移。当蹬夹动作启动，髋关节后伸，臀部的臀大肌、臀中肌等主要肌群迅速收缩。臀大肌作为人体最大的肌肉之一，其收缩产生强大的力量，通过髋关节传递到整个下肢，带动腿部向后蹬水。臀中肌则起到稳定骨盆和控制腿部外展的作用，与臀大肌相互配合，使蹬夹动作更加协调有力。在这个过程中，要特别注意避免过度抬臀的错误。过度抬臀会使身体在水中的姿态变成"坐姿"，破坏身体的流线型，从而大大增加水的阻力；而且，这种错误姿势还会导致腿部蹬夹的方向和力度发生偏差，无法有效地将力量转化为向前的推进力，严重影响游泳的速度和效率。

在划手与呼吸阶段，维持臀部的稳定至关重要。为了控制骨盆旋转幅度不超过10°，游泳者需要通过核心肌群的力量来实现。核心肌群就像身体的"稳定器"，包括腹部、背部和骨盆周围的肌肉。在划手时，核心肌群收紧，固定骨盆的位置，防止其过度旋转，确保手臂划水的力量能够有效地传递到身体的其他部位。呼吸时，同样依靠核心肌群的控制使身体保持平稳，避免因呼吸动作导致身体的晃动和失衡。维持臀部稳定和控制骨盆旋转幅度的意义在于提高动力传递效率。当骨盆稳定时，划手和呼吸动作产生的力量能够更直接地作用于身体的前进方向，减少能量的损耗；同时，稳定的身体姿态也有助于保持身体的平衡，使游泳者在水中更加轻松自如地游动。

4）臂腿配合时序　"划手不蹬腿，蹬腿不划手"这一交替原则是蛙泳臂腿配合的核心要点。其含义是：在游泳过程中，手臂划水动作和腿部蹬水动作不能同时进行，而是要相互交替。当手臂进行划水动作时，腿部保持伸展滑行状态，专注于利用手臂划水产生的推进力前进；而当腿部进行蹬夹动作时，手臂则停止划水，处于前伸复位的状态，借助腿部蹬夹的力量推动身体前行。这一原则的目的在于提高游泳效率和保持身体的平衡。通过交替进行臂腿动作，能够使身体在水中的受力更加均匀，避免因同时发力导致身体姿态失衡；同时，交替动作可以让手臂和腿部的肌肉得到合理的休息和发力，充分发挥各自的作用，从而产生更大的推进力。如果违反这一原则，会带来诸多不良后果：若同时进行划手和蹬腿动作，会使身体在水中的阻力增大，就像一艘船同时受到多个方向的力，难以保持直线前进；而且，这种不协调的动作还会导致身体重心不稳定，容易出现下沉或晃动的情况，大大降低游泳的速度和效率。

在蛙泳中，手臂外划、内收、前伸复位与腿部伸展滑行、收腿、蹬夹动作的同步配合时机至关重要。当手臂开始外划时，腿部处于伸展滑行状态，此时身体借助之前蹬夹产生的惯性向前滑行，手臂外划则为后续的内收和推进做好准备。随着手臂进入内收阶段，腿部启动收腿动作，这一同步能够使身体在水中保持平稳的姿态，同时为腿部的蹬夹动作积蓄力量。当手臂前伸复位至1/3处时，腿部同步开始蹬夹动作。这种"手前伸、腿后推"的时空配合，能够使手臂和腿部的力量相互补充，形成连续的推进力。手臂前伸可以减小水的阻力，为腿部蹬夹创造更好的条件；而腿部蹬夹则在手臂前伸的基础上，进一步推动身体向前。这种同步配合对推进力和协调性有着显著的影响：通过精确的同步，能够使手臂和腿部的力量得到最大限度的发挥，产生更大的推进力，让游泳者在水中前进得更快；同时，良好的同步配合也有助于提高身体的协调性，使游泳动作更加流畅自然，减少不必要的能量消耗。

控制手臂内收与腿部蹬夹发力重叠期的时间是蛙泳臂腿配合的关键技巧之一。一般来说，这个发力重叠期应控制在不超过 0.2 秒。要实现这一精确控制，可以通过反复的练习和对动作的细致感知。在练习过程中，游泳者要注意感受手臂内收和腿部蹬夹的发力时机，逐渐找到两者之间的最佳重叠点。通过腰腹肌群的协调能够实现波浪式推进力的传递。腰腹肌群就像身体的纽带，连接着手臂和腿部的动作。当手臂内收和腿部蹬夹发力重叠时，腰腹肌群迅速收缩，将手臂和腿部产生的力量整合起来，形成一股连续的波浪式推进力。这种推进力能够使身体在水中更加顺畅地前进，就像波浪在水面上不断向前涌动一样。同时，腰腹肌群的协调还能帮助保持身体的平衡和稳定，使游泳者在水中的姿态更加优美和高效。

5）呼吸配合技术　在蛙泳中，呼吸周期与手臂动作紧密绑定，这是实现高效游泳的重要环节。手臂外划阶段，水对手臂产生的阻力会自然抬升上半身，此时下颌前伸，利用这个时机完成快速吸气。这就如同打开一扇窗户，让新鲜的空气迅速进入体内，为身体补充氧气。当手臂进入内收阶段，头部随躯干前冲同步入水，此时通过鼻部匀速呼气，并且这一呼气过程会贯穿剩余的动作周期。这种呼吸方式就像一个有序的循环，使身体在水中能够持续获得充足的氧气供应。呼吸对身体平衡和推进力有着重要影响，合理的呼吸能够帮助游泳者保持身体在水中的平衡，就像船的舵一样，引导身体平稳前行。吸气时，身体的重心会发生微小的变化，通过调整呼吸的节奏和力度，可以使身体在水中保持稳定的姿态。同时，呼吸还与推进力密切相关：在手臂划水和腿部蹬夹的过程中，呼吸的配合能够使身体的动作更加协调，从而提高推进力的效率，让游泳者在水中前进得更加轻松和快速。

（2）蛙泳的练习技巧

1）分解动作练习　初学阶段建议将完整动作进行拆解练习。例如在浅水区手扶池边单独练习腿部动作：先缓慢收腿，双脚向外翻成"八字形"，接着用力向后蹬出并夹紧双腿。手臂动作可站在齐腰深的水中练习，双臂前伸后向外划水，再向胸前收回，配合呼吸节奏重复动作。每个分解动作练习 5~10 分钟，逐步形成肌肉记忆。

2）呼吸节奏控制　呼吸是蛙泳的关键难点。练习时先在岸边手扶浮板，抬头吸气后低头入水，用鼻子匀速吐气 3~4 秒，反复练习直到呼吸自然。进阶阶段可尝试"划手抬头吸气，伸手低头吐气"的配合模式，注意吸气时下颌微抬即可，避免过度抬头导致下半身下沉。

3）辅助工具使用　利用浮板、背漂等工具降低学习难度。例如双手抓浮板练习蹬腿时，可将浮板横放胸前帮助保持平衡；佩戴背漂练习手臂动作，能减少腿部下沉的压力。当动作熟练后，逐渐减少辅助工具的使用时间，每周减少 10% 的依赖量，逐步过渡到独立游泳。

4）协调性提升训练　从"两次蹬腿一次划手"的简化模式入手：每次划手时默数"1、2"，在数到"2"时完成一次蹬腿动作。待手脚配合稳定后，再调整为标准的一次划手配合一次蹬腿。可通过岸上模仿练习强化协调性：趴在地面交替做划手和收蹬腿动作，同时配合呼吸节奏喊出口令。

2. 仰泳的基本技术和练习技巧

（1）身体姿势控制　在仰泳中，身体保持平直仰卧的姿态至关重要，它是高效游进的基础。头部应自然后仰，让双耳没入水中，这样能使身体在水中保持平衡和稳定。目视方向为斜上方约 45°，这种视角有助于保持身体的正确方向，同时避免颈部过度弯曲。下颌需微微内收，这一动作看似微小，却能有效减轻颈部的压力，防止因颈部过度伸展而导致的疲劳和损伤。肩部的位置要略高于臀部，使躯干形成轻微的反弓曲线，这种姿势能够增加身体在水中的投影面积，减少水的阻力，提高游进的效率。腰部核心肌群在这个过程中发挥着关键作用，它就像一个稳定器，发力控制着身体的平衡，避免身体在水中左右摇晃。一旦身体出现左右摇晃，不仅会增加水的阻力，降低游进速度，还会消耗更多的体力。因此，保持身体的稳定和正确的姿势，对于仰泳的表现至关重要。

在仰泳游进过程中，身体围绕纵轴自然转动是一项重要的技巧。其原理在于，通过身体的转动可以更好地发挥手臂划水的力量，提高推进效率。当身体转动时，肩部和髋部协同运动，就像一个整体在水中转动。如果旋转幅度过小，手臂划水的范围和力量就会受到限制，无法充分发挥推进作用；而旋转幅度过大，则会增加身体在水中的侧向阻力，影响游进速度。合理的旋转幅度能够使手臂在划水时获得更大的划水距离和力量，同时保持身体的流线型，如同圆木滚动般保持流线型推进，能让身体在水中的阻力降到最低。身体的转动就像圆木在水中滚动一样流畅，可减少水的摩擦力，使游进更加轻松和高效；这种自然的转动还能帮助运动员更好地协调手臂和腿部的动作，提高整体的游泳表现。

（2）腿部动作技术　在仰泳中，双腿交替执行的鞭状打腿动作起源于对高效推进力的追求。这种打腿方式能够充分利用腿部各关节和肌肉的力量，为身体在水中前进提供稳定而持续的动力。鞭状打腿的动作过程分为上踢和下压两个关键阶段。上踢时，动作起始于髋关节的驱动，大腿带动小腿发力。此时，膝关节自然弯曲约135°，这样的弯曲角度能够使小腿和脚部形成一个类似鞭子的形状，为后续的发力做好准备。脚背要绷直，如同芭蕾舞演员的足尖姿态，然后向上方踢出，让脚尖接近水面，但要注意控制力度，避免溅起过大的水花，因为水花过大意味着力量的分散，会降低推进效率。下压阶段，腿部需要伸直，以大腿发力带动整个腿部向下运动，将脚掌下踩至水面下约30cm的深度，这个深度能够确保腿部在水中获得足够的反作用力，推动身体前进。在整个打腿过程中，要保持动作的连贯性和节奏感，如同波浪般起伏，使腿部的力量能够持续传递到身体上。下压和上踢的幅度也有一定要求：打腿幅度约为身体高度的1/3，这样的幅度既能保证足够的推进力，又不会因为幅度过大而消耗过多的体力。合理控制打腿的深度和幅度，能够让腿部动作更加高效，为仰泳的顺利进行提供有力支持。

双腿交替频率建议控制在每分钟50~60次，这一范围是经过大量实践和研究得出的较为理想的频率范围。如果频率过快，虽然在短时间内可能会增加推进力，但会使腿部肌肉快速疲劳，难以维持长时间的高效游进；而频率过慢，则无法提供足够的动力，导致游进速度下降。保持这个频率能够在保证推进力的同时合理分配体力，使运动员能够在较长距离的仰泳中保持稳定的速度。保持脚尖内扣形成内八字，对水面具有重要作用：这种姿势能够增加脚部与水的接触面积，使踢水时产生的反作用力更大，从而提高推进效率；同时，内八字的姿势还能帮助运动员更好地控制腿部的动作方向，保持身体在水中的平衡和稳定。

（3）手臂动作技术　仰泳的手臂动作遵循"入水—划水—出水—移臂"四阶段循环，每个阶段都有其独特的动作要点，这些要点共同构成高效的手臂划水动作。入水阶段，小指领先切入水面是关键。手臂伸直，在肩线延长线外15°的位置入水，这样的入水方式能够使手臂在进入水中时减少阻力，为后续的划水动作做好准备。伸直的手臂如同利刃般切入水中，确保动作的流畅性。划水阶段是产生推进力的重要环节。此时要屈肘形成高肘抱水的姿势，就像抱住一个大球一样。前臂与手掌向脚部方向推压，利用手臂和手掌的大面积与水接触，产生强大的推进力。当划至大腿外侧时，掌心转向臀部，然后快速推水，将身体向前推进。采用高肘抱水的姿势能够充分发挥手臂肌肉的力量，提高划水效率。出水阶段，肩部发力带动手臂伸直抽离水面。肩部的力量是关键，它能够使手臂迅速离开水面，减小水的阻力。伸直的手臂在出水时更加顺畅，避免了因手臂弯曲而产生的额外阻力。移臂阶段，保持肘部微屈、大臂贴近耳侧，如同风车旋转般完成空中复位动作。肘部微屈能够使手臂在移动过程中更加灵活，而大臂贴近耳侧则能够缩短手臂的移动半径，提高移臂的速度。这样的移臂方式能够使手臂快速回到入水位置，为下一次划水做好准备。手臂动作的连贯性在仰泳中至关重要，它直接影响游进的速度和效率：如果手臂动作不连贯，就会导致动力输出中断，使身体在水中的前进变得不顺畅。

（4）动作配合节奏 在仰泳中，6 次打腿配合 2 次划臂的标准节奏是经过长期实践和科学验证的高效模式。这种节奏能够使身体在水中保持稳定的推进力，实现流畅而高效的游进。单臂划水动作与打腿有着精确的配合方式：当手臂入水时，同侧腿执行下压打水动作，这一配合能够借助腿部下压产生的反作用力，帮助手臂更顺利地切入水中，同时也为身体提供额外的推进力。在划水阶段，对侧腿加强上踢助力转体。上踢的动作不仅能够增加身体的转动幅度，使手臂划水的范围更大，还能进一步推动身体向前。这种节奏对动力输出起关键作用：6 次打腿为身体提供了持续的稳定支撑和推进力，而 2 次划臂则在关键时机产生强大的推进动力，两者相互配合，使身体在水中的前进更加平稳、高效。通过合理的节奏安排，能够充分发挥腿部和手臂的力量，避免力量的浪费，提升游进的速度和效率。

（5）呼吸协调 呼吸节奏与手臂动作的自然配合是提升游泳效率和舒适度的关键。具体而言，单侧移臂时进行吸气操作，另一侧划水时则缓慢用鼻呼气。当手臂移至空中时，此时身体侧面微微露出水面，为呼吸创造了良好的条件。这时，通过口鼻迅速而轻柔地吸气，让空气充满肺部，为身体提供充足的氧气。而在另一侧手臂划水时，利用划水产生的节奏，缓慢地用鼻呼气，将体内的废气排出。呼吸频率的选择也十分重要，常见的有规律的一划一吸或两划一吸：一划一吸的频率能保证身体持续获得充足的氧气，适合在需要较高强度和速度的情况下使用；而两划一吸则相对节省体力，更适合长距离的仰泳。要选择适合自己的呼吸频率，需要根据个人的体能、游泳速度和习惯来决定。通过不断地练习和调整，找到最适合自己的呼吸节奏，能让仰泳更加轻松和高效。

3. 仰泳的练习技巧

（1）漂浮练习 初学仰泳时，先在浅水区练习平躺漂浮，双手轻扶池边，感受身体平贴水面的感觉。尝试松开池边后，双臂伸直贴于大腿两侧，头部自然后仰，耳朵没入水中，目视斜上方，通过轻微打腿保持身体不下沉。进阶练习可借助浮板，双手抓住浮板举过头顶，仅用腿部打水前进，逐步适应仰卧姿势的平衡控制。

（2）手臂动作分解练习 站在齐腰深的水中，模拟仰泳手臂划水动作：单臂伸直贴近耳朵，小指先入水向外划半圆至大腿侧，再屈肘提臂复位。左右交替练习，注意划水时手掌推水要有"抱水"感。熟练后躺在水面配合打腿，先单臂划水（另一臂贴腿），再过渡到双臂交替划动，重点保持手臂动作连贯流畅。

（3）练习呼吸节奏调整 默念"划水吸气，移臂呼气"口诀，如右手划水时用嘴吸气，左手划水时缓慢用鼻呼气。若出现呛水，可尝试佩戴鼻夹，先专注动作协调，再逐步适应自然呼吸。通过慢速游进强化呼吸节奏，避免因紧张导致呼吸紊乱。

（4）协调性强化训练 采用"三拍练习法"提升手腿配合，第一拍完成右臂划水，第二拍左臂划水，第三拍同步打腿 3 次。通过分解动作形成节奏记忆，熟练后逐渐加快频率至标准配合（每划手 1 次，打腿 3 次）。可让同伴在岸边喊口令辅助练习，或自行用节拍器设定节奏，强化动作同步性。

（5）辅助工具 初学时佩戴背漂减少心理压力，双手握浮板置于腹部练习打腿，避免身体下沉。进阶阶段使用呼吸管固定头部位置，专注手臂动作细节。针对转身困难者，可在池底 5m 处放置标志物，练习提前收腿、侧身触壁的转身动作，逐步掌握比赛级转身技巧。

4. 游泳的基本战术

（1）心理战术 ①赛前心理建设是制胜关键。运动员需在热身阶段通过深呼吸、音乐调节或正向心理暗示建立信心，例如想象自己如鱼般流畅滑行。面对强敌时可采用"焦点转移法"——将注意力集中在自身动作节奏而非对手速度上，通过默数划水次数保持专注。赛后无论胜负，需进行 10 分钟

"心理复盘"，重点分析心理波动节点，逐步提升抗压能力。②赛中情绪管理直接影响发挥。若出发落后，可以运用"分段超越计划"：将剩余赛程拆分为若干小目标，每完成一段给予自我肯定。当遇到体力瓶颈时，可以通过强化呼吸深度来激活身体潜能，同时微调动作幅度实现持续输出。

（2）体力分配战术　①在短距离（50～100m）时，前15m全力冲刺建立优势，途中游保持95%强度，最后5m通过增大划频10%～15%压榨剩余体能。注意避免过早达到最大心率，可通过佩戴心率带进行监测，确保冲刺阶段心率不超过最大值的92%。②在中长距离（200～1500m）时，以400m自由泳为例：前100m用85%强度建立节奏；中间200m调整为80%强度保持稳定；最后100m分三阶段加速，比如最后50m提升至90%，最后25m用95%，最后5m全力冲刺。

（3）出发战术　起跳阶段需根据身体特性选择策略：爆发力强的选手可以双手抓台沿，通过摆臂惯性增强起跳力度；协调性强的选手可以单脚前抵出发台，如同短跑起跑般获取更大初速度。优秀的出发可实现0.6～0.8秒的时间优势。入水控制决定水下优势保持：入水后身体成流线型滑行时，通过观察水下标志线判断滑行距离，通常高水平运动员保持3～4个海豚腿动作。

（4）转身战术　触壁时机需要精确到厘米级控制。建议在距离池壁1.5～2m处开始侧身转体，通过余光观察池壁倒置T字线，调整体位。触壁的瞬间膝关节屈曲120°～135°，利用蹬壁反作用力获得最大推进力，优秀的转身可较普通运动员快0.3～0.5秒。水下动作是转身战术的核心技术，蹬壁后保持流线型滑行，通过3～5次海豚腿加速，要注意控制头部位置，下颌微收减少阻力，眼睛观察水面波纹来判断上浮时机。自由泳转身时，可利用侧滚翻惯性实现动作无缝衔接。

（5）接力战术　棒次安排需科学配置团队战力：通常将爆发力最强的选手放在首棒以建立心理优势，抗压能力强者收尾。混合泳接力需根据泳姿特点进行安排顺序，比如：仰泳棒次选择转身技术精湛者，蛙泳棒次安排划水效率高者，蝶泳棒次启用核心力量强者，自由泳棒次部署冲刺能力优者。交接时机最好足够精确，第三棒选手触壁前，第四棒选手需通过观察队友的手部动作预判触壁时间。

三、游泳运动竞赛规则

1. 比赛基本分类　现代游泳比赛按泳姿分为自由泳、仰泳、蛙泳、蝶泳四个单项，另有混合泳和接力项目。自由泳比赛中运动员可采用任意泳姿（通常为爬泳），其他项目必须使用指定泳姿。个人混合泳按蝶泳→仰泳→蛙泳→自由泳顺序完成，混合泳接力则按仰泳→蛙泳→蝶泳→自由泳顺序进行。所有正式比赛均采用电子计时系统，精确到0.01秒判定成绩。

2. 泳姿核心规则　自由泳允许身体任何部位触壁转身，但出发和转身后可在水下做不超过15m的潜泳；仰泳要求比赛全程保持仰卧姿势，转身时允许身体翻转但必须用单手触壁；蛙泳规定两臂必须同时对称划水，双腿做蹬夹动作且不得做垂直上下打腿，每次转身和到边必须双手同时触壁；蝶泳要求双臂同时出水前摆入水，双腿必须做同步上下鞭状打腿。混合泳项目必须按顺序完成四种泳姿，错序即判犯规。

3. 出发与转身要求　除仰泳和混合接力首棒以外的所有比赛均采用跳台出发。仰泳出发时运动员需在水中抓握出发杆，听到出发信号后通过蹬壁启动。转身时自由泳和仰泳可用身体任意部位触壁，蛙泳和蝶泳必须双手同时触壁。长距离比赛需在50m处设置转身计时提醒铃铛，帮助运动员掌握赛程进度。

4. 犯规判罚标准　常见犯规包括出发抢跳、游进时穿越他人泳道、转身触壁不符合泳姿规范、自由泳潜泳超过15m限制等。蛙泳比赛中出现非对称划手或垂直打腿动作，蝶泳出现交替打腿均属技术犯规。接力比赛中若队员起跳过早，全队成绩取消。裁判组通过水下摄像机和触壁压力传感器辅助判罚，重大赛事设有7人仲裁委员会处理申诉。

5. 计时与名次判定　正式比赛采用自动计时装置，当运动员触壁压力达到1.5kg时自动停止计时。

若电子计时故障，则启用人工计时备用系统。名次判定以身体躯干最先接触终点壁为准，有成绩并列时需通过附加赛决出名次。团体总分计算时，前八名分别获得9、7、6、5、4、3、2、1积分，接力项目积分加倍。

本章小结

思考题

1. 蛙泳腿部动作包含哪四个连贯步骤？请按顺序简要说明。
2. 仰泳时身体应保持怎样的姿势？请描述头部位置与躯干状态的基本要求。
3. 在游泳比赛中，蛙泳与自由泳转身时的触壁方式有何不同？请简要对比说明。

（王大鹏）

附录　体育课程总体简介、学分、成绩组成部分

　　本附录主要讲解体育课程作为公共必修课的核心定位，课程结构与成绩评估标准，本科一、二年级必修课程设置及学期分配。学生应掌握"健康体育""快乐体育"理念与"课内外一体化"教学体系设计逻辑，理解成绩组成的具体考核要求与实践意义，并能根据自身体质差异设计适配锻炼方案；树立教育公平与个性化关怀意识，充分体会课程资源应用中的人文素养。

一、课程性质

　　体育课程是大学生以身体练习为核心手段，进行合理的体育教育和科学的体育锻炼，以增强体质、增进健康和提高体育素养为主要目标的公共必修课程。体育课程是学校课程体系的重要组成部分，是高等学校体育工作的中心环节。体育课程是把身体发展、思想品德教育、文化科学教育、生活与劳动技能教育、心智开发等身体活动有机结合的教育课程，是实施素质教育和培养全面发展人才的重要途径。

　　体育课程是强健体魄与健全人格的融合载体。体育课程作为高校公共必修课，以身体练习为核心手段，兼具技能培养与育人功能：既通过运动实践提升体质健康水平，又在规则遵守、团队协作中塑造坚韧品格，是融合"强健体魄"与"健全人格"的全面发展教育载体。

二、课程目标

　　全面贯彻"健康体育""快乐体育"的教育理念，体育教学注重与专业特点相结合，以传统保健体育教学为特色，指导学生学习体育的基本理论、知识和运动技能，掌握锻炼身体的科学方法，培养学生坚持体育锻炼的良好习惯，增强学生体质，使之达到大学生体质健康合格标准，培养学生团结协作、勇于竞争的品质及终身参与体育锻炼的意识和习惯。

三、体育课程结构

　　为达到体育课程的目标，充分发挥学生的主体作用和教师的主导作用，体育课程由以体育知识、体育技能、体能等为基本内容的课内教学以及课外锻炼、运动训练有机组成，实现"课内外一体化"教学体系的构建。面向全体学生开设具有多种类型和形式的体育课，以满足不同兴趣学生的需要。重视理论与实践相结合，在运动实践中注意渗透相关理论和知识。

四、体育课程的设置

　　以沈阳药科大学的课程设置为例：一年级（第一学期、第二学期）、二年级（第三学期、第四学期）开设公共体育必修课程。学生必须在两学年中连续完成120学时的教学课程，每个学期的学时均为30学时（28学时 + 2学时校园阳光长跑），每个学期的学分均为1学分，四个学期的考试均合格可获得4学分。

五、成绩组成

　　体育成绩每学期评定一次。满分100分。由以下几个部分组成：专项课成绩占50%，路跑成绩占

20%，身体素质测试占30%〔包括：1000m跑（男生），800m跑（女生）；引体向上（男生），仰卧起坐（女生）；50m跑〕。

六、保健体育课程

对不能参加学生体质健康测试以及部分身体异常、特型和病、残、弱及个别高龄等特殊群体的学生，开设以指导康复、保健为主的康复保健体育课程。保健课每周4学时，共17周。

第一学期、第二学期、第三学期及第四学期的学时均为68学时，学分均为1学分。

（王大鹏）

参考文献

［1］邓树勋. 运动生理学 ［M］. 3 版. 北京：高等教育出版社，2012.

［2］王步标，华明. 运动生理学 ［M］. 2 版. 北京：高等教育出版社，2011.

［3］田麦久. 运动训练学 ［M］. 2 版. 北京：高等教育出版社，2012.

［4］刘建和. 运动竞赛学 ［M］. 北京：人民体育出版社，2018.

［5］潘绍伟，于可红. 学校体育学 ［M］. 4 版. 北京：高等教育出版社，2005.

［6］周登嵩. 学校体育学 ［M］. 北京：人民体育出版社，2004.